앞선 정보 제공! 도서 업데이트

언제, 왜 업데이트될까?

도서의 학습 효율을 높이기 위해 자료를 추가로 제공할 때!
공기업·대기업 필기시험에 변동사항 발생 시 정보 공유를 위해!
공기업·대기업 채용 및 시험 관련 중요 이슈가 생겼을 때!

| **01** 시대에듀 도서
www.sdedu.co.kr/book
홈페이지 접속 | **02** 상단 카테고리
「도서업데이트」
클릭 | **03** 해당
기업명으로
검색 |

참고자료, 시험 개정사항 등 정보 제공으로 학습효율을 높여 드립니다.

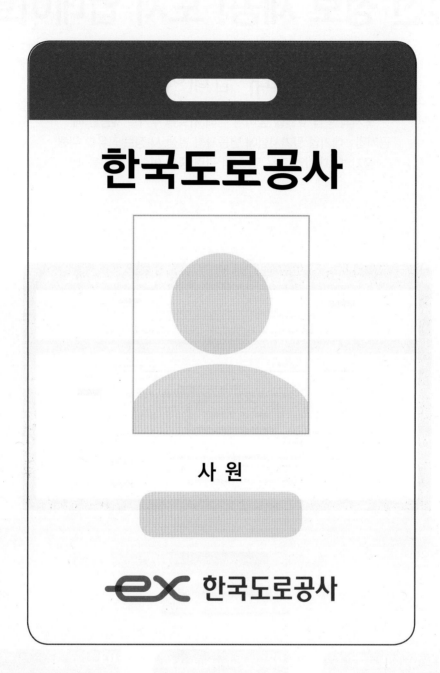

사일 동안
이것만 풀면
다 합격!

한국도로공사
NCS + 전공

시대에듀

시대에듀 사이다 모의고사 한국도로공사 NCS + 전공

Always **with you**

사람의 인연은 길에서 우연하게 만나거나 함께 살아가는 것만을 의미하지는 않습니다.
책을 펴내는 출판사와 그 책을 읽는 독자의 만남도 소중한 인연입니다.
시대에듀는 항상 독자의 마음을 헤아리기 위해 노력하고 있습니다. 늘 독자와 함께하겠습니다.

머리말 PREFACE

경부고속도로를 시작으로 국토의 대동맥을 건설해 오고 있는 한국도로공사는 신입사원을 채용할 예정이다. 한국도로공사의 채용절차는 「원서접수 ➡ 서류전형 ➡ 필기전형 ➡ 온라인 검사 ➡ 1차 면접 ➡ 2차 면접 ➡ 최종합격」 순서로 이루어진다. 필기전형은 직업기초능력평가와 직무수행능력평가로 진행한다. 직업기초능력평가는 의사소통능력, 수리능력, 문제해결능력, 정보능력 총 4개의 영역을 평가하며, 직무수행능력평가는 채용분야별로 내용이 상이하므로 반드시 확정된 채용공고를 확인해야 한다. 또한, 필기전형 고득점자 순으로 채용예정인원의 2~5배수를 선발하여 온라인 검사 및 면접전형을 진행하므로 필기전형에서 고득점을 받기 위해 다양한 유형에 대한 폭넓은 학습과 문제풀이능력을 높이는 등 철저한 준비가 필요하다.

한국도로공사 필기전형 합격을 위해 시대에듀에서는 기업별 NCS 시리즈 누적 판매량 1위의 출간 경험을 토대로 다음과 같은 특징을 가진 도서를 출간하였다.

도서의 특징

❶ 합격으로 이끌 가이드를 통한 채용 흐름 확인!
  • 한국도로공사 소개와 최신 시험 분석을 수록하여 채용 흐름을 파악하는 데 도움이 될 수 있도록 하였다.

❷ 기출응용 모의고사를 통한 완벽한 실전 대비!
  • 철저한 분석을 통해 실제 유형과 유사한 기출응용 모의고사를 4회분 수록하여 시험 직전 4일 동안 자신의 실력을 점검하고 향상시킬 수 있도록 하였다.

❸ 다양한 콘텐츠로 최종 합격까지!
  • 온라인 모의고사를 무료로 제공하여 필기전형에 대비할 수 있도록 하였다.
  • 모바일 OMR 답안채점 / 성적분석 서비스를 통해 자동으로 점수를 채점하고 확인할 수 있도록 하였다.

끝으로 본 도서를 통해 한국도로공사 채용을 준비하는 모든 수험생 여러분이 합격의 기쁨을 누리기를 진심으로 기원한다.

SDC(Sidae Data Center) 씀

한국도로공사 기업분석

◇ **미션**

> 우리는 길을 열어 사람과 문화를 연결하고 새로운 세상을 넓혀간다

◇ **비전**

> 안전하고 편리한 미래교통 플랫폼 기업

◇ **핵심가치**

> 안전 / 혁신 / 공감 / 신뢰

◇ **전략목표**

고품질의 스마트 고속도로 건설	**고속도로망 OECD TOP 7**
유지관리 최적화로 쾌적한 주행환경 제공	**시설물 관리 최고 수준 달성**
원활한 교통소통 및 교통안전 선진화	**교통사고 사망률 OECD TOP 5**
영업(휴게시설·통행요금) 서비스 혁신	**고객만족도 최고 등급 달성**
효율·공정의 경영혁신 및 지속성장	**청렴도 최고 등급 달성**

◇ **인재상 슬로건**

> Expander, 길의 가치를 확장하는 융합형 인재

◇ **인재상 요인**

Responsibility	개인 역량의 확장 미래도로의 변화를 예측하고, 지식과 아이디어를 융합하여 새로운 해결책을 찾아낸다.
Open-mind	사고의 확장 다양성을 존중하고 나와 다른 생각을 포용한다.
Acceleration	변화와 가능성의 확장 문제를 다양한 시각에서 바라보며 창의적인 방법으로 상상을 실현한다.
Dedication	지속가능한 미래의 확장 협력과 상생을 통해 더 나은 세상이 되도록 노력한다.

◇ **인재상 역량**

책임 · 열정   공감 · 포용   혁신 · 도전   신뢰 · 헌신

신입사원 채용 안내

◇ **지원자격**

❶ 학력 · 성별 · 연령 : 제한 없음(단, 공사 정년에 도달하는 자는 지원 불가)

❷ 채용일로부터 근무가 가능한 자

❸ 병역 : 남자의 경우 병역필 또는 면제자(단, 병역특례 근무 중인 자는 지원 불가하며, 채용일 이전 전역예정자는 지원 가능)

❹ 한국도로공사 인사규정 제8조의 결격사유가 없는 자

◇ **필기전형**

구분	채용분야		내용
직업기초능력평가	공통		의사소통능력, 수리능력, 문제해결능력, 정보능력
직무수행능력평가	행정직	행정(경영)	경영학원론, 회계학(중급회계), 경제학원론
		행정(법정)	행정학원론, 정책학, 헌법, 행정법
	기술직	토목(일반)	도로공학, 응용역학, 철근 및 P.S콘크리트공학, 토질 및 기초공학

◇ **면접전형**

구분	대상	내용
1차 실무진 면접전형	필기전형 합격자	PT면접(50%) + 그룹토론면접(50%)
2차 경영진 면접전형	1차 실무진 면접전형 및 인성검사 합격자	인성 및 기본역량 전반(100%)

❖ 위 채용 안내는 2024년 채용공고를 기준으로 작성하였으므로 세부사항은 확정된 채용공고를 확인하기 바랍니다.

2024년 기출분석

총평

한국도로공사의 5급 필기전형은 NCS의 경우 피듈형으로 출제되었으며, 난이도가 조금 어려웠다는 후기가 대부분이었다. 또한, 지문의 길이가 긴 문제와 계산이 오래 걸리는 문제로 시간이 부족했다는 평이 많았다. 전공의 경우 난이도가 중상 정도로 어려웠으며 계산 문제의 비중이 컸다는 후기가 있었다. 따라서 전반적으로 시간이 매우 부족했으므로 영역별 이론을 확실하게 알아두고, 실수 없이 빠르게 계산 문제를 풀이하는 연습을 해두는 것이 좋겠다. 끝으로 총 100문항을 110분 안에 풀어야 하므로 마지막 순간까지 집중력을 잃지 않는 것이 중요해 보인다.

◇ **영역별 출제 비중**

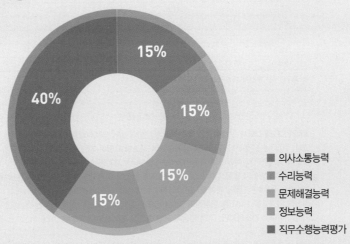

구분	출제 특징	출제 키워드
의사소통능력	• 긴 지문 문제가 출제됨 • 어휘 문제가 출제됨	• 반목, 삼중수소, 도로주행법, 전통시장 등
수리능력	• 응용 수리 문제가 출제됨 • 자료 계산 문제가 출제됨	• 매출액, 영업이익률, 거속시 등
문제해결능력	• 명제 추론 문제가 출제됨 • 모듈형 문제가 출제됨	• 참/거짓, 여행 코스, 저울 등
정보능력	• 정보 이해 문제가 출제됨	• 정보 등
행정(경영)	• 식스시그마, 민츠버그, 영업레버리지, 차입원가, 주당이익, 무위험손실, 사회적 후생, 인플레이션 등	
행정(법정)	• 대법원장, 공법, 사법, 직접세, 헌정사, 1~3종 오류, 점증주의, 세금모형 등	
토목(일반)	• 투수계수, 전단철근, 강도감소계수, 처짐, 콘크리트, 유량, 유효응력 등	

주요 공기업 적중 문제

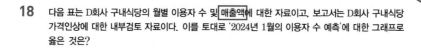

18 다음 표는 D회사 구내식당의 월별 이용자 수 및 매출액에 대한 자료이고, 보고서는 D회사 구내식당 가격인상에 대한 내부검토 자료이다. 이를 토대로 '2024년 1월의 이용자 수 예측'에 대한 그래프로 옳은 것은?

〈2023년 D회사 구내식당의 월별 이용자 수 및 매출액〉

(단위 : 명, 천 원)

구분	특선식		일반식		총매출액
	이용자 수	매출액	이용자 수	매출액	
7월	901	5,406	1,292	5,168	10,574
8월	885	5,310	1,324	5,296	10,606
9월	914	5,484	1,284	5,136	10,620
10월	979	5,874	1,244	4,976	10,850
11월	974	5,844	1,196	4,784	10,628
12월	952	5,712	1,210	4,840	10,552

※ 총매출액은 특선식 매출액과 일반식 매출액의 합이다.

〈보고서〉

2023년 12월 D회사 구내식당은 특선식(6,000원)과 일반식(4,000원)의 두 가지 메뉴를 판매하고 있다. 2023년 11월부터 구내식당 총매출액이 감소하고 있어 지난 2년 동안 동결되었던 특선식과 일반식 중 한 가지 메뉴의 가격을 2024년 1월부터 1,000원 인상할지를 검토하였다.

메뉴 가격에 변동이 없을 경우, 일반식 이용자와 특선식 이용자의 수가 모두 2023년 12월에 비해 감소하여 2024년 1월의 총매출액은 2023년 12월보다 감소할 것으로 예측된다.

특선식 가격만을 1,000원 인상하여 7,000원으로 할 경우, 특선식 이용자 수는 2023년 7월 이후 최저치 이하로 감소하지만, 가격 인상의 영향 등으로 총매출액은 2023년 10월 이상으로 증가할 것으로 예측된다.

일반식 가격만을 1,000원 인상하여 5,000원으로 할 경우, 일반식 이용자 수는 2023년 12월 대비 10% 이상 감소하며, 특선식 이용자 수는 2023년 10월보다 증가하지는 않으리라 예측된다.

참 / 거짓 ▶ 유형

06 A ~ D는 한 판의 가위바위보를 한 후 그 결과에 대해 각각 두 가지의 진술을 하였다. 두 가지의 진술 중 하나는 반드시 참이고, 하나는 반드시 거짓이라고 할 때, 다음 중 항상 참인 것은?

> A : C는 B를 이길 수 있는 것을 냈고, B는 가위를 냈다.
> B : A는 C와 같은 것을 냈지만, A가 편 손가락의 수는 나보다 적었다.
> C : B는 바위를 냈고, 그 누구도 같은 것을 내지 않았다.
> D : A, B, C 모두 참 또는 거짓을 말한 순서가 동일하다. 이 판은 승자가 나온 판이었다.

① B와 같은 것을 낸 사람이 있다.
② 보를 낸 사람은 1명이다.
③ D는 혼자 가위를 냈다.
④ B가 기권했다면 가위를 낸 사람이 지는 판이다.

코레일 한국철도공사

교통사고 ▶ 키워드

※ 다음은 K국의 교통사고 사상자 2,500명에 대해 조사한 자료이다. 이어지는 질문에 답하시오. [3~4]

〈교통사고 현황〉

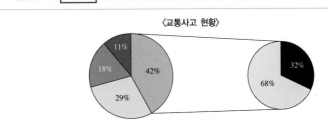

■ 사륜차와 사륜차 ■ 사륜차와 이륜차   ■ 사망자 ■ 부상자
■ 사륜차와 보행자 ■ 이륜차와 보행자

※ 사상자 수와 가해자 수는 같다.

〈교통사고 가해자 연령〉

구분	20대	30대	40대	50대	60대 이상
비율	38%	21%	11%	8%	( )

※ 교통사고 가해자 연령 비율의 합은 100%이다.

지하철 요금 ▶ 키워드

※ 수원에 사는 H대리는 가족들과 가평으로 여행을 가기로 하였다. 다음은 가평을 가기 위한 대중교통
수단별 운행요금 및 소요시간과 자가용 이용 시 현황에 대한 자료이다. 이어지는 질문에 답하시오.
[26~28]

〈대중교통수단별 운행요금 및 소요시간〉

구분	운행요금			소요시간		
	수원역 ~ 서울역	서울역 ~ 청량리역	청량리역 ~ 가평역	수원역 ~ 서울역	서울역 ~ 청량리역	청량리역 ~ 가평역
기차	2,700원	–	4,800원	32분	–	38분
버스	2,500원	1,200원	3,000원	1시간 16분	40분	2시간 44분
지하철	1,850원	1,250원	2,150원	1시간 03분	18분	1시간 17분

※ 운행요금은 어른 편도 요금이다.

〈자가용 이용 시 현황〉

구분	통행료	소요시간	거리
A길	4,500원	1시간 49분	98.28km
B길	4,400원	1시간 50분	97.08km
C길	6,600원	1시간 49분	102.35km

※ 거리에 따른 주유비는 124원/km이다.

조건
• H대리 가족은 어른 2명, 아이 2명이다.

학습플랜

1일 차 학습플랜   1일 차 기출응용 모의고사

_____ 월 _____ 일

의사소통능력	수리능력
문제해결능력	정보능력

2일 차 학습플랜   2일 차 기출응용 모의고사

_____ 월 _____ 일

의사소통능력	수리능력
문제해결능력	정보능력

3일 차 학습플랜 · 3일 차 기출응용 모의고사

_____월 _____일

행정(경영)	행정(법정)

토목(일반)

4일 차 학습플랜 · 4일 차 기출응용 모의고사

_____월 _____일

행정(경영)	행정(법정)

토목(일반)

취약영역 분석

1일 차 취약영역 분석

시작 시간	:	종료 시간	:
풀이 개수	개	못 푼 개수	개
맞힌 개수	개	틀린 개수	개
취약영역 / 유형			
2일 차 대비 개선점			

2일 차 취약영역 분석

시작 시간	:	종료 시간	:
풀이 개수	개	못 푼 개수	개
맞힌 개수	개	틀린 개수	개
취약영역 / 유형			
3일 차 대비 개선점			

3일 차 취약영역 분석

시작 시간	:	종료 시간	:
풀이 개수	개	못 푼 개수	개
맞힌 개수	개	틀린 개수	개
취약영역 / 유형			
4일 차 대비 개선점			

4일 차 취약영역 분석

시작 시간	:	종료 시간	:
풀이 개수	개	못 푼 개수	개
맞힌 개수	개	틀린 개수	개
취약영역 / 유형			
시험일 대비 개선점			

이 책의 차례

1일 차
기출응용 모의고사

www.sdedu.co.kr

〈문항 및 시험시간〉

평가영역	문항 수	시험시간	모바일 OMR 답안채점/성적분석 서비스
의사소통능력＋수리능력＋문제해결능력＋정보능력	60문항	60분	

1일 차 기출응용 모의고사

문항 수 : 60문항
시험시간 : 60분

01 다음 문단에 이어질 내용을 논리적 순서대로 바르게 나열한 것은?

> 선택적 함묵증(Selective Mutism)은 정상적인 언어발달 과정을 거쳐서 어떤 상황에서는 말을 하면서도, 말을 해야 하는 특정한 사회적 상황에서는 말을 지속적으로 하지 않거나 다른 사람의 말에 언어적으로 반응하지 않는 것을 말한다. 이렇게 말을 하지 않는 증상이 1개월 이상 지속되고 교육적·사회적 의사소통을 저해하는 요소로 작용할 때 선택적 함묵증으로 진단할 수 있으며, 이를 불안장애로 분류하고 있다.

> (가) 이러한 불안을 잠재우기 위해서는 발생 원인에 따라서 적절한 심리치료 방법을 선택해 치료과정을 관찰하면서 복합적인 치료 방법을 혼용하여야 한다.
> (나) 아동은 굳이 말을 사용하지 않고서도 자신의 생각을 자연스럽게 표현하는 긍정적인 경험을 갖게 되어 이는 부정적 정서로 인한 긴장과 위축을 이완시킬 수 있다.
> (다) 그중 하나인 미술치료는 아동의 저항을 줄이고, 언어의 한계성을 벗어나며, 육체적 활동을 통해 창조성을 생활화하고 미술표현이 사고와 감정을 객관화한다고 볼 수 있다.
> (라) 불안장애의 한 유형인 선택적 함묵증은 불안이 표면화되어 행동으로 나타나는 경우라고 볼 수 있으며, 대체로 심한 부끄러움, 사회적 상황에 대한 두려움, 사회적 위축, 강박적 특성, 거절증, 반항 등의 행동으로 표출된다.

① (나) – (다) – (라) – (가)
② (나) – (라) – (가) – (다)
③ (라) – (가) – (나) – (다)
④ (라) – (가) – (다) – (나)

02 다음 글을 읽고 이해한 내용으로 적절하지 않은 것은?

유료도로제도는 국가재정만으로는 부족한 도로건설재원을 마련하기 위해 도로법의 특례인 유료도로법을 적용하여 도로 이용자에게 통행요금을 부담하게 하는 제도이다.

도로는 국민의 생활과 밀접하게 관련되고 경제활동을 지원하는 기반으로서 필수불가결한 시설이다. 따라서 도로의 건설과 관리는 행정주체인 국가와 지방자치단체의 책임에 속하며 조세 등의 일반재원으로 건설된 도로는 무료로 사용하는 것이 원칙이다. 그러나 현대의 상황에서는 도로정비에 있어 한정된 일반재원에 의한 공공사업비만으로는 도저히 급증하는 도로교통수요에 대처할 수 없는 실정이다. 이와 같이 조세 등에 의한 일반 회계 세입으로는 필요한 도로사업을 위한 비용을 조달할 수 없다는 사정에 비추어 국가와 지방자치단체가 도로를 정비함에 있어 부족한 재원을 보충하는 방법으로 차입금을 사용하여 완성한 도로에 대해서는 통행요금을 수납하여 투자비를 회수하는 방식이 인정되었다. 이것이 바로 유료도로제도이다.

우리나라에서도 국가 경제발전에 중요한 부분을 담당하는 고속국도의 시급한 정비와 재원조달의 어려움을 극복하기 위하여 유료도로제도가 도입되었는데, 1968년 12월 경인고속도로가 개통되면서 수익자 부담원칙에 따라 통행요금을 수납하기 시작했다.

우리나라의 가장 대표적인 유료도로는 한국도로공사가 관리하는 고속도로가 있으며, 각 지방자치단체가 건설하고 관리하는 일반 유료도로에도 일부 적용되고 있다. 대한민국 법령집을 보면 각종 시행령, 시행규칙을 포함하여 3,300여 개의 법령이 있는데, 그중 도로와 직·간접적으로 관련된 법령은 784개이다. 유료도로와 관련된 법령은 약 23개이며, 주요 법령으로는 도로법, 유료도로법, 고속국도법, 한국도로공사법 등이 있다.

① 일반재원으로 건설된 도로는 무료 사용이 원칙이다.
② 유료도로와 관련된 법령은 도로법, 유료도로법, 고속국도법, 한국도로공사법 등이 있다.
③ 우리나라에서 유료도로제도가 제일 처음 도입된 것은 경인고속도로이다.
④ 우리나라의 유료도로는 모두 한국도로공사가 관리하고 있다.

03 다음 빈칸 ㉠~㉢에 들어갈 단어를 순서대로 바르게 나열한 것은?

• A씨는 작년에 이어 올해에도 사장직을 ___㉠___ 하였다.
• 수입품에 대한 고율의 관세를 ___㉡___ 할 방침이다.
• 은행 돈을 빌려 사무실을 ___㉢___ 하였다.

	㉠	㉡	㉢
①	역임	부여	임대
②	역임	부과	임차
③	연임	부과	임차
④	연임	부여	임대

04 다음은 한국도로공사의 해외 채권 발행과 관련된 보도자료이다. 이에 대한 설명으로 적절하지 않은 것을 〈보기〉에서 모두 고르면?

> 한국도로공사는 지난 15일(월) 아시아 금융시장에서 3억 달러(한화 약 3천 4백억 원) 규모의 3년 만기 해외 채권 발행에 성공했다고 밝혔다. 이번 채권 발행은 지난 9월 대한민국 정부의 외국환평형기금채권 발행 이후 공기업 최초로, 시티 글로벌 마켓, JP모건 및 소시에테 제너럴 증권이 주관사로 참여했다.
> 한국도로공사는 미국의 기준금리 인상, 미·중 무역 분쟁 우려로 인한 시장 변동 폭 확대와 투자 심리 위축 등 어려운 여건 속에서도 발행 목표의 약 13배 수준인 약 38억 달러(한화 4조 3천억 원)의 투자 수요를 모았다. 그 결과, 금리는 당초 희망했던 연 3.875%보다 0.25%p 낮은 연 3.625%로 결정됐다. 정부 외국환평형기금채권의 성공적 발행과 최근 정상회담 개최 등 한국 관련 채권에 대한 해외투자자들의 우호적인 기조를 적시에 잘 활용한 것으로 평가된다.
> 매수 주문은 아시아가 46%, 미국이 33%, 유럽이 31%이며, 투자자 유형은 자산운용사가 62%, 중앙은행 및 국부펀드가 18%, 은행이 13%, 보험사가 5%, 프라이빗 뱅크와 기타 투자자들이 2%의 비율을 차지했다.
> 한편, 이번 채권 발행으로 한국도로공사는 연초 8억 홍콩달러의 사모 채권과 13억 위안 포모사 채권에 이어 올해 세 번째 해외 채권을 발행했다. 자금 조달의 다변화를 통해 조달비용 절감 성과를 거둔 것으로 나타났다.
> 한국도로공사 관계자는 "이번 채권 발행은 3개월 전부터 국제금융시장 모니터링, 적극적인 해외투자설명회 등을 바탕으로 가능했다."며 "아시아, 유럽, 미국 등 다양한 국가의 투자자들로부터 한국도로공사의 높은 신용도를 다시 한 번 확인할 수 있었다."고 말했다.

보기

ㄱ. 한국도로공사가 발행한 이번 해외 채권은 올해 최초로 발행한 해외 채권이다.
ㄴ. 한국도로공사의 해외 채권은 투자 수요와 금리 측면에서 모두 목표치를 달성하지 못했다.
ㄷ. 올해 9월에 발행한 정부의 외국환평형기금채권은 한국도로공사의 이번 채권 발행에 긍정적 영향을 주었다.
ㄹ. 이번 한국도로공사의 해외 채권은 보험사보다는 자산운용사의 수요가 많았다.

① ㄱ, ㄴ ② ㄱ, ㄷ
③ ㄴ, ㄷ ④ ㄴ, ㄹ

05 A씨는 경부고속도로에서 신속한 사고 제보로 추가 사고를 막은 B씨를 의인상 후보로 추천하려고 한다. A씨가 이해한 내용으로 적절하지 않은 것은?

〈고속도로 의인(義人)을 찾습니다〉

1. 추천대상
   안전한 고속도로를 만들기 위해 고속도로 현장에서 남다른 시민의식을 발휘한 개인 / 단체
   ※ 한국도로공사가 관리 중인 고속도로와 민자고속도로 포함

선정기준
(1) 고속도로 교통사고 등 위급상황에서 인명을 구한 경우
(2) 사고 제보로 교통사고의 신속한 처리에 기여한 경우
(3) 현장 구조·구급활동 지원으로 추가 피해를 방지한 경우
(4) 기타 의로운 행동 및 남다른 선행으로 인정하는 경우

2. 추천자격
   개인 / 단체 등 누구나 추천 가능
   ※ 단, 개인 / 단체 등의 본인 추천은 불가능

3. 추천기간
   2025. 12. 31.까지(공적기간은 2025. 1. 1.부터 적용)

4. 추천방법
   '고속도로 의인상' 추천서 작성 및 증빙자료(블랙박스 영상 등)와 함께 이메일 또는 우편 제출
   ※ 양식 등 세부내용은 한국도로공사, 고속도로장학재단 홈페이지 참고

5. 포상절차

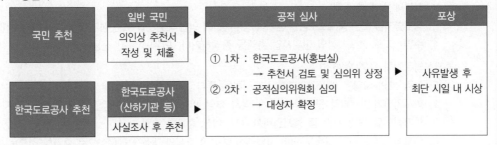

6. 포상
   공적에 따라, 감사패 및 포상금(1천만 원 ~ 1백만 원) 지급
   ※ 선정된 의인을 추천한 분에게는 소정의 상품 지급

7. 문의
   한국도로공사 콜센터, 고속도로장학재단

---

① B씨의 선행을 본 게 2025년 2월이니까 추천기간에 포함되지 않으므로 추천이 불가능하군.
② B씨의 선행은 선정기준에 해당하고 경부고속도로는 한국도로공사에서 관리하므로 적절해.
③ 당시 상황이 찍힌 블랙박스 영상을 추천서와 함께 보내야지.
④ 심사는 추천자와 상관없이 두 차례에 걸쳐 진행되는군.

06 다음은 D공사의 예산편성 및 운영지침의 일부이다. 이에 대한 설명으로 가장 적절한 것은?

운영계획 수립 및 보고(제20조)

① 예산운영계획안은 예산안과 동시에 수립하여, 예산안과 함께 이사회에 상정하여 심의·의결할 수 있다.

② 운영계획에는 전력 판매계획, 전력 구입계획, 설비 투자계획 및 기능별 예산의 분기별 집행계획을 포함한다.

③ 예산운영계획은 공공기관 운영에 관한 법률 제41조의 규정에 따라 기획재정부장관, 산업통상자원부장관에 보고한다.

집행계획 수립(제21조)

① 예산관리부서는 예산이 확정되면, 지체 없이 집행계획을 수립하여, 예산운영부서에 통보한다. 다만, 효율적인 집행계획을 수립하기 위하여 예산확정 이전이라도 집행 계획 수립에 착수할 수 있다.

② 예산집행시기, 방침의 미확정 등으로 배정이 곤란한 경우와 예산절감 및 예산편성 후 여건변동에 대비하고 예산운영의 탄력성을 기하기 위하여 확정된 예산의 일부를 유보하여 운영할 수 있다.

③ 예산운영부서는 예산관리부서의 집행계획을 반영하여 자체 집행계획을 수립한다.

예산의 전용 및 조정(제23조)

① 예산관리부서는 예산운영상 필요한 경우 수입·지출 계획서의 단위사업 내 항목 간 및 단위사업 간의 금액을 전용할 수 있다. 단, 투자비와 기타 항목 간 전용은 제외한다.

② 예산관리부서는 예산운영의 탄력성을 확보하기 위하여 예산을 조정할 수 있다.

③ 예산주관부서와 예산운영부서는 배정받은 예산을 조정권한 범위 내에서 조정하여 집행할 수 있다.

④ 다음 각 호의 사유로 예산을 전용 또는 조정하고자 할 경우에는 사전에 이사회 의결을 거쳐야 한다.

  1. 인건비, 급여성 복리후생비, 경상경비 총액 증액

  2. 자본예산 총액 증액

  3. 정부출자금 또는 국고보조금을 받거나 정부예산에 의한 대행사업 또는 정부지시에 의한 특수사업의 수행

  4. 수입·지출 계획서상의 단위사업 총액을 증액하거나, 단위사업 간 전용

투자심의위원회 운영(제36조)

① 다음 각 호의 사업은 예산관리부서가 주관하는 투자심의위원회의 심의를 거쳐야 한다.

  1. 총사업비가 1,000억 원 이상이면서, 당사 부담금액이 500억 원 이상인 신규 투자 및 출자사업

  2. 투자심의를 거친 사업 중 총사업비가 30% 이상 증가한 사업

  3. 투자심의를 거치지 않은 사업이 사업추진 중에 투자심의 대상규모 이상으로 증가할 것으로 예상되는 사업

  4. 투자심의 대상사업 중 투자심의를 거치지 아니하고 예산을 집행중인 사업

② 예산관리부서는 제1항에 따른 투자심의위원회 운영절차를 별도로 마련하여 운영한다.

---

① 예산운영계획안은 예산안 수립이 완료된 이후에 해당 예산안을 바탕으로 수립된다.

② 예산운영계획은 기획재정부장관과 공정거래위원장에게 보고한다.

③ 예산운영부서는 탄력적 예산운영을 위해 예산을 조정할 수 있다.

④ 총사업비가 1,200억 원이면서, 당사 부담금액이 350억 원인 신규 투자는 투자심의위원회의 심의를 거치지 않아도 된다.

07 다음 글의 내용으로 적절하지 않은 것은?

> 도로법에 따르면 국가가 관리하는 간선도로는 고속도로와 일반국도이다. 도로의 구조·시설 기준에 관한 규칙에서는 주간선도로를 고속도로, 일반국도, 특별시도·광역시도로 분류하고 있다. 도로법, 도로의 구조·시설 기준에 관한 규칙에서 제시한 간선도로의 범주에는 고속도로, 자동차전용도로, 일반국도, 특별시도·광역시도가 포함된다.
>
> 간선도로는 접근성에 비해 이동성이 강조되며 국가도로망에서 중심적 역할을 하고 있어 통과 교통량이 많고, 장거리 통행의 비율이 높아 차량당 평균 통행거리가 긴 특성을 가진다. 또한, 자동차전용도로 등 고규격 도로 설계를 통한 빠른 통행속도를 지향한다.
>
> 미국은 도로의 기능을 이동성과 접근성으로 구분하고 간선도로는 이동성이 중요하다고 제시하고 있다. 높은 수준의 이동성을 제공하는 도로를 '간선도로', 높은 수준의 접근성을 제공하는 도로를 '국지도로'로 분류하고 두 가지 기능이 적절히 섞인 도로를 '집산도로'로 구분하고 있다.
>
> 이동성과 접근성 이외에도 간선도로의 중요한 요인으로 통행 효율성, 접근지점, 제한속도, 노선간격, 교통량, 주행거리 등이 꼽힌다. 통행 효율성 측면에서 사람들이 경로를 선택할 때 우선적으로 고려하는 도로는 가장 적게 막히면서 최단 시간에 갈 수 있는 도로이며, 간선도로는 이러한 특징을 갖고 있다. 접근지점 측면에서 간선도로는 완전 또는 부분적으로 접근이 제한된 형태로 나타나거나, 교통의 흐름을 방해하는 진출입을 최소한으로 한다. 따라서 장거리 통행은 주로 간선도로상에서 이루어진다. 속도 측면에서 간선도로는 이동성을 높이기 위해 제한속도가 높으며, 평면 교차로의 수가 적거나 거의 없다. 노선 간격은 집산도로보다는 넓은 간격을 두고 설치된다.
>
> 또 다른 간선도로의 중요한 특징은 교통량이 많고 차량 주행거리가 긴 장거리 통행이 많이 발생하고, 이에 따라 일별 차량 통행거리가 높다는 점이다. 공간적으로 봤을 때, 간선도로는 나라 전체를 가로지르며 인구가 많은 지역을 연결한다.

① 간선도로란 국가도로망에서 중심적인 역할을 하는 중요한 기능을 수행하는 도로이다.

② 간선도로는 차량당 평균 통행거리가 긴 특성을 가지고 있어 이동성이 강조된다.

③ 간선도로는 가장 적게 막히면서 최단 시간에 갈 수 있어 경로를 선택할 때 우선적으로 고려하는 도로이다.

④ 간선도로는 평면 교차로의 수를 최소화하여 접근성을 높이고, 인구를 분산시킨다.

08 다음 기사의 제목으로 가장 적절한 것은?

> 예전에 비해 많은 사람이 안전띠를 착용하지만, 우리나라 안전띠 착용률은 여전히 매우 낮다. 몇 년 전 일본과 독일에서 조사한 승용차 앞좌석 안전띠 착용률은 각각 98%와 97%를 기록했다. 하지만 같은 해 우리나라는 84.4%에 머물렀다. 특히 뒷좌석 안전띠 착용률은 19.4%로 OECD 국가 중 최하위에 머물렀다.
>
> 지난 4월 13일, D공사는 경기도 화성에 있는 자동차안전연구원에서 '부적절한 안전띠 착용 위험성 실차 충돌 시험'을 실시했다. 국내에서 처음 시행한 이번 시험은 안전띠 착용 상태에서 안전띠를 느슨하게 풀어주는 장치 사용(성인, 운전석), 안전띠 미착용 상태에서 안전띠 버클에 경고음 차단 클립 사용(성인, 보조석), 뒷좌석에 놀이방 매트 설치 및 안전띠와 카시트 모두 미착용(어린이, 뒷좌석) 총 세 가지 상황으로 실시했다.
>
> 충돌시험을 위해 성인 인체모형 2조와 3세 어린이 인체모형 1조를 활용하여 승용 자동차가 시속 56km로 고정 벽에 정면충돌하도록 했다. 그 결과 놀랍게도 안전띠의 부적절한 사용은 중상 가능성이 최대 99.9%로, 안전띠를 제대로 착용했을 때보다 9배 가량 높게 나타났다.
>
> 세 가지 상황별로 살펴보자. 먼저 안전띠를 느슨하게 풀어주는 장치를 사용할 경우다. 중상 가능성은 49.7%로, 올바른 안전띠 착용보다 약 5배 높게 나타났다. 느슨해진 안전띠로 인해 차량 충돌 시 탑승객을 효과적으로 구속하지 못하기 때문이다. 두 번째로 안전띠 경고음 차단 클립을 사용한 경우에는 중상 가능성이 80.3%로 더욱 높아졌다. 에어백이 충격 일부를 흡수하기는 하지만 머리는 앞면 창유리에, 가슴은 크래시 패드에 심하게 부딪친 결과이다. 마지막으로 뒷좌석 놀이방 매트 위에 있던 3세 어린이 인체 모형은 중상 가능성이 99.9%로 생명에 치명적 위험을 초래하는 것으로 나타났다. 어린이 인체모형은 자동차 충격 때문에 튕겨 나가 앞좌석 등받이와 심하게 부딪쳤고, 안전띠와 카시트를 착용한 경우보다 머리 중상 가능성이 99.9%, 가슴 중상 가능성이 93.9% 이상 높았다.
>
> 덧붙여 안전띠를 제대로 착용하지 않으면 에어백의 효과도 줄어든다는 사실을 알 수 있었다. 안전띠를 정상적으로 착용하지 않으면, 자동차 충돌 시 탑승자가 앞으로 튕겨 나가려는 힘을 안전띠가 효과적으로 막아주지 못한다. 이러한 상황에서 탑승자가 에어백과 부딪치면 에어백의 흡수 가능 충격량을 초과한 힘이 탑승자에게 가해져 상해율이 높아지는 것이다.

① 생명을 지키는 안전띠, 제대로 맵시다!

② 우리나라 안전띠 착용률, 세계 최하위!

③ 안전띠 경고음 차단 클립의 위험성을 경고한다.

④ 어린이는 차량 뒷좌석에 앉히세요!

09 다음 밑줄 친 단어 중 맞춤법이 옳은 것은?

① 나는 보약을 먹어서 기운이 <u>뻗쳤다</u>.

② 한약을 <u>다릴</u> 때는 불 조절이 중요하다.

③ 가을이 되어 찬바람이 부니 몸이 <u>으시시</u> 추워진다.

④ 밤을 새우다시피 하며 시험을 <u>치루고</u> 나니 몸살이 났다.

10 다음은 D공사의 지속가능경영 보고서의 내용이다. (가) ~ (라) 문단의 주제로 적절하지 않은 것은?

> (가) D공사는 국민권익위원회가 주관하는 '2024년도 공공기관 청렴도 측정조사'에서 1등급 평가를 받아, 2년 연속 청렴도 최우수기관으로 선정되었다. 지난 3년 연속 국민권익위원회 주관 부패 방지 시책평가 최우수기관에 선정됨은 물론, 청렴도 측정에서도 전년도에 이어 1등급 기관으로 재차 선정됨에 따라 명실공히 '청렴 생태계' 조성에 앞장서는 공기업으로 자리매김하였다.
>
> (나) 보령화력 3호기가 2023년 9월 27일을 기준으로 세계 최초 6,000일 장기 무고장 운전을 달성하였다. 보령화력 3호기는 순수 국산 기술로 설계하고 건설한 한국형 50만 kW 표준 석탄화력발전소의 효시로서 이 기술을 기반으로 국내에서 20기가 운영 중이며, 지금도 국가 전력산업의 근간을 이루고 있다. 역사적인 6,000일 무고장 운전 달성에는 정기적 교육훈련을 통한 발전 운전원의 높은 기술역량과 축적된 설비 개선 노하우가 큰 역할을 하였다.
>
> (다) 정부 연구개발 국책과제로 추진한 초초임계압 1,000MW급 실증사업을 완료하고, 발전소 국산화와 기술자립, 해외시장 진출 기반을 마련하였다. 본 기술을 국내 최초로 신보령화력발전소에 적용하여 기존 국내 표준 석탄화력 대비 에너지 효율을 높임으로써 연간 약 60만 톤의 온실가스 배출과 약 300억 원의 연료비를 절감하게 되었다. 신보령 건설 이후 발주된 1,000MW급 초초임계압 국내 후속 프로젝트 모두 신보령 모델을 채택함으로써 약 5조 원의 경제적 파급효과를 창출했으며, 본 기술을 바탕으로 향후 협력사와 해외 동반진출을 모색할 계획이다.
>
> (라) 2023년 11월 인도네시아에서 국내 전력그룹사 최초의 해외 수력발전 사업인 왐푸수력발전소를 준공하였다. D공사가 최대 주주(지분 46%)로서 건설관리, 운영 정비 등 본 사업 전반에 걸쳐 주도적 역할을 수행하였으며, 사업 전 과정에 국내 기업이 참여한 대표적인 동반진출 사례로 자리매김하였다. 당사는 약 2,000만 달러를 투자하여 향후 30년간 약 9,000만 달러의 지분투자 수익을 거둬들일 것으로 예상하며, 특히 UN으로부터 매년 24만 톤의 온실가스 저감효과를 인정받고 그에 상응하는 탄소배출권을 확보함으로써 향후 배출권거래제를 활용한 부가수익 창출도 기대하고 있다.

① (가) : 청렴도 평가 1등급, 2년 연속 청렴도 최우수기관 달성
② (나) : 보령화력 3호기 6,000일 무고장 운전, 세계 최장 무고장 운전 기록 경신
③ (다) : 국내 최초 1,000MW급 초초임계압 기술의 적용
④ (라) : 인도네시아 왐푸수력 준공 등 신사업으로 연간 순이익 377억 원 달성

11 다음 글의 제목으로 가장 적절한 것은?

'5060세대'. 몇 년 전까지만 해도 그들은 사회로부터 '지는 해' 취급을 받았다. '오륙도'라는 꼬리표를 달아 일터에서 밀어내고, 기업은 젊은 고객만 왕처럼 대우했다. 젊은 층의 지갑을 노려야 돈을 벌 수 있다는 것이 기업의 마케팅 전략이었기 때문이다.

그러나 최근 들어 상황이 달라졌다. 5060세대가 새로운 소비 군단으로 주목되기 시작한 가장 큰 이유는 고령화 사회로 접어들면서 시니어(Senior) 마켓 시장이 급속도로 커지고 있는 데다 이들이 돈과 시간을 가장 넉넉하게 가진 세대이기 때문이다.

통계청이 집계한 가구주 나이별 가계수지 자료를 보면, 한국 사회에서는 50대 가구주의 소득이 가장 높다. 월평균 361만 500원으로 40대의 소득보다도 높은 것으로 집계되었다. 가구주 나이가 40대인 가구의 가계수지를 보면, 소득은 50대보다 적으면서도 교육 관련 지출(45만 6,400원)이 압도적으로 높아 소비 여력이 낮은 편이다. 그러나 50대 가구주의 경우 소득이 높으면서 소비 여력 또한 충분하다. 50대 가구주의 처분가능소득은 288만 7,500원으로 전 연령층에서 가장 높다.

이들이 신흥 소비군단으로 떠오르면서 '애플족'이라는 마케팅 용어까지 등장했다. 애플족은 활동적이고(Active), 자부심이 강하며(Pride), 안정적으로(Peace) 고급문화(Luxury)를 즐길 수 있는 경제력(Economy) 있는 50대 이후 세대를 뜻하는 말이다. 통계청은 여행과 레저를 즐기는 5060세대를 '주목해야 할 블루슈머* 7' 가운데 하나로 선정했다. 과거 5060세대는 자식을 보험으로 여기며 자식에게 의존하면서 살아가는 전통적인 노인이었다. 그러나 애플족은 자녀로부터 독립해 자기만의 새로운 인생을 추구한다. 이러한 특성으로 최근 '통크족(TONK; Two Only, No Kids)'이라는 별칭이 붙게 되었다. 통크족이나 애플족은 젊은 층의 전유물로 여겨졌던 자기중심적이고 감각 지향적인 소비도 주저하지 않는다. 후반전 인생만은 자기가 원하는 일을 하며 멋지게 살아야 한다고 생각하기 때문이다.

애플족은 한국 국민 가운데 해외여행을 가장 많이 하는 세대이기도 하다. 통계청의 사회통계조사에 따르면 50대의 17.5%가 해외여행을 다녀왔다. 이는 20대, 30대보다 높은 수치이다. 그리고 그들은 어떤 지출보다 교양·오락비를 아낌없이 쓰는 것이 특징이다. 전문가들은 애플족의 교양·오락 및 문화에 대한 지출비용이 앞으로도 증가할 것으로 내다보고 있다. 한 사회학과 교수는 "고령사회로 접어들면서 성공적 노화 개념이 중요해짐에 따라 텔레비전 시청, 수면, 휴식 등 소극적 유형의 여가에서 게임 등 재미와 젊음을 찾을 수 있는 진정한 여가로 전환되고 있다."라고 말했다. 이 교수는 젊은이 못지않은 의식과 행동반경을 보이는 5060세대를 겨냥한 다양한 상품과 서비스에 대한 수요가 앞으로도 크게 늘 것이라고 내다보았다.

* 블루슈머(Bluesumer) : 경쟁자가 없는 시장을 의미하는 블루오션(Blue Ocean)과 소비자(Consumer)의 합성어로, 새로운 제품에 적응력이 높고 소비성향을 선도하는 소비자를 의미함

① 애플족의 소비 성향
② 5060세대의 사회·경제적 위상 변화
③ 다양한 여가 활동을 즐기는 5060세대
④ 애플족, '주목해야 할 블루슈머 7'로 선정

※ 다음 문단을 논리적 순서대로 바르게 나열한 것을 고르시오. [12~13]

12

(가) 예후가 좋지 못한 암으로 여겨져 왔던 식도암도 정기적 내시경검사로 조기에 발견하여 수술 등 적절한 치료를 받을 경우, 치료 성공률을 높일 수 있는 것으로 밝혀졌다.

(나) 이처럼 조기에 발견해 수술을 받을수록 치료 효과가 높음에도 불구하고 실제로 D병원에서 식도암 수술을 받은 환자 중 초기에 수술을 받은 환자는 25%에 불과했으며, 어느 정도 식도암이 진행된 경우 60%가 수술을 받은 것으로 조사됐다.

(다) 식도암을 치료하기 위해서는 50세 이상의 남자라면 매년 정기적으로 내시경검사, 식도조영술, CT 촬영 등 검사를 통해 식도암을 조기에 발견하는 것이 중요하다.

(라) 서구화된 식습관으로 인해 식도암은 남성의 경우 암질환 중 6번째로 많이 발생하고 있으며, 전체 인구 10만 명당 3명이 사망하는 것으로 나타났다.

(마) D병원 교수팀이 식도암 진단 후 수술을 받은 808명을 대상으로 추적 조사한 결과, 발견 당시 초기에 치료할 경우 생존율이 높았지만, 반대로 말기에 치료할 경우 치료 성공률과 생존율 모두 크게 떨어지는 것으로 나타났다고 밝혔다.

① (다) – (나) – (라) – (마) – (가)　　　② (다) – (라) – (나) – (마) – (가)

③ (라) – (가) – (마) – (나) – (다)　　　④ (라) – (다) – (마) – (나) – (가)

13

(가) 효율적으로 공공재원을 활용하기 위해서는 사회 생산성 기여를 위한 공간정책이 마련되어야 함과 동시에 주민복지의 거점으로서 기능을 해야 한다. 또한, 도시체계에서 다양한 목적의 흐름을 발생, 집중시키는 거점으로서 다기능·복합화를 실현하여 범위의 경제를 창출해 이용자 편의성을 증대시키고, 공공재원의 효율적 활용에도 기여해야 한다.

(나) 우리나라도 본격적으로 인구 감소 시대에 진입할 가능성이 높아지고 있다. 이미 비수도권의 대다수 시·군에서는 인구가 급속하게 줄어왔으며, 수도권 내 상당수의 시·군에서도 인구정체가 나타나고 있다. 인구 감소 시대에 접어들게 되면, 줄어드는 인구로 인해 고령화 및 과소화가 급속하게 진전된 상태가 될 것이고, 그 결과 취약계층, 교통약자 등 주민의 복지수요가 늘어날 것이다.

(다) 앞으로 공공재원의 효율적 활용, 주민복지의 최소 보장, 자원배분의 정의, 공유재의 사회적 가치 및 생산에 대해 관심을 기울여야 할 것이다. 또한, 인구 감소 시대에 대비하여 창조적 축소, 거점 간 또는 거점과 주변 간 네트워크화 등에 대한 논의, 그와 관련되는 국가와 지자체의 역할 분담, 그리고 이해관계 주체의 연대, 참여, 결속에 대한 논의가 계속적으로 다루어져야 할 것이다.

(라) 이러한 상황에서는 공공재원을 확보와 확충이 어려워지므로 재원의 효율적 활용 요구가 높아질 것이다. 실제로 현재 인구 감소에 따른 고령화 및 과소화가 빠르게 진행된 지역은 공공서비스 공급에 제약을 받고 있기 때문에 공공재원의 효율적 활용이 중요하다.

① (가) – (다) – (나) – (라)　　　② (가) – (라) – (나) – (다)

③ (나) – (가) – (라) – (다)　　　④ (나) – (라) – (가) – (다)

14 다음 중 빈칸에 들어갈 내용으로 가장 적절한 것은?

소독이란 물체의 표면 및 그 내부에 있는 병원균을 죽여 전파력 또는 감염력을 없애는 것이다. 이때, 소독의 가장 안전한 형태로는 멸균이 있다. 멸균이란 대상으로 하는 물체의 표면 또는 그 내부에 분포하는 모든 세균을 완전히 죽여 무균의 상태로 만드는 조작으로, 살아있는 세포뿐만 아니라 포자, 박테리아, 바이러스 등을 완전히 파괴하거나 제거하는 것이다.

물리적 멸균법은 열, 햇빛, 자외선, 초단파 따위를 이용하여 균을 죽여 없애는 방법이다. 열(Heat)에 의한 멸균에는 건열 방식과 습열 방식이 있는데, 건열 방식은 소각과 건식 오븐을 사용하여 멸균하는 방식이다. 건열 방식이 활용되는 예로는 미생물 실험실에서 사용하는 많은 종류의 기구를 물 없이 멸균하는 것이 있다. 이는 습열 방식을 활용했을 때 유리를 포함하는 기구가 파손되거나 금속 재질로 이루어진 기구가 습기에 의해 부식할 가능성을 보완한 방법이다. 그러나 건열 멸균법은 습열 방식에 비해 멸균 속도가 느리고 효율이 떨어지며, 열에 약한 플라스틱이나 고무제품은 대상물의 변성이 이루어져 사용할 수 없다. 예를 들어 많은 세균의 내생포자는 습열 멸균 온도 조건(121℃)에서는 5분 이내에 사멸되나, 건열 멸균법을 활용할 경우 이보다 더 높은 온도(160℃)에서도 약 2시간 정도가 지나야 사멸되는 양상을 나타낸다. 반면, 습열 방식은 바이러스, 세균, 진균 등의 미생물들을 손쉽게 사멸시킨다. 습열은 효소 및 구조단백질 등의 필수 단백질의 변성을 유발하고, 핵산을 분해하며 세포막을 파괴하여 미생물을 사멸시킨다. 끓는 물에 약 10분간 노출하면 대개의 영양세포나 진핵포자를 충분히 죽일 수 있으나, 100℃의 끓는 물에서는 세균의 내생포자를 사멸시키지는 못한다. 따라서 물을 끓여서 하는 열처리는 _____ 멸균을 시키기 위해서는 100℃가 넘는 온도(일반적으로 121℃)에서 압력(약 1.1kg/cm²)을 가해 주는 고압증기멸균기를 이용한다. 고압증기멸균기는 물을 끓여 증기를 발생시키고 발생한 증기와 압력에 의해 멸균을 시키는 장치이다. 고압증기멸균기 내부가 적정 온도와 압력(121℃, 약 1.1kg/cm²)에 이를 때까지 뜨거운 포화 증기를 계속 유입시킨다. 해당 온도에서 포화 증기는 15분 이내에 모든 영양세포와 내생포자를 사멸시킨다. 고압증기멸균기에 의해 사멸되는 미생물은 고압에 의해서라기보다는 고압하에서 수증기가 얻을 수 있는 높은 온도에 의해 사멸되는 것이다.

① 더 많은 세균을 사멸시킬 수 있다.
② 멸균 과정에서 더 많은 비용이 소요된다.
③ 멸균 과정에서 더 많은 시간이 소요된다.
④ 소독을 시킬 수는 있으나, 멸균을 시킬 수는 없다.

15 다음 빈칸에 들어갈 문장을 〈보기〉에서 골라 순서대로 바르게 나열한 것은?

어떤 한 규범은 그와 다른 규범보다 강하거나 약할 수 있다. 예를 들어, "재산을 빼앗지 말라."는 규범은 "부동산을 빼앗지 말라."는 규범보다 강하다. 다른 이의 재산을 빼앗지 않는 사람이라면 누구든지 부동산 또한 빼앗지 않을 것이지만, 그 역은 성립하지 않기 때문이다. 한편, "재산을 빼앗지 말라."는 규범은 "해를 끼치지 말라."는 규범보다 약하다. 다른 이에게 해를 끼치지 않는 사람이라면 누구든지 재산을 빼앗지 않을 것이지만, 그 역은 성립하지 않기 때문이다. 그렇다고 해서 모든 규범이 위의 두 예처럼 어떤 다른 규범보다 강하다거나 약하다고 말할 수 있는 것은 아니다. 예를 들어, "재산을 빼앗지 말라."는 규범은 "운동 전에는 몸풀기를 충분히 하라."는 일종의 규범에 비해 약하지도 강하지도 않다. 다른 이의 재산에 관한 규범을 준수하는 사람이라도 운동에 앞서 몸풀기를 게을리 할 수 있으며, 또 동시에 운동에 앞서 충분히 몸풀기하는 사람이라도 다른 이의 재산에 관한 규범을 어길 수 있기 때문이다.

규범 간의 이와 같은 강·약 비교는 일종의 규범인 교통법규에도 적용될 수 있다. 예를 들어, "도로에서는 시속 110km 이하로 운전하라."는 _____보다 약하다. "도로의 교량 구간에서는 시속 80km 이하로 운전하라."는 "도로에서는 시속 110km 이하로 운전하라."보다는 약하다고 할 수 없지만, _____보다는 약하다. 한편, "도로의 교량 구간에서는 100m 이상의 차간 거리를 유지한 채 시속 80km 이하로 운전하라."는 "도로의 교량 구간에서는 시속 80km 이하로 운전하라."보다는 강하지만 _____보다는 강하다고 할 수 없다.

보기

㉠ "도로의 교량 구간에서는 시속 70km 이하로 운전하라."
㉡ "도로에서는 시속 80km 이하로 운전하라."
㉢ "도로의 교량 구간에서는 90m 이상의 차간 거리를 유지한 채 시속 90km 이하로 운전하라."

① ㉠-㉡-㉢   ② ㉠-㉢-㉡
③ ㉡-㉠-㉢   ④ ㉡-㉢-㉠

16 다음은 시도별 자전거도로 현황에 대한 자료이다. 이에 대한 설명으로 옳은 것은?

<시도별 자전거도로 현황>

(단위 : km)

구분	합계	자전거전용도로	자전거보행자 겸용도로	자전거전용차로	자전거우선도로
전국	21,176	2,843	16,331	825	1,177
서울특별시	869	104	597	55	113
부산광역시	425	49	374	1	1
대구광역시	885	111	758	12	4
인천광역시	742	197	539	6	–
광주광역시	638	109	484	18	27
대전광역시	754	73	636	45	–
울산광역시	503	32	408	21	42
세종특별자치시	207	50	129	6	22
경기도	4,675	409	4,027	194	45
강원도	1,498	105	1,233	62	98
충청북도	1,259	202	824	76	157
충청남도	928	204	661	13	50
전라북도	1,371	163	1,042	112	54
전라남도	1,262	208	899	29	126
경상북도	1,992	414	1,235	99	244
경상남도	1,844	406	1,186	76	176
제주특별자치도	1,324	7	1,299	–	18

① 제주특별자치도는 전국에서 다섯 번째로 자전거도로가 길다.

② 광주광역시를 볼 때, 전국 대비 자전거전용도로의 비율이 자전거보행자겸용도로의 비율보다 낮다.

③ 경상남도의 모든 자전거도로는 전국에서 각각 9% 이상의 비율을 가진다.

④ 전국에서 자전거전용도로의 비율은 약 13.4%의 비율을 차지한다.

17 다음 그래프에 대한 설명으로 옳지 않은 것은?

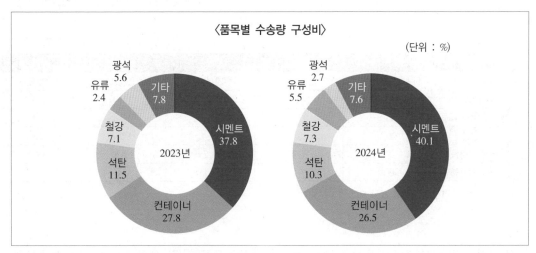

〈품목별 수송량 구성비〉

(단위 : %)

2023년: 광석 5.6, 유류 2.4, 철강 7.1, 석탄 11.5, 컨테이너 27.8, 시멘트 37.8, 기타 7.8

2024년: 광석 2.7, 유류 5.5, 철강 7.3, 석탄 10.3, 컨테이너 26.5, 시멘트 40.1, 기타 7.6

① 2023년 대비 2024년에 구성비가 증가한 품목은 3개이다.
② 컨테이너 수송량은 2023년에 비해 2024년에 감소하였다.
③ 구성비가 가장 크게 변화한 품목은 유류이다.
④ 2023년과 2024년에 가장 큰 비율을 차지하는 품목은 같다.

18 A씨는 향후 자동차 구매자금을 마련하고자 한다. 이를 위해 자산관리담당자와 상담을 한 결과, A ~ C 3가지 금융상품에 2,000만 원을 투자하기로 하였다. A씨가 6개월이 지난 후 받을 수 있는 금액은 얼마인가?

〈포트폴리오 상품내역〉

상품명	종류	기대수익률(연)	투자비중
A	주식	10%	40%
B	채권	4%	30%
C	예금	2%	30%

※ 상품거래에서 발생하는 수수료 등 기타비용은 없다고 가정함

※ (투자수익)=(투자원금)$\times\left[1+\left\{(\text{기대수익률})\times\dfrac{\text{투자월 수}}{12}\right\}\right]$

※ (투자원금)=(투자금액)×(투자비중)

① 2,012만 원   ② 2,028만 원
③ 2,058만 원   ④ 2,078만 원

※ 다음은 D국가의 인구동향에 대한 자료이다. 이어지는 질문에 답하시오. [19~20]

〈인구동향〉

(단위 : 만 명, %)

구분	2020년	2021년	2022년	2023년	2024년
전체 인구수	12,381	12,388	12,477	12,633	12,808
남녀 성비	101.4	101.8	102.4	101.9	101.7
가임기 여성 비율	58.2	57.4	57.2	58.1	59.4
출산율	26.5	28.2	29.7	31.2	29.2
남성 사망률	8.3	7.4	7.2	7.5	7.7
여성 사망률	6.9	7.2	7.1	7.8	7.3

※ 남녀 성비 : 여자 100명당 남자 수

19 다음 〈보기〉에서 자료에 대한 설명으로 옳은 것을 모두 고르면?(단, 인구수는 버림하여 만 명까지만 나타낸다)

보기

ㄱ. 2020년 대비 2024년에 전체 인구수가 5% 이상 증가하였다.
ㄴ. 가임기 여성의 비율과 출산율의 증감 추이는 동일하다.
ㄷ. 출산율은 2021년부터 2023년까지 전년 대비 계속 증가하였다.
ㄹ. 출산율과 남성 사망률의 차이는 2023년에 가장 크다.

① ㄱ, ㄴ   　　　　　　　　　② ㄴ, ㄷ
③ ㄴ, ㄹ   　　　　　　　　　④ ㄷ, ㄹ

20 다음 보고서의 밑줄 친 내용 중 옳지 않은 것은 모두 몇 개인가?

〈보고서〉

위 표에 의하면 ㉠ 남녀 성비는 2022년까지 증가하는 추이를 보이다가 2023년부터 감소했고, ㉡ 전체 인구수는 계속하여 증가하였다. 반면, ㉢ 남성 사망률은 2020년에 가장 높았으며, ㉣ 여성 사망률은 2024년에 가장 높았다. 또한, ㉤ 2024년에는 출산율이 감소했다.

① 1개   　　　　　　　　　② 2개
③ 3개   　　　　　　　　　④ 4개

21 다음은 2018 ~ 2024년 사고유형별 발생 현황에 대한 자료이다. 이에 대한 설명으로 옳지 않은 것은?

〈사고유형별 발생 현황〉

(단위 : 건)

구분	2018년	2019년	2020년	2021년	2022년	2023년	2024년
합계	280,607	286,851	303,707	294,707	297,337	315,736	303,578
도로교통	226,878	221,711	223,656	215,354	223,552	232,035	220,917
화재	41,863	43,875	43,249	40,932	42,135	44,435	43,413
산불	282	277	197	296	492	623	391
열차	181	177	130	148	130	85	62
지하철	136	100	110	84	79	53	61
폭발	41	49	48	61	48	41	51
해양	1,627	1,750	1,632	1,052	1,418	2,740	2,839
가스	134	126	125	72	72	72	122
유도선	1	–	1	5	11	21	25
환경오염	102	68	92	244	316	246	116
공사내시설	22	11	11	20	43	41	31
광산	34	27	60	82	41	32	37
전기(감전)	585	581	557	605	569	558	546
승강기	129	97	133	88	71	61	42
기타	8,592	18,002	33,706	35,664	28,360	34,693	34,925

① 전기(감전) 사고는 2022년부터 매년 계속 감소하는 추이를 보이고 있다.

② 화재 사고는 전체 사고 건수에서 매년 13% 이상 차지하고 있다.

③ 해양 사고는 2018년 대비 2024년에 약 74.5%의 증가율을 보였다.

④ 환경오염 사고는 2024년에 전년 대비 약 45.3%의 감소율을 보였다.

22 농도가 6%인 소금물 700g에서 한 컵의 소금물을 퍼내고, 퍼낸 양만큼 농도가 13%인 소금물을 넣었더니 농도가 9%인 소금물이 되었다. 이때, 퍼낸 소금물의 양은?

① 300g

② 320g

③ 350g

④ 390g

23 너비는 같고 지름이 각각 10cm인 A롤러와 3cm인 B롤러로 각각 벽을 칠하고 있다. 두 롤러가 처음으로 같은 면적을 칠했을 때 A롤러와 B롤러 각각의 회전수의 합은?(단, 롤러는 한 번 칠할 때 1회전씩 하며, 회전 중간에 멈추는 일은 없다)

① 11바퀴

② 12바퀴

③ 13바퀴

④ 14바퀴

24 세화와 성현이는 24km 떨어진 두 지점에서 동시에 출발하여 마주보고 걷다가 만났다. 세화는 시속 5km, 성현이는 시속 3km로 걸었다고 할 때, 세화가 걸은 거리는 얼마인가?(단, 두 지점은 직선으로 이어져 있다)

① 15km

② 15.5km

③ 16.2km

④ 17km

25 D중학교의 2학년 1 ~ 8반 학생들은 토너먼트 방식으로 축구 시합을 하려고 한다. 1반의 대진 위치가 다음과 같고, 각 반이 시합에서 이길 확률은 $\frac{1}{2}$이라고 할 때, 1반과 2반이 축구 시합을 할 확률은?

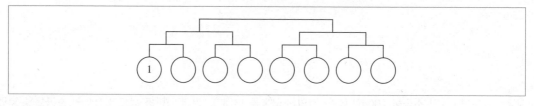

① $\frac{5}{7}$

② $\frac{13}{28}$

③ $\frac{5}{14}$

④ $\frac{1}{4}$

26 다음은 D자동차 회사의 고객만족도 조사결과이다. 출고시기에 관계없이 전체 조사대상자 중에서 260명이 연비를 장점으로 선택했다면, 이 설문에 응한 총고객수는?

〈고객만족도 조사결과〉

(단위 : %)

구분	1 ~ 12개월(출고시기별)	13 ~ 24개월(출고시기별)	고객 평균
안전성	41	48	45
A/S의 신속성	19	17	18
정숙성	2	1	1
연비	15	11	13
색상	11	10	10
주행 편의성	11	9	10
차량 옵션	1	4	3
합계	100	100	100

① 1,500명   ② 2,000명
③ 2,500명   ④ 3,000명

27 다음은 국제우편 접수 매출액 현황 자료이다. 이에 대한 설명으로 옳지 않은 것은?

〈국제우편 접수 매출액 현황〉

(단위 : 백만 원)

구분	2020년	2021년	2022년	2023년	2024년				
					1/4분기	2/4분기	3/4분기	4/4분기	합계
국제통상	16,595	17,002	19,717	26,397	7,677	7,552	8,000	10,783	34,012
국제소포	17,397	17,629	19,794	20,239	5,125	4,551	5,283	6,165	21,124
국제특급	163,767	192,377	229,012	243,416	62,784	60,288	61,668	84,934	269,674
합계	197,759	227,008	268,523	290,052	75,586	72,391	74,951	101,882	324,810

① 2020년 대비 2024년 국제소포 분야의 매출액 증가율은 10% 미만이다.
② 2024년 4/4분기 매출액이 2024년 다른 분기에 비해 가장 높다.
③ 2020년 대비 2024년 매출액 증가율이 가장 큰 분야는 국제통상 분야의 매출액이다.
④ 2023년 전체에서 국제통상 분야의 매출액 비율은 10% 미만이다.

28 다음은 2025년 1월의 성별·국적별 크루즈 이용객 현황 자료이다. 이에 대한 설명으로 옳은 것은?

〈성별·국적별 크루즈 이용객 현황〉

(단위 : 명)

구분		여성	남성	합계
합계		1,584	2,409	3,993
아시아주	일본	2	2	4
	중국	65	18	83
	대만	7	2	9
	홍콩	9	7	16
	태국	22	51	73
	말레이시아	9	8	17
	필리핀	98	682	780
	인도네시아	10	89	99
	싱가포르	14	6	20
	미얀마	0	0	0
	베트남	3	2	5
	인도	18	362	380
	스리랑카	0	4	4
	이스라엘	20	21	41
	터키	1	1	2
	아시아주 기타	8	7	15
	아시아주 소계	286	1,262	1,548
미주	미국	831	757	1,588
	캐나다	177	151	328
	멕시코	182	144	326
	브라질	18	16	34
	미주 기타	90	79	169
	미주 소계	1,298	1,147	2,445

① 여성 크루즈 이용객이 가장 많은 국적의 전체 크루즈 이용객 중 남성 이용객의 비율은 50% 이상이다.

② 브라질 국적의 남성 크루즈 이용객의 수는 인도네시아 국적의 남성 이용객 수의 20% 이상이다.

③ 아시아주 전체 크루즈 이용객의 수는 미주 전체 크루즈 이용객의 수의 60% 이상이다.

④ 아시아주 기타 및 미주 기타 국적을 제외하고, 여성 크루즈 이용객 대비 남성 크루즈 이용객의 비율이 가장 높은 국적은 필리핀이다.

29 자동차의 정지거리는 공주거리와 제동거리의 합이다. 공주거리는 공주시간 동안 진행한 거리이며, 공주시간은 주행 중 운전자가 전방의 위험상황을 발견하고 브레이크를 밟아서 실제 제동이 시작될 때까지 걸리는 시간이다. 자동차의 평균제동거리가 다음 표와 같을 때, 시속 72km로 달리는 자동차의 정지거리는 몇 m인가?(단, 공주시간은 1초로 가정한다)

속도(km/h)	12	24	36	48	60	72
평균제동거리(m)	1	4	9	16	25	36

① 50m ② 52m
③ 54m ④ 56m

30 새로운 원유의 정제비율을 조사하기 위해 상압증류탑을 축소한 실험 공장에 새로운 원유를 투입해 사전분석 실험을 시행했다. 다음과 같은 결과를 얻었다고 할 때 아스팔트는 최초 투입한 원유량 대비 몇 % 생산되는가?

<사전분석실험 결과>

생산제품	생산량
LPG	투입한 원유량의 5%
휘발유	LPG를 생산하고 남은 원유량의 20%
등유	휘발유를 생산하고 남은 원유량의 50%
경유	등유를 생산하고 남은 원유량의 10%
아스팔트	경유를 생산하고 남은 원유량의 4%

① 1.168% ② 1.368%
③ 1.568% ④ 1.768%

31 성경책을 리폼하는 D사는 다음과 같은 할인 이벤트를 진행 중이다. 이를 이해한 내용으로 옳지 않은 것은?
(단, 할인되지 않은 모든 디자인의 성경리폼 기존 원가는 30,000원이다)

〈성경리폼 20%+10% 할인 이벤트〉

▶ 행사기간 : 오픈형 성경리폼 기존 20% 할인+10% 추가할인 행사
▶ 대상 : 오픈형 성경책 리폼만 해당됨(지퍼형, 지갑결합형의 경우 10% 할인 행사 중)
▶ 주문 및 할인방법
  – 검색어에 D사 성경리폼을 검색하여 N쇼핑에서 주문합니다.
  – 본 용지를 프린트하여 아래 빈칸을 작성한 후, 보내주실 성경책에 동봉해 주셔야 추가 10% 할인을 받으실 수 있습니다.
  – 10% 추가 할인은 작업이 끝나는 동시에 고객님이 원하시는 방법으로 돌려드립니다.

성함		연락처	
신청 디자인	• 오픈형(　　) • 지퍼형(　　) • 지갑결합형(　　)	10% 환불 방법	• 성경책 받으실 때 10% 현금 동봉(　　) • 작업완료 시 아래의 계좌로 입금(　　) 　– 은행명 : (　　　　) 　– 예금주 : (　　　) 　– 계좌번호 : (　　　　　)
택배 받을 주소			

〈성경리폼 구매평 이벤트〉

▶ 회원 가입 후 댓글을 통해 리폼된 성경책의 구매평을 남기면 1,000원 할인 쿠폰 지급
▶ 회원 가입 후 리폼된 성경책 사진과 함께 댓글로 구매평을 남기면 3,000원 할인 쿠폰 지급

① 10% 추가 할인 전에 오픈형 성경리폼의 가격은 24,000원이었을 것이다.
② 사진과 함께 댓글로 구매평을 남길 경우 기존 원가의 20% 가격이 환급된다.
③ 지퍼형으로 성경을 리폼하고 사진과 함께 구매평을 남길 경우, 기존 원가보다 6,000원 더 이익이다.
④ 오픈형으로 성경을 리폼하고 사진 없이 댓글로 구매평을 남길 경우, 기존 원가보다 10,000원 더 이익이다.

※ 서울에 사는 A ~ E 5명의 고향은 각각 대전, 대구, 부산, 광주, 춘천 중 한 곳으로, 설날을 맞아 열차 1, 2, 3을 타고 고향에 내려가고자 한다. 열차에 대한 탑승 정보가 다음과 같을 때, 이어지는 질문에 답하시오. [32~34]

〈탑승 정보〉

• 열차 2는 대전, 춘천을 경유하여 부산까지 가는 열차이다.
• A의 고향은 부산이다.
• E는 어떤 열차를 타도 고향에 갈 수 있다.
• 열차 1에는 D를 포함한 세 사람이 탄다.
• C와 D가 함께 탈 수 있는 열차는 없다.
• B가 탈 수 있는 열차는 열차 2뿐이다.
• 열차 2와 열차 3이 지나는 지역은 대전을 제외하고 중복되지 않는다.

---

32 다음 중 E의 고향으로 옳은 것은?

① 대전   ② 대구
③ 부산   ④ 춘천

33 열차 1이 광주를 경유한다고 할 때, 열차 3에 타는 사람과 목적지가 바르게 나열된 것은?

① A – 부산   ② C – 대구
③ D – 대전   ④ E – 대전

34 다음 중 열차에 탑승하는 사람 수의 제한이 없을 때, 열차 2에 탈 수 있는 사람을 모두 고르면?

① A, B, E   ② A, C, E
③ B, C, E   ④ B, D, E

35 한국도로공사에서 근무하는 D사원은 사무실 배치 담당으로, 다음 고려사항을 참고하여 팀장의 사무실을 재배치해야 한다. 다음 중 (가로) 3,000mm×(세로) 3,400mm인 직사각형의 사무실에 가능한 가구 배치는?

〈배치 시 고려사항〉

1. 사무실 문을 여닫는 데 1,000mm의 간격이 필요함
2. 서랍장의 서랍(•로 표시하며, 가로면 전체에 위치)을 열려면 400mm의 간격이 필요(회의 탁자, 책상, 캐비닛은 서랍 없음)하며, 반드시 여닫을 수 있어야 함
3. 붙박이 수납장 문을 열려면 앞면 전체에 550mm의 간격이 필요하며, 반드시 여닫을 수 있어야 함
4. 가구들은 쌓을 수 없음
5. 각각의 가구는 사무실에 넣을 수 있는 것으로 가정함
   - 회의 탁자 : (가로) 1,500mm×(세로) 2,110mm
   - 책상 : (가로) 450mm×(세로) 450mm
   - 서랍장 : (가로) 1,100mm×(세로) 500mm
   - 캐비닛 : (가로) 1,000mm×(세로) 300mm
   - 붙박이 수납장은 벽 한 면 전체를 남김없이 차지함(깊이 650mm)

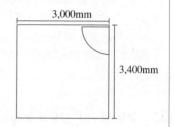

①

②

③

④

※ 한국도로공사에서는 임직원 해외연수를 추진하고 있다. 다음 자료를 참고하여 이어지는 질문에 답하시오.
  [36~37]

〈2025년 임직원 해외연수 공지사항〉

• 해외연수 국가 : 네덜란드, 일본
• 해외연수 일정 : 2025년 5월 11 ~ 20일(10일간)
• 해외연수 인원 : 국가별 2명씩 총 4명
• 해외연수 인원 선발 방법 : 2024년 업무평가 항목 평균점수 상위 4명 선발

〈한국도로공사 임직원 2024년 실적평가〉

(단위 : 점)

성명	직급	업무평가		
		조직기여	대외협력	기획
유시진	팀장	58	68	83
최은서	팀장	79	98	96
양현종	과장	84	72	86
오선진	대리	55	91	75
이진영	대리	90	84	97
장수원	대리	78	95	85
김태균	주임	97	76	72
류현진	주임	69	78	54
강백호	사원	77	83	66
최재훈	사원	80	94	92

36 다음 중 해외연수 대상자가 될 수 있는 직원들로 바르게 나열된 것은?

① 유시진, 최은서
② 양현종, 오선진
③ 이진영, 장수원
④ 김태균, 류현진

37 한국도로공사는 2025년 임직원 해외연수 인원을 국가별로 1명씩 증원하여 총 6명을 선발하려고 한다. 다음 중 해외연수 대상자가 될 수 없는 직원은?

① 양현종
② 오선진
③ 이진영
④ 김태균

38 다음은 D공사의 국내 자율주행자동차 산업에 대한 SWOT 분석 결과이다. 이를 바탕으로 경영 전략을 세웠을 때, 〈보기〉에서 적절하지 않은 것을 모두 고르면?

〈국내 자율주행자동차 산업에 대한 SWOT 분석 결과〉

구분	분석 결과
강점(Strength)	• 민간 자율주행기술 R&D지원을 위한 대규모 예산 확보 • 국내외에서 우수한 평가를 받는 국내 자동차기업 존재
약점(Weakness)	• 국내 민간기업의 자율주행기술 투자 미비 • 기술적 안전성 확보 미비
기회(Opportunity)	• 국가의 지속적 자율주행자동차 R&D 지원법안 본회의 통과 • 완성도 있는 자율주행기술을 갖춘 외국 기업들의 등장
위협(Threat)	• 자율주행차에 대한 국민들의 심리적 거부감 • 자율주행차에 대한 국가의 과도한 규제

〈SWOT 분석에 의한 경영 전략〉

• SO전략 : 기회를 이용해 강점을 활용하는 전략이다.
• ST전략 : 강점을 활용하여 위협을 최소화하거나 극복하는 전략이다.
• WO전략 : 기회를 활용하여 약점을 보완하는 전략이다.
• WT전략 : 약점을 최소화하고 위협을 회피하는 전략이다.

보기

ㄱ. 자율주행기술 수준이 우수한 외국 기업과의 기술이전협약을 통해 국내 우수 자동차기업들의 자율주행기술 연구 및 상용화 수준을 향상시키려는 전략은 SO전략에 해당한다.
ㄴ. 민간의 자율주행기술 R&D를 적극 지원하여 자율주행기술의 안전성을 높이려는 전략은 ST전략에 해당한다.
ㄷ. 자율주행자동차 R&D를 지원하는 법률을 토대로 국내 기업의 기술개발을 적극 지원하여 안전성을 확보하려는 전략은 WO전략에 해당한다.
ㄹ. 자율주행기술개발에 대한 국내기업의 투자가 부족하므로 국가기관이 주도하여 기술개발을 추진하는 전략은 WT전략에 해당한다.

① ㄱ, ㄴ
② ㄱ, ㄷ
③ ㄴ, ㄷ
④ ㄴ, ㄹ

39 다음은 D공사 연구원들의 성과급 지급 기준 및 성과평가에 대한 자료이다. 이를 바탕으로 성과급을 지급할 때, 가장 많은 성과급을 지급받을 연구원은?

〈연구원 성과급 지급 기준〉

• 연구원 학위별 기본급은 다음과 같다.

학위	학사	석사	박사
기본급	200만 원	240만 원	300만 원

• 성과급은 기본급에 전년도 연구 종합기여도에 따른 지급률을 곱한 금액을 지급한다.

종합기여도	A등급	B등급	C등급	D등급
지급률	40%	35%	25%	20%

• 전년도 종합기여도는 성과점수 구간에 따라 다음과 같이 산정된다.

성과점수	90점 이상 100점 이하	80점 이상 90점 미만	72점 이상 80점 미만	72점 미만
종합기여도	A등급	B등급	C등급	D등급

• 성과점수는 개인연구점수, 팀연구점수, 전략기여점수, 가점 및 벌점을 합산하여 산정한다.
 − 개인연구점수, 팀연구점수는 각각 100점 만점으로 산정된다.
 − 전략기여점수는 참여한 중점전략프로젝트의 개수에 3을 곱하여 산정한다.
 − 성과점수는 '(개인연구점수)×60%+(팀연구점수)×40%+(전략기여점수)+(가점)−(벌점)'이다.
• 가점 및 벌점 부여기준
 − 전년도 수상내역 1회, 신규획득 자격증 1개당 가점 2점 부여
 − 전년도 징계내역 1회당 다음에 따른 벌점 부여

징계	경고	감봉	정직
벌점	1점	2점	4점

〈D공사 연구원 성과평가〉

연구원	학위	개인연구점수(점)	팀연구점수(점)	중점전략프로젝트 참여개수(개)	전년도 상·벌
A	석사	75	85	2	경고 1회
B	박사	80	80	1	−
C	석사	65	85	−	자격증 1개
D	학사	90	75	−	−

① A ② B
③ C ④ D

40 다음 자료와 〈조건〉을 바탕으로 철수, 영희, 민수, 철호가 상품을 구입한 쇼핑몰을 순서대로 바르게 나열한 것은?

〈이용약관의 주요 내용〉

쇼핑몰	주문 취소	환불	배송비	포인트 적립
A	주문 후 7일 이내 취소 가능	10% 환불수수료, 송금수수료 차감	무료	구입 금액의 3%
B	주문 후 10일 이내 취소 가능	환불수수료, 송금수수료 차감	20만 원 이상 무료	구입 금액의 5%
C	주문 후 7일 이내 취소 가능	환불수수료, 송금수수료 차감	1회 이용 시 1만 원	없음
D	주문 후 당일에만 취소 가능	환불수수료, 송금수수료 차감	5만 원 이상 무료	없음
E	취소 불가능	고객 귀책 사유에 의한 환불 시에만 10% 환불수수료	1만 원 이상 무료	구입 금액의 10%
F	취소 불가능	원칙적으로 환불 불가능 (사업자 귀책 사유일 때만 환불 가능)	100g당 2,500원	없음

조건

- 철수는 부모님의 선물로 등산 용품을 구입하였는데, 판매자의 업무 착오로 배송이 지연되어 판매자에게 전화로 환불을 요구하였다. 판매자는 판매금액 그대로를 통장에 입금해 주었고 구입 시 발생한 포인트도 유지하여 주었다.
- 영희는 옷을 구매할 때 배송비를 고려하여 한 가지씩 여러 번에 나누어 구매하기보다는 가능한 한 한꺼번에 주문하곤 하였다.
- 인터넷 사이트에서 영화티켓을 20,000원에 구매한 민수는 다음날 같은 티켓을 18,000원에 파는 사이트를 발견하고 전날 구매한 티켓을 취소하려 했지만 취소가 되지 않아 곤란을 겪은 적이 있다.
- 가방을 10만 원에 구매한 철호는 도착한 물건의 디자인이 마음에 들지 않아 환불 및 송금수수료와 배송비를 감수하는 손해를 보면서도 환불할 수밖에 없었다.

	철수	영희	민수	철호
①	E	B	C	D
②	F	E	D	B
③	E	D	F	C
④	F	C	E	B

41 D공사는 사무실 리모델링을 하면서 기획조정 1~3팀과 미래전략 1~2팀, 홍보팀, 보안팀, 인사팀의 사무실 위치를 변경하였다. 리모델링은 다음 〈조건〉과 같이 적용되었을 때, 변경된 사무실 위치에 대한 설명으로 옳은 것은?

1실	2실	3실	4실
복도			
5실	6실	7실	8실

조건

- 기획조정 1팀과 미래전략 2팀은 홀수실이며, 복도를 사이에 두고 마주보고 있다.
- 홍보팀은 5실이다.
- 미래전략 2팀과 인사팀은 나란히 있다.
- 보안팀은 홀수실이며, 맞은편 대각선으로 가장 먼 곳에는 인사팀이 있다.
- 기획조정 3팀과 2팀은 한 사무실을 건너 나란히 있고 2팀이 3팀보다 사무실 번호가 높다.

① 인사팀은 6실에 위치한다.
② 미래전략 2팀과 기획조정 3팀은 같은 라인에 위치한다.
③ 기획조정 1팀은 기획조정 2팀과 3팀 사이에 위치한다.
④ 미래전략 1팀은 7실에 위치한다.

42 K베이커리에서는 A~D단체에 우유식빵, 밤식빵, 옥수수식빵, 호밀식빵을 다음 〈조건〉에 따라 한 종류씩 납품하려고 한다. 이때 반드시 참인 것은?

조건

- 한 단체에 납품하는 빵은 종류가 겹치지 않도록 한다.
- 우유식빵과 밤식빵은 A에 납품된 적이 있다.
- 옥수수식빵과 호밀식빵은 C에 납품된 적이 있다.
- 옥수수식빵은 D에 납품된다.

① 우유식빵은 B에 납품된 적이 있다.
② 옥수수식빵은 A에 납품된 적이 있다.
③ 호밀식빵은 A에 납품될 것이다.
④ 우유식빵은 C에 납품된 적이 있다.

43 9층 건물의 지하에서 출발한 엘리베이터에 타고 있던 A ~ I 9명은 다음 〈조건〉에 따라 1층부터 9층까지 각각 다른 층에 내렸다. 다음 중 짝수 층에서 내리지 않은 사람은?

조건
- D는 F보다는 빨리 내렸고, A보다는 늦게 내렸다.
- H는 홀수 층에 내렸다.
- C는 3층에 내렸다.
- G는 C보다 늦게 내렸고, B보다 빨리 내렸다.
- B는 C보다 3층 후에 내렸고, F보다는 1층 전에 내렸다.
- I는 D보다 늦게 내렸고, G보다는 일찍 내렸다.

① B   ② D

③ E   ④ G

44 다음 〈조건〉에 따라 교육부, 행정안전부, 보건복지부, 농림축산식품부, 외교부 및 국방부에 대한 국정감사 순서를 정한다고 할 때, 항상 옳은 것은?

조건
- 행정안전부에 대한 감사는 농림축산식품부와 외교부에 대한 감사 사이에 한다.
- 국방부에 대한 감사는 보건복지부나 농림축산식품부에 대한 감사보다 늦게 시작되지만, 외교부에 대한 감사보다 먼저 시작되어야 한다.
- 교육부에 대한 감사는 아무리 늦어도 보건복지부 또는 농림축산식품부 중 적어도 어느 한 부서에 대한 감사보다는 먼저 시작되어야 한다.
- 보건복지부는 농림축산식품부보다 먼저 감사를 시작한다.

① 교육부는 첫 번째 또는 두 번째에 감사를 시작한다.
② 보건복지부는 두 번째로 감사를 시작한다.
③ 농림축산식품부보다 늦게 감사를 받는 부서의 수가 일찍 받는 부서의 수보다 적다.
④ 국방부는 행정안전부보다 감사를 일찍 시작한다.

45 한국도로공사는 워크숍에서 팀을 나눠 배드민턴 게임을 하기로 했다. 배드민턴 규칙은 실제 복식경기 방식을 따르기로 하고, 기획팀 직원 A, B와 영업팀 직원 C, D가 먼저 대결을 한다고 할 때, 다음과 같은 경기 상황에 이어질 서브 방향 및 선수 위치로 옳은 것은?

〈배드민턴 복식경기 방식〉

- 점수를 획득한 팀이 서브권을 갖는다. 다만, 서브권이 상대팀으로 넘어가기 전까지는 팀 내에서 같은 선수가 연속해서 서브권을 갖는다.
- 서브하는 팀은 자신의 팀 점수가 0이거나 짝수인 경우는 우측에서, 점수가 홀수인 경우는 좌측에서 서브한다.
- 서브하는 선수로부터 코트의 대각선 위치에 선 선수가 서브를 받는다.
- 서브를 받는 팀은 자신의 팀으로 서브권이 넘어오기 전까지는 같은 팀 내 선수끼리 코트 위치를 서로 바꾸지 않는다.

※ 좌측, 우측은 각 팀이 네트를 바라보고 인식하는 좌, 우임

〈경기 상황〉

- 기획팀(A · B), 영업팀(C · D) 간 복식경기 진행
- 3 : 3 동점 상황에서 A가 C에 서브하고 기획팀(A · B)이 1점 득점

점수	서브 방향 및 선수 위치	득점한 팀
3 : 3	(D 좌상, C 우상 / A 좌하, B 우하, 화살표 A→C)	기획처

①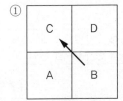

②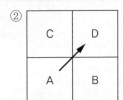

③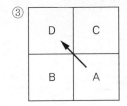

④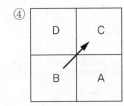

※ 다음 자료를 바탕으로 빈칸에 들어갈 코드로 옳은 것을 고르시오. [46~47]

〈시스템 상태 및 조치〉

모니터에 나타나는 정보를 이해하고 시스템 상태를 판독하여 적절한 코드를 입력하시오.

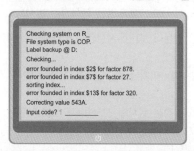

```
Checking system on R_
File system type is COP.
Label backup @ D:
Checking...
error founded in index $2$ for factor 878.
error founded in index $7$ for factor 27.
sorting index...
error founded in index $13$ for factor 320.
Correcting value 543A.
Input code? ¶ _____
```

항목	세부사항
File System Type	• COP : error value 중 가장 큰 값을 FEV로 지정 • ATO : 모든 error value의 합을 FEV로 지정
Label Backup	• D : 기존 correcting value의 두 배에 해당하는 값을 correcting value로 사용(단, correcting value에 포함된 문자는 없는 것으로 취급) • Q : correcting value를 그대로 사용
Index $#$ for Factor ##	• 오류 발생 위치 : $와 $ 사이에 나타나는 숫자 • 오류 유형 : factor 뒤에 나타나는 숫자
Error Value	• 오류 발생 위치가 오류 유형에 포함 : 해당 숫자 • 오류 발생 위치가 오류 유형에 미포함 : 1 ※ FEV(Final Error Value) : File System Type에 따라 error value를 이용하여 산출하는 세 자리의 수치(예 008, 154, 097)
Correcting Value	• FEV와의 대조를 통하여 시스템 상태 판단

판단 기준	시스템 상태	입력 코드
FEV를 구성하는 숫자가 correcting value를 구성하는 숫자에 모두 포함되어 있는 경우	안전	resrv17
FEV를 구성하는 숫자가 correcting value를 구성하는 숫자에 일부만 포함되어 있는 경우	경계	• correcting value에 문자 포함 : cldn35/c • correcting value에 문자 미포함 : cldn35
FEV를 구성하는 숫자가 correcting value를 구성하는 숫자에 전혀 포함되어 있지 않은 경우	위험	shdnsys

〈시스템 관리 예시〉

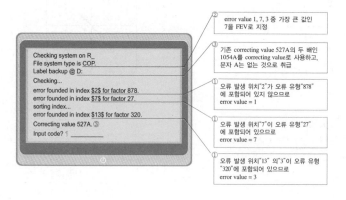

FEV와 Correcting Value 대조

FEV=007(FEV는 세 자릿수로 이뤄짐)

Correcting Value=1054A(문자는 없는 것으로 취급)

→ FEV를 구성하는 숫자 0, 7 중 일부만("0") correcting value 1054A에 포함됨

⇩

종합 판단 및 조치

FEV=007

correcting value=1054A

시스템 상태=경계   ➡   입력 코드 : cldn35

correcting value에 문자 미포함

입력 코드 : cldn35

46

Checking system on O_
File system type is ATO.
Label backup @ Q:
Checking...
error founded in index 4 for factor 48.
error founded in index 35 for factor 67.
sorting index...
error founded in index 14 for factor 240.
Correcting value 382B.
Input code? ⌐ _____

① resrv17   ② cldn35
③ cldn35/c   ④ shdnsys

47

Checking system on U_
File system type is COP.
Label backup @ D:
Checking...
error founded in index 7 for factor 52.
error founded in index 63 for factor 76.
sorting index...
error founded in index 42 for factor 28.
Correcting value 263H.
Input code? ⌐ _____

① resrv17   ② cldn35
③ cldn35/c   ④ shdnsys

※ 다음 프로그램의 실행 결과로 옳은 것을 고르시오. **[48~49]**

48
```
#include <stdio.h>
void main() {
    int arr[10] = {1, 2, 3, 4, 5};
    int num = 10;
    int i;

    for (i = 0; i < 10; i++) {
      num += arr[i];
    }
    printf("%d\n", num);
}
```

① 10

② 20

③ 25

④ 30

49
```
#include <stdio.h>
void main() {
    int temp = 0;
    int i = 10;

    temp = i++;
    temp = i--;

    printf("%d, %d", temp, i);
}
```

① 10, 10

② 11, 10

③ 11, 11

④ 10, 11

50 다음 글에서 설명하는 용어로 가장 적절한 것은?

> 데이터를 일정한 프로그램에 따라 컴퓨터가 처리·가공함으로써 '특정한 목적을 달성하는 데 필요하거나 특정한 의미를 가진 것으로 다시 생산된 것'을 뜻한다.

① 자료 ② 정보
③ 지식 ④ 지혜

51 다음 중 정보의 가공 및 활용에 대한 설명으로 적절하지 않은 것은?

① 정보는 원형태 그대로 혹은 가공하여 활용할 수 있다.
② 수집된 정보를 가공하여 다른 형태로 재표현하는 방법도 가능하다.
③ 정적정보의 경우 이용한 이후에도 장래활용을 위해 정리하여 보존한다.
④ 비디오테이프에 저장된 영상정보는 동적정보에 해당된다.

52 다음 〈보기〉 중 개인정보에 속하는 것을 모두 고르면?

보기

ㄱ. 가족 관계   ㄴ. 최종 학력
ㄷ. 보험 가입 현황   ㄹ. 전과 기록

① ㄱ, ㄷ   ② ㄴ, ㄷ
③ ㄴ, ㄷ, ㄹ   ④ ㄱ, ㄴ, ㄷ, ㄹ

53 다음 그림에서 A를 실행하였을 때 얻을 수 있는 효과로 옳은 것은?

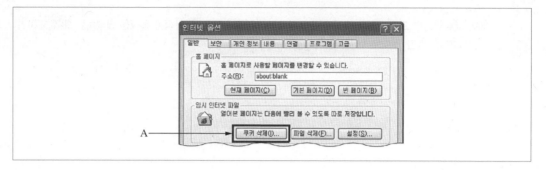

① 개인정보의 침해 소지를 낮춰 준다.

② 스크립트 오류에 대한 사항을 알려 준다.

③ 온라인 광고업체의 악성코드를 정리해 준다.

④ 웹 페이지에서 이미지 크기를 자동으로 조절해 준다.

54 다음 시트에서 상품이 '하모니카'인 악기의 평균매출액을 구하려고 할 때, [E11] 셀에 입력할 수식으로 옳은 것은?

	A	B	C	D	E
1	모델명	상품	판매금액	판매수량	매출액
2	D7S	통기타	189,000	7	1,323,000
3	LC25	우쿨렐레	105,000	11	1,155,000
4	N1120	하모니카	60,000	16	960,000
5	MS083	기타	210,000	3	630,000
6	H904	하모니카	63,000	25	1,575,000
7	C954	통기타	135,000	15	2,025,000
8	P655	기타	193,000	8	1,544,000
9	N1198	하모니카	57,000	10	570,000
10	하모니카의 평균 판매수량				17
11	하모니카 평균매출액				1,035,000

① =COUNTIF(B2:B9, "하모니카")

② =AVERAGE(E2:E9)

③ =AVERAGEIFS(B2:B9, E2:E9, "하모니카")

④ =AVERAGEIF(B2:B9, "하모니카", E2:E9)

55 D공사는 2026년 1月에 정년퇴임식을 할 예정이다. T사원은 퇴직자 명단을 엑셀로 정리하고 〈조건〉에 따라 행사물품을 준비하려고 한다. 〈보기〉 중 옳은 것을 모두 고르면?

	A	B	C	D	E
1	퇴직자	소속부서	팀원 수	팀장인원	입사연도
2	A씨	회계	8	1	2008년
3	B씨	기획	12	2	1999년
4	C씨	인사	11	1	2005년
5	D씨	사무	15	2	2009년
6	E씨	영업	30	5	2007년
7	F씨	관리	21	4	2003년
8	G씨	생산	54	7	2010년
9	H씨	품질관리	6	1	2018년
10	I씨	연구	5	1	2002년
11	J씨	제조	34	6	2010년

조건
- 행사에는 퇴직자가 속한 부서의 팀원들만 참석한다.
- 퇴직하는 직원이 소속된 부서당 화분 1개가 필요하다.
- 퇴직자를 포함하여 근속연수 20년 이상인 직원에게 감사패를 준다.
- 볼펜은 행사에 참석한 직원 1인당 1개씩 지급한다.
- 팀원에는 팀장도 포함되어 있다.

보기
- ㉠ 화분은 총 9개가 필요하다.
- ㉡ 감사패는 4개 필요하다.
- ㉢ 볼펜은 [C2:C11]의 합계만큼 필요하다.

① ㉠   ② ㉡
③ ㉢   ④ ㉠, ㉡, ㉢

56 다음 중 [D2] 셀에 수식 「=UPPER(TRIM(A2))&"KR"」을 입력했을 경우 결괏값으로 옳은 것은?

	A	B	C	D
1	도서코드	출판사	출판년도	변환도서코드
2	mng-002	대한도서	2024	
3	pay-523	믿음사	2025	
4	mng-091	정일도서	2023	

① MNG-002-kr   ② MNG-KR
③ MNG 002-KR   ④ MNG-002KR

※ 정보처에 근무하는 D대리는 랜섬웨어에 대한 대비책을 직원들에게 전파하려고 한다. 다음 메일을 보고 이어지는 질문에 답하시오. **[57~58]**

발신 : D대리(정보처, ***@ex.or.kr) 2025.04.17 14:25:32

수신 : 전 임직원

참조 :

제목 : [긴급 공지] 랜섬웨어 유포 관련 주의사항

내용 :

안녕하십니까? 정보처 D대리입니다.

최근 해외에서 기승을 부리던 랜섬웨어가 국내로까지 확장되고 있다는 보도가 나왔습니다. 이와 관련하여 직원 여러분들께 관련 보도자료와 몇 가지 주의사항을 당부 드리고자 합니다.

〈보도자료〉

랜섬웨어(Ransomware)란 몸값을 의미하는 랜섬(Ransom)과 소프트웨어(Software)의 합성어로, 금전 갈취를 목표로 하는 신종 악성코드(Malware)의 일종이다. 랜섬웨어에 감염된 컴퓨터는 시스템에 대한 접근이 제한되고 이를 해결하기 위해서는 랜섬웨어 제작자에게 대가로 금품을 제공해야 한다. 이러한 랜섬웨어가 확산되기 시작하면서 컴퓨터 보안업계에 비상이 걸렸다. 그간 미국, 일본, 영국 등 해외에서 기승을 부리던 랜섬웨어가 이제는 한국어 버전으로 출현해 국내도 더 이상 안전지대가 아니라는 게 전문가들의 지적이다. 특히 문서, 사진, 동영상 등 데이터를 암호화하는 '크립토 랜섬웨어(Crypto Ransomware)'는 한번 감염되면 복구가 쉽지 않아 보안이 허술한 중소기업 등의 경영 활동에 걸림돌이 될 수 있다는 우려도 제기된다.

〈주의사항〉

랜섬웨어 대응에 대해 궁금한 점이 있으시면 언제든지 정보처로 연락주시기 바랍니다. 감사합니다.

정보처 D대리 드림.

---

57 다음 중 D대리가 보낸 메일의 빈칸에 포함될 주의사항으로 적절하지 않은 것은?

① 모바일 OS나 인터넷 브라우저 등을 최신 버전으로 유지하십시오.

② 출처가 명확하지 않은 앱이나 프로그램은 설치하지 마십시오.

③ 비트코인 등 전자 화폐를 구입하라는 메시지는 즉시 삭제하고, 유사 사이트에 접속하지 마십시오.

④ 파일이 랜섬웨어에 감염되면 복구 프로그램을 활용해서 최대한 빨리 복구하십시오.

58 D대리는 메일을 발송하려던 중 랜섬웨어와 같은 컴퓨터 악성코드에 대해 잘 모르는 직원들을 위해 조금 더 설명을 추가하기로 하였다. 다음 중 D대리가 메일 내용에 포함시킬 내용으로 적절하지 않은 것은?

① 악성코드는 악의적인 용도로 사용될 수 있는 유해 프로그램을 말합니다.

② 악성코드는 외부 침입을 탐지하고 분석하는 프로그램으로 잘못된 정보를 남발할 수 있습니다.

③ 악성코드는 때로 실행하지 않은 파일을 저절로 삭제하거나 변형된 모습으로 나타나게 합니다.

④ 악성코드에는 대표적으로 스파이웨어, 트로이 목마 같은 것이 있습니다.

59 A사원은 거래처 컴퓨터 본체를 잠시 빌려서 쓰게 되었는데, 해당 컴퓨터를 부팅하고 바탕화면에 저장된 엑셀 파일을 열자 거래처 고객의 상세한 신상 정보가 담겨 있었다. 다음 중 A사원이 취해야 할 태도로 가장 적절한 것은?

① 고객 신상 정보를 저장장치에 복사해서 빌린 거래처 담당자에게 되돌려준다.

② 고객 신상 정보의 훼손을 방지하고자 자신의 USB에 백업해 두고 보관해 준다.

③ 고객 신상 정보를 즉시 지우고 빌린 컴퓨터를 사용한다.

④ 거래처에 고객 신상 정보 삭제를 요청한다.

60 다음 중 Windows의 메모장에 대한 설명으로 옳지 않은 것은?

① 바로 가기 키를 설정하여 단축키를 통해 바로 열 수 있다.

② 현재 시간과 날짜를 기록할 수 있다.

③ 편집 중인 문서에 그림을 삽입할 수 있다.

④ 찾기 기능을 통해 특정 문자를 찾을 수 있다.

합격의공식
시대
에듀
www.sdedu.co.kr

2일 차
기출응용 모의고사

www.sdedu.co.kr

<문항 및 시험시간>

평가영역	문항 수	시험시간	모바일 OMR 답안채점/성적분석 서비스
의사소통능력＋수리능력＋문제해결능력＋정보능력	60문항	60분	

2일 차 기출응용 모의고사

문항 수 : 60문항
시험시간 : 60분

01 다음 글의 제목으로 가장 적절한 것은?

한국도로공사는 극심한 미세먼지가 연일 계속되고 국민들의 걱정이 높아지는 가운데, 고속도로 미세먼지를 줄이기 위한 다양한 대책을 시행하고 있다.

한국도로공사는 3월 7일부터 9일간을 집중 청소 주간으로 정하고, 전국 고속도로 노면과 휴게소를 대대적으로 청소한다. 이번 집중 청소는 예년보다 2주일가량 앞당겨 실시하는 것으로, 지난해까지는 제설작업이 끝나는 3월 중순부터 노면 청소를 실시했다. 고속도로 노면 및 휴게소 집중 청소에는 총 4,000여 명의 인원과 2,660여 대의 장비가 동원되며, 지난해 청소 결과로 미루어 볼 때 약 660t 이상의 퇴적물이 제거될 것으로 보인다. 또한 올해부터는 연간 노면 청소의 횟수도 2배가량 늘려 연간 10 ~ 15회(월 2회 이상) 노면 청소를 실시하고, 미세먼지가 '나쁨' 수준일 때는 비산먼지를 발생시키는 공사도 자제할 계획이다.

미세먼지 농도가 더 높은 고속도로 터널 내부는 한국도로공사가 자체 기술로 개발한 무동력 미세먼지 저감 시설을 추가로 설치할 계획이다. 미세먼지 저감 시설은 터널 천장에 대형 롤 필터를 설치하여 차량통행으로 자연스럽게 발생하는 교통풍*을 통해 이동하는 미세먼지를 거르는 방식으로 별도의 동력이 필요 없으며, 비슷한 처리용량의 전기 집진기와 비교했을 때 설치비는 1/13 수준으로 유지관리도 경제적이다. 지난해 10월 서울 외곽고속도로 수리터널에 시범 설치해 운영한 결과 연간 190kg의 미세먼지를 제거할 수 있었고, 하루 공기 정화량은 450만m^{3}로 도로분진흡입청소차 46대를 운영하는 것과 같은 효과를 보였다. 한국도로공사는 터널 미세먼지 저감 시설을 현재 1개소 외 올해 3개소를 추가로 설치할 계획이다.

한편 고속도로 휴게소의 경우 미세먼지 발생을 최소화하고 외부 공기로부터 고객들을 보호할 방안을 추진한다. 매장 내에는 공기청정기와 공기정화 식물을 확대 비치하고, 외부의 열린 매장에는 임시차단막을 설치하여 매장을 내부화할 계획이다. 또한 휴게소 매장 주방에는 일산화탄소와 미세먼지의 발생 위험이 있는 가스레인지 대신 인덕션을 도입할 계획이다.

한국도로공사는 이 밖에도 요금수납원들에게 지난해와 올해 미세먼지 방지 마스크 8만 매를 무상지원하고 요금소 근무 시 마스크 착용을 권고하고 있으며, 건강검진 시 폐활량 검사를 의무적으로 시행하도록 하는 등 고속도로 근무자들의 근무환경 개선을 위한 노력도 기울이고 있다.

한국도로공사 사장은 "최근 계속되는 미세먼지로 국민들이 야외 활동을 하지 못하는 심각한 상황"이며, "고객들이 안심하고 고속도로를 이용할 수 있도록 모든 노력을 기울이겠다."고 말했다.

* 교통풍 : 차량 통행에 의해 주변 공기가 밀려나면서 발생하는 바람을 말하며, 통행이 원활한 경우 초속 4 ~ 8m 이상의 교통풍이 상시 존재함

① 봄철 미세먼지, 무엇이 문제인가?　　② 미세먼지 주범을 찾아라.
③ 고속도로 휴게소 이렇게 바뀝니다.　　④ 고속도로 미세먼지를 줄여라.

02 다음 글을 읽고 이해한 내용으로 가장 적절한 것은?

〈사고 · 재난 발생 시 대처요령〉

1. 사고나 차량고장이 발생하면 비상등을 켜고 차량을 갓길로 신속하게 이동한 후 차량의 후방에 안전삼각대 혹은 불꽃신호기를 설치하고 운전자와 동승자 모두 가드레일 밖 안전지대로 대피해야 한다. 만일 차량이 동이 어려우면 차량이 정지해 있다는 신호(비상등, 삼각대, 불꽃신호기, 트렁크 열기)를 뒤따르는 차량에 알려주는 조치를 취한 후 신속히 가드레일 밖 안전지대로 대피한다.
2. 고속도로 같은 자동차 전용도로의 경우 사고차량을 갓길로 빼냈다고 해서 결코 안심할 수 있는 것은 아니다. 갓길에도 2차 사고 위험이 크므로 될 수 있는 대로 빨리 견인조치 하는 것이 가장 안전한 방법이다.
3. 사고차량을 도로 한가운데 세워 놓고 잘잘못을 따지는 사람들을 볼 수 있는데, 뒤따르는 차들이 알아서 피해가겠거니 생각하면 오산이다. 이때는 신속하게 차량을 갓길로 이동시켜야 한다. 가벼운 접촉사고임에도 불구하고 다투느라 도로에 서 있는 것은 정말 위험천만한 일이다.
4. 사고지점 통과요령 및 사고제보 방법
   - 고속도로 운전의 경우 가능한 한 시야를 넉넉하게 유지함으로써 전방의 돌발 상황에 기민하게 대처할 수 있다. 전방 돌발 상황 발견 시 비상등을 신속하게 작동하여 후행차량에게 알리고 차량의 흐름에 따라 통과하되 사고현장을 구경하기 위해 서행하거나 정차하는 일은 지양하여야 한다.
   - 돌발 상황 발생 시 한국도로공사 콜센터로 신고하고, 인명피해가 발생한 경우에는 119로 신고하여 신속하게 안전조치가 이루어질 수 있도록 하여야 한다. 아울러 후속차량의 유도나 사고수습 등을 이유로 고속도로 본선은 물론 갓길을 확보하는 사례는 2차 사고의 위험이 높으므로 지양하여야 한다.

---

① 차량 사고 시에 차량을 갓길로 이동시킨 후 운전자와 동승자 모두 가드레일 밖으로 대피한다.
② 고속도로에서 사고가 난 경우 2차 사고가 일어나지 않는 갓길로 이동시킨다.
③ 접촉사고가 일어났을 경우 사고현장의 보존을 위하여 차량 이동을 될 수 있는 대로 자제한다.
④ 돌발 상황을 발견한 경우 후행차량의 접근을 막기 위해 일시적으로 정차해야 한다.

03 다음 중 밑줄 친 단어를 어법에 따라 수정할 때 옳지 않은 것은?

나는 내가 시작된 일은 반드시 내가 마무리 지어야 한다는 사명감을 가지고 있었다. 그래서 이번 문제 역시 다른 사람의 도움 없이 스스로 해결해야겠다고 다짐했었다. 그러나 일은 생각만큼 쉽게 풀리지 못했다. 이번에 새로 올린 기획안이 사장님의 제가를 받기 어려울 것이라는 이야기가 들렸다. 같은 팀의 대리는 내게 사사로운 감정을 기획안에 투영하지 말라는 충고를 전하면서 커피를 건넸고, 화가 난 나는 뜨거운 커피를 그대로 마시다가 하얀 셔츠에 모두 쏟고 말았다. 오늘 회사 내에서 만나는 사람마다 모두 커피를 쏟은 내 셔츠의 사정에 대해 물었고, 그들에게 나는 오늘 온종일 칠칠하지 못한 사람이 되어야만 했다.

---

① 시작된 → 시작한
② 못했다 → 않았다
③ 제가 → 재가
④ 투영하지 → 투영시키지

04 다음 중 밑줄 친 부분과 같은 의미로 쓰인 것은?

> 우리 집은 항상 커튼으로 창문을 <u>가리고</u> 지낸다.

① 그는 돈을 버는 일이라면 수단과 방법을 <u>가리지</u> 않았다.
② 사촌 동생은 어떤 사람에게도 낯을 <u>가리지</u> 않았다.
③ 비가 너무 많이 내려서 시야가 많이 <u>가려졌다</u>.
④ 사람들은 시비를 <u>가리느라</u> 진실을 못 보는 경우가 많다.

05 다음은 도로명주소와 관련된 기사이다. 빈칸에 들어갈 내용으로 적절하지 않은 것은?

> 군포시는 최근 도로명주소 활성화를 위한 시민 설문 조사를 실시한 결과 시민들의 인지도와 사용 만족도가 모두 높은 것으로 나타났다고 밝혔다. 이번 설문 조사는 군포 시민 300명을 대상으로 인지도, 활용 분야, 만족도 등 9개 항목에 대한 1 : 1 대면조사 방법으로 진행됐다.
> 설문 조사 결과 자택 주소 인지도는 94.7%로 높게 나타났으며, 활용 분야는 ＿＿＿＿＿＿＿＿＿ 등이 있고, 도로명주소를 알게 된 경로는 우편, 택배, 안내시설 등이 차지했다. 또 만족도에서는 '만족' 65.3%, '보통' 25.7%, '불만족' 9.0%로 다수가 만족하는 것으로 집계됐으며, 불만족 사유로는 '어느 위치인지 모르겠다.'는 응답이 40.3%로 가장 높았다. 그리고 도로명주소 활용도를 높이는 방법에 대해 '안내시설 확대'가 36.0%로 가장 높았으며, 발전 방향으로는 전체 응답자의 절반 가까운 49.4%가 지속적인 홍보 및 교육 강화의 필요성에 대해 의견을 제시했다.
> 군포시는 이번 결과를 바탕으로 연말까지 훼손 또는 망실된 도로명판을 정비하고 골목길·버스정류장 등에 안내시설을 추가로 설치할 예정이다. 또한 시민 서포터즈단의 내실 있는 운영과 대규모 행사를 중심으로 한 다양한 홍보 활동을 강화해 나갈 계획이다.
> 군포시 관계자는 '도로명주소 사용 생활화 및 위치 찾기 편의성 증대를 통해 시민들의 도로명주소 사용 만족도가 보다 향상될 수 있도록 최선을 다하겠다고 말했다. 한편, 도로명주소는 기존 지번을 대신해 도로명과 건물번호로 알기 쉽게 표기하는 주소체계로 2014년에 전면 시행됐으며, 군포시는 도로명판·건물번호판 등의 안내시설 10,375개를 설치·관리하고 있다.

① 우편·택배 등의 물류 유통 위치정보 확인
② 응급구조 상황에서의 위치정보 확인
③ 생활편의 시설 위치정보 확인
④ 부동산 가격 및 위치정보 확인

06 다음 글의 빈칸에 들어갈 문장을 〈보기〉에서 찾아 순서대로 바르게 나열한 것은?

요즘에는 낯선 곳을 찾아갈 때 지도를 해석하며 어렵게 길을 찾지 않아도 된다. 기술력의 발달에 따라, 제공되는 공간 정보를 바탕으로 최적의 경로를 탐색할 수 있게 되었기 때문이다. _____ 이처럼 공간 정보가 시간에 따른 변화를 반영할 수 있게 된 것은 정보를 수집하고 분석하는 정보 통신 기술의 발전과 밀접한 관련이 있다.

공간 정보의 활용은 '위치정보시스템(GPS)'과 '지리정보시스템(GIS)' 등의 기술적 발전과 휴대전화나 태블릿 PC 등 정보 통신 기기의 보급을 기반으로 한다. 위치정보시스템은 공간에 대한 정보를 수집하고, 지리정보시스템은 정보를 저장, 분류, 분석한다. 이렇게 분석된 정보는 사용자의 요구에 따라 휴대전화나 태블릿 PC 등을 통해 최적화되어 전달된다.

길 찾기를 예로 들어 이 과정을 살펴보자. 휴대전화 애플리케이션을 이용해 사용자가 가려는 목적지를 입력하고 이동 수단으로 버스를 선택하였다면, 우선 사용자의 현재 위치가 위치정보시스템에 의해 실시간으로 수집된다. 그리고 목적지와 이동 수단 등 사용자의 요구와 실시간으로 수집된 정보에 따라 지리정보시스템은 탑승할 버스 정류장의 위치, 다양한 버스 노선, 최단 시간 등을 분석하여 제공한다. _____ _____ 예를 들어, 여행지와 관련한 공간 정보는 여행자의 요구와 선호에 따라 선별적으로 분석되어 활용된다. 나아가 유동 인구를 고려한 상권 분석과 교통의 흐름을 고려한 도시 계획 수립에도 공간 정보 활용이 가능하게 되었다. 획기적으로 발전되고 있는 첨단 기술이 적용된 공간 정보가 국가 차원의 자연재해 예측 시스템에도 활발히 활용된다면 한층 정밀한 재해 예방 및 대비가 가능해질 것이다. 이로 인해 우리의 삶도 더 편리하고 안전해질 것으로 기대된다.

보기

㉠ 어떤 곳의 위치 좌표나 지리적 형상에 대한 정보뿐만 아니라 시간에 따른 공간의 변화를 포함한 공간 정보를 이용할 수 있게 되면서 가능해진 것이다.
㉡ 더 나아가 교통 정체와 같은 돌발 상황과 목적지에 이르는 경로의 주변 정보까지 분석하여 제공한다.
㉢ 공간 정보의 활용 범위는 계속 확대되고 있다.

① ㉠, ㉡, ㉢
② ㉠, ㉢, ㉡
③ ㉡, ㉠, ㉢
④ ㉡, ㉢, ㉠

07

(가) 개념사를 역사학의 한 분과로 발전시킨 독일의 역사학자 코젤렉은 '개념은 실재의 지표이자 요소'라고 하였다. 이 말은 실타래처럼 얽혀 있는 개념과 정치·사회적 실재, 개념과 역사적 실재의 관계를 정리하기 위한 중요한 지침으로 작용한다. 그에 의하면 개념은 정치적 사건이나 사회적 변화 등의 실재를 반영하는 거울인 동시에 정치·사회적 사건과 변화의 실제적 요소이다.

(나) 개념은 정치적 사건과 사회적 변화 등에 직접 관련되어 있거나 그것을 기록, 해석하는 다양한 주체들에 의해 사용된다. 이러한 주체들, 즉 '역사 행위자'들이 사용하는 개념은 여러 의미가 포개어진 층을 이룬다. 개념사에서는 사회·역사적 현실과 관련하여 이러한 층들을 파헤치면서 개념이 어떻게 사용되어 왔는가, 이 과정에서 그 의미가 어떻게 변화했는가, 어떤 함의들이 거기에 투영되었는가, 그 개념이 어떠한 방식으로 작동했는가 등에 대해 탐구한다.

(다) 이상에서 보듯이 개념사에서는 개념과 실재를 대조하고 과거와 현재의 개념을 대조함으로써, 그 개념이 대응하는 실재를 정확히 드러내고 있는가, 아니면 실재의 이해를 방해하고 더 나아가 왜곡하는가를 탐구한다. 이를 통해 코젤렉은 과거에 대한 '단 하나의 올바른 묘사'를 주장하는 근대 역사학의 방법을 비판하고, 과거의 역사 행위자가 구성한 역사적 실재와 현재 역사가가 만든 역사적 실재를 의미있게 소통시키고자 했다.

(라) 사람들이 '자유', '민주', '평화' 등과 같은 개념들을 사용할 때, 그 개념이 항상 서로 같은 의미를 갖는 것은 아니다. '자유'의 경우, '구속받지 않는 상태'를 강조하는 개념으로 쓰이는가 하면, '자발성'이나 '적극적인 참여'를 강조하는 개념으로 쓰이기도 한다. 이러한 정의와 해석의 차이로 인해 개념에 대한 논란과 논쟁은 늘 있어 왔다. 바로 이러한 현상에 주목하여 출현한 것이 코젤렉의 '개념사'이다.

(마) 또한, 개념사에서는 '무엇을 이야기 하는가.'보다는 '어떤 개념을 사용하면서 그것을 이야기하는가.'에 관심을 갖는다. 개념사에서는 과거의 역사 행위자가 자신이 경험한 '현재'를 서술할 때 사용한 개념과 오늘날의 입장에서 '과거'의 역사 서술을 이해하기 위해 사용한 개념의 차이를 밝힌다. 그리고 과거의 역사를 현재의 역사로 번역하면서 양자가 어떻게 수렴될 수 있는가를 밝히는 절차를 밟는다.

① (가) - (라) - (나) - (다) - (마)
② (나) - (라) - (다) - (마) - (가)
③ (라) - (가) - (나) - (마) - (다)
④ (라) - (나) - (가) - (다) - (마)

08

(가) 콘크리트가 굳은 뒤에 당기는 힘을 제거하면, 철근이 줄어들면서 콘크리트에 압축력이 작용하여 외부의 인장력에 대한 저항성이 높아진 프리스트레스트 콘크리트가 만들어진다.

(나) 이러한 과정을 통해 만들어진 프리스트레스트 콘크리트가 사용된 킴벨 미술관은 개방감을 주기 위하여 기둥 사이를 30m 이상 벌리고 내부의 전시 공간을 하나의 층으로 만들었다.

(다) 이 간격은 프리스트레스트 콘크리트 구조를 활용하였기에 구현할 수 있었고, 일반적인 철근 콘크리트로는 구현하기 어려웠다.

(라) 특히 근대 이후에는 급격한 기술의 발전으로 혁신적인 건축 작품들이 탄생할 수 있었고, 건축 재료와 건축 미학의 유기적인 관계는 앞으로도 지속될 것이다.

(마) 철근 콘크리트는 근대 이후 가장 중요한 건축 재료로 널리 사용되어 왔으며, 철근 콘크리트의 인장 강도를 높이려는 연구가 계속되어 프리스트레스트 콘크리트가 등장하였다.

(바) 이처럼 건축 재료에 대한 기술적 탐구는 언제나 새로운 건축 미학의 원동력이 되어 왔다.

(사) 이 구조로 이루어진 긴 지붕의 틈새로 들어오는 빛이 넓은 실내를 환하게 채우며 철근 콘크리트로 이루어진 내부를 대리석처럼 빛나게 한다.

(아) 프리스트레스트 콘크리트는 다음과 같이 제작되는데, 먼저 거푸집에 철근을 넣고 철근을 당긴 상태에서 콘크리트 반죽을 붓는다.

① (가) – (라) – (다) – (아) – (나) – (사) – (마) – (바)
② (가) – (라) – (아) – (다) – (마) – (나) – (바) – (사)
③ (마) – (다) – (아) – (나) – (가) – (바) – (라) – (사)
④ (마) – (아) – (가) – (나) – (다) – (사) – (바) – (라)

09 다음은 D치과에 게시되어 있는 치아 건강보험 혜택 안내 자료이다. 이에 대한 설명으로 적절하지 않은 것은?

〈한눈에 알아보는 D치과 우리 가족 치아 건강보험 혜택〉

▶ **건강보험 임플란트(2023.07.01. 부터 시행)**
- 적용대상자 : 만 65세 이상의 치아 일부가 없는 어르신
- 지원 급여적용 개수 : 1인당 평생 2개
- 본인부담금 50%

▶ **건강보험 틀니(2024.11.01. 부터 시행)**
- 적용대상자 : 만 65세 이상의 치아 전체 / 일부가 없는 어르신
- 지원 급여적용 개수 : 7년마다 상 / 하악 각 1회
- 치료재료 : 부분틀니 / 전체틀니 – 본인부담금 30%

▶ **건강보험 스케일링(2024.07.01. 부터 시행)**
- 적용대상자 : 만 19세 이상의 후속 처치가 없는 치석 제거 대상자
- 지원 급여적용 개수 : 연간 1회(연 기준 매해 7월 1일부터 다음 해 6월 30일까지)

▶ **건강보험 실란트(2024.10.01. 부터 시행)**
- 적용대상자 : 만 18세 미만의 어린이, 청소년
- 지원 급여적용 개수 : 제 1, 2대구치 총 8개 치아
- 본인부담금 10%

▶ **건강보험 임산부(2024.01.01. 부터 시행)**
- 적용대상자 : 현재 임신 중인 모든 임산부
- 지원내용 : 국민건강보험 적용 진료 시 의료비 혜택 가능
- 본인부담금 10%

① 스케일링의 경우 2024년 9월에 건강보험을 적용받았더라도 2025년 8월에 적용받을 수 있다.
② 치아 치료비가 45만 원일 경우 임산부는 4만 5천 원의 본인부담금만 부담하면 된다.
③ 만 52세 고객은 틀니에 대한 건강보험을 받을 수 없다.
④ 며칠 전 생일이 지난 만 19세 고객의 실란트 치료 시 본인부담금은 10%이다.

10 다음 기사의 제목으로 가장 적절한 것은?

> 올 여름 휴가철 고속도로를 이용해 수도권에서 출발하는 차량은 다음달 3 ~ 4일, 수도권으로 돌아오는 차량은 5일이 가장 많아 교통 혼잡이 심할 것으로 예상된다. 국토교통부는 오는 25일부터 내달 12일까지 19일간을 '하계 휴가철 특별 교통대책 기간'으로 정하고 원활한 교통편의 제공을 위해 특별 교통대책을 마련·시행할 계획이라고 24일 밝혔다.
>
> 혼잡이 예상되는 구간은 갓길차로 운영, 우회도로 안내, 실시간 교통정보 제공 등으로 교통량을 분산하고, 동해안 이동 고속도로 노선과 주요 휴가지 인근 고속도로 영업소의 교통관리도 강화해 나갈 예정이다. 또한 안전에 지장이 없는 범위 내에서 버스·열차·항공기·연안 여객선 등 대중교통 수송력을 최대한 확충하여 이용을 활성화할 예정이다.
>
> 대책 기간 동안 교통수요 분석결과를 살펴보면, 올해 하계휴가 특별 교통대책 기간 동안 1일 평균 483만 명, 총 9,180만 명이 이동해 작년 대책 기간의 일평균 대비 0.3%, 평시 대비 27.6% 증가할 것으로 예상된다. 정부는 먼저 휴가기간 이동객의 원활한 수송을 위해 특별 교통대책 기간 동안 1일 평균 고속버스 324회, 철도 6회, 항공기 7편, 선박 179회를 더 운행하기로 하였다.
>
> 또한 교통안내전광판(VMS) 등을 활용한 실시간 교통정보를 제공하는 한편 상습정체구간 우회도로, 교통 집중기간 및 혼잡구간 등에 대한 교통정보를 제공하는 등 사전 홍보도 강화한다. 아울러 스마트폰 앱, 인터넷, 방송 등 다양한 홍보매체를 통해 실시간 도로소통 상황과 우회도로 정보를 제공해 교통수요 분산을 유도할 예정이다. 더불어 고속도로 신규 개통, 고속도로 갓길의 효율적 운용과 교통수요 관리, 피서지 주변도로 교통대책 등 다양한 교통소통 대책이 시행된다.
>
> 또한 갓길차로제(35개 구간, 246.1km)를 운영하고, 고속도로 이용이 집중될 것으로 예상되는 내달 1일부터 5일까지 승용차 임시 갓길차로(5개 구간, 12.4km) 운영 및 진출부 감속차로 연장운영(2개 구간, 1.4km)을 통해 교통 정체를 완화하고 교통 흐름의 연속성을 확보한다. 또한 고속도로 휴게소·졸음쉼터 등에 화장실을 확충하고, 졸음쉼터 198곳에 그늘막을 설치해 이용객 편의를 증진시키기로 하였다.

① 휴가철, 이용객 편의를 위한 특별 교통대책 시행
② 휴가철, VMS를 활용한 실시간 교통정보 제공
③ 휴가철, 승용차 임시 갓길차로제 도입
④ 휴가철, 고속버스, 철도 등 대중교통 수송력 확대

※ 다음 글을 읽고 이어지는 질문에 답하시오. [11~13]

역사적으로 볼 때 기본권은 인권 사상에서 유래되었지만, 개념상으로 인권과 기본권은 구별된다. 인권은 인간의 권리, 즉 인간이 인간이기 때문에 당연히 갖는다고 생각하는 생래적(生來的)·천부적(天賦的) 권리를 말하며, 기본권은 헌법이 보장하는 국민의 기본적인 권리를 의미한다. 기본권 중에는 생래적 권리가 헌법에 수용된 것도 있지만 헌법에 의해서 비로소 형성되거나 구체화된다고 생각하는 청구권적 기본권, 참정권, 환경권 등도 있으므로 엄격한 의미에서 인권과 기본권은 동일한 것으로 볼 수 없다.

기본권은 일반적으로 주관적 공권(公權)으로서의 성격을 가진다. 이는 기본권이 기본권의 주체인 개인이 자신을 위하여 가지는 현실적이고 구체적인 권리이기 때문에 국가 권력을 직접적으로 구속하고, 따라서 개인은 국가에 대하여 작위(作爲)나 부작위(不作爲)*를 요청할 수 있으며, 헌법 질서를 형성하고 개선해 나갈 수 있다는 것을 뜻한다. 그런데 이러한 주관적 공권으로서의 권리가 어떠한 성질의 것이냐에 대하여서는 자연권설, 실정권설, 통합가치설 등으로 견해가 나뉘고 있다.

자연권설(自然權說)에서는 기본권의 자연권적 성격은 시대나 국가에 따라 차이가 있을 수 있지만, 기본권은 본질적으로 인간의 본성에 의거하여 인간이 가지는 권리이고, 국가 권력의 침해와 간섭을 배제하는 기본권의 방어적·저항적 성격은 오늘날에도 여전히 부정될 수 없다고 주장한다. 그리고 헌법 제정 권력자도 기본권 존중이라는 근본 규범에는 구속되는 것이기 때문에 기본권은 전(前)국가적, 초(超)국가적인 천부적 자연권이라고 본다. 또한, 헌법상의 기본권 보장 규정은 그 헌법의 규정이 기본권을 창설(創設)하는 것이 아니라 단지 인간이 인간으로서 당연히 가지고 있는 권리를 문서로 확인, 선언하고 있는 것에 지나지 않는 것으로 본다.

실정권설(實定權說)에서는 헌법에 규정된 모든 기본권은 실정권으로 파악한다. 사상과 언론의 자유, 신체의 자유 등과 같은 전통적인 자유권적 기본권도 그 역사적인 전개 과정에서는 자연법상의 권리로 주장된 것이지만, 사회는 공동 생활체이므로 개인의 자유는 조정되지 않으면 안 된다. 또한, 국가 영역 안에서는 그 최후의 조정자가 국가인 이상 국가에 의한 국민의 자유의 제한·조정은 필요 불가결하므로, 결국 자유권도 헌법 또는 법률에 의하지 않고는 제한되지 않는 인간의 자유를 말하는 것이다. 그렇다면 자유권도, 그것을 제한할 수도 있다는 헌법 또는 법률이 국가의 실정법인 이상 그것에 의해서만 제한될 수 있다는 의미에서 실정법상의 권리일 수밖에 없다고 주장한다. 실정권설에 의하면 기본권도 헌법에 규정되어야만 비로소 권리로서 인정되기 때문에 헌법의 기본권 보장 규정은 기본권을 확인, 선언하는 것이 아니라 기본권을 창설하는 것이라고 본다.

통합가치설(統合價値說)에서는 질서와 관련하여 기본권을 바라본다. 현실의 인간은 일정한 질서 속에서 존재하기 때문에 인간의 자유와 권리는 질서 내의 자유와 권리를 뜻할 수밖에 없다. 그에 따라 통합가치설에서 기본권은 헌법적인 질서 속에서의 자유와 권리를 뜻하고 사회 공동체가 동화되고 통합되어 가기 위한 실질적인 원동력을 의미하므로, 본질적으로 사회 공동체의 구성원 모두가 공감할 수 있는 가치의 세계를 나타내는 것으로 본다. 또한, 헌법 질서 내의 국가 권력은 국민에 앞서 존재하는 것이 아니라 국민의 기본권 행사에 의해서 창설되고, 국가 내에서 행사되는 모든 권력이 국민의 기본권에 의해 통제되고 정당화된다고 주장한다. 그에 따라 통합가치설은 기본권의 국가 형성적 기능과 동화적(同化的) 통합 기능을 강조하고 이러한 기능을 가능하게 하는 기본권의 정치적 성격을 중시한다.

* '작위'는 의식적으로 한 적극적인 행위나 동작을 말하고, '부작위'는 마땅히 해야 할 일을 의식적으로 하지 않는 일을 말함

11 다음 중 윗글의 내용으로 적절하지 않은 것은?

① 기본권은 인권 사상에서 유래한 것으로, 주관적 공권으로서의 성격을 가진다.

② 기본권은 국가 권력을 직접적으로 구속하므로 개인은 국가에 대해 작위나 부작위를 요청할 수 있다.

③ 자연권설에서는 기본권의 방어적·저항적 성격이 점차 약화되고 있음을 인정하고 있다.

④ 실정권설에서는 자유권을 헌법 또는 법률에 의하지 않고는 제한되지 않는 자유로 이해한다.

12 다음 중 윗글에 근거하여 〈보기〉의 헌법 조문을 설명한 내용으로 적절하지 않은 것은?

> **보기**
>
> 제10조
> 모든 국민은 인간으로서의 존엄과 가치를 가지며, 행복을 추구할 권리를 가진다. 국가는 개인이 가지는 불가침의 기본적 인권을 확인하고 이를 보장할 의무를 진다.
>
> 제37조
> ① 국민의 자유와 권리는 헌법에 열거되지 아니한 이유로 경시되지 아니한다.
> ② 국민의 모든 자유와 권리는 국가안전보장·질서유지 또는 공공복리를 위하여 필요한 경우에 한하여 법률로써 제한할 수 있으며, 제한하는 경우에도 자유와 권리의 본질적인 내용을 침해할 수 없다.

① 자연권설에 의하면 제10조의 '모든 국민은 인간으로서의 존엄과 가치를 가지며, 행복을 추구할 권리를 가진다.'는 기본권이 가지는 자연권으로서의 성격을 확인, 선언한 조항이라 할 수 있다.

② 제37조 제1항의 '헌법에 열거되지 아니한' 자유와 권리를 인정하는 내용과, 제37조 제2항의 '자유와 권리의 본질적인 내용을 침해할 수 없다.'는 내용은, 자연권설의 주장을 지지하는 근거로 삼을 수 있다.

③ 제37조 제2항의 '자유와 권리는 국가안전보장·질서유지 또는 공공복리를 위하여 필요한 경우에 한하여 법률로써 제한'할 수 있다는 내용은, 기본권이 실정법상의 권리라는 실정권설의 관점을 뒷받침할 수 있다.

④ 통합가치설은 제37조 제1항의 '헌법에 열거되지 아니한' 자유와 권리는, 헌법적 질서의 외부에 존재하는 자유와 권리를 지칭한 것으로 이해할 것이다.

13 다음 중 윗글에 근거할 때, 밑줄 친 ㉠의 이유로 가장 적절한 것은?

> 자연권설의 입장은 다시 절대적 자연권설과 상대적 자연권설로 나뉜다. 상대적 자연권설을 취하는 법 이론가들은 교육을 받을 권리, 근로의 권리, 사회 보장을 받을 권리 등의 '생존권적 기본권'과 사상과 언론의 자유, 신체의 자유 등과 같은 '자유권적 기본권'을 구분하여, ㉠ 전자는 후자와 달리 실정권임을 인정한다.

① 생존권적 기본권과 자유권적 기본권은 모두 헌법에 규정된 실정권이기 때문이다.

② 생존권적 기본권은 자유권적 기본권과는 달리 국가 권력에 앞서 존재하기 때문이다.

③ 생존권적 기본권과 자유권적 기본권은 모두 인간의 본성에 의거한 권리이기 때문이다.

④ 생존권적 기본권은 국가 권력의 적극적인 관여에 의해 보장될 수 있는 권리이기 때문이다.

14 다음 글의 빈칸에 들어갈 접속사로 가장 적절한 것은?

우리나라는 빠른 속도로 증가하는 치매의 사회·경제적 부담에 대응하기 위하여 선제적으로 치매환자와 가족을 위한 정책 비전을 제시하고, 치매국가책임제 발표를 통해 관련한 세부 과제들을 더욱 구체화함으로써 큰 틀에서의 방향성이 확고히 마련되었다고 볼 수 있다. 하지만 이렇게 마련된 정책이 국민에게 맞춤형으로 적절히 제공되기 위해서는 수립된 계획을 적극적으로 추진해 나갈 수 있도록 재정 확보, 전문 인력 양성, 국민의 인식제고 등의 노력이 함께 뒷받침되어야 한다.

이번에 제시된 치매국가책임제의 내용은 제3차 국가치매관리종합계획에서 제시한 치매환자를 위한 보건복지 관련 정책 및 제도적 추진 방향을 보다 구체화하고 확대하였다는 점에서 큰 의의가 있다. 그럼에도 불구하고 치매안심센터가 지역 내 치매환자를 위한 종합적인 정보 제공, 상담 등의 역할을 충실히 담당해 나갈 수 있도록 기능을 명확히 하고 관계자들의 전문성 확보, 효과적인 기관 설립 및 운영이 가능할 수 있도록 정부차원의 적극적인 지원이 필요할 것으로 사료된다. _____ 치매환자를 위한 장기요양서비스를 확대함에 있어서도 인프라 확충과 함께 관련 직종의 관계자가 치매케어를 더 전문적으로 수행할 수 있도록 치매증상에 맞춘 서비스 제공기술 고도화 등의 노력이 전제되어야 할 것이며, 의료서비스 기관의 확충 역시 충분히 그 역할을 담당해 나갈 수 있도록 정책적 지원이 수반되어야 한다.

치매환자 및 가족을 위한 관련 정책을 신속히 안착시키기 위해서는 지역주민들이 치매환자에 대한 부정적 인식을 가지기보다는 일상생활상의 불편함을 함께 극복해 나가는 사회적 분위기가 조성될 수 있도록 국민들의 치매에 대한 관심을 높이고, 홍보를 적극적으로 추진해 나가는 노력이 필요하다. 무엇보다도 치매질환을 갖고 있다고 해서 시설이나 병원으로 가야 할 것이 아니라, 충분히 내 집에서 혹은 우리 동네에서 살아갈 수 있음을 제시해 주는 인식 대전환의 기회들이 적극적으로 제시되어야 할 것이다.

① 그러나
② 그러므로
③ 그래서
④ 또한

15 다음 글에 대한 내용으로 적절하지 않은 것은?

> 감수성은 외부의 자극을 느끼는 성질이나 심리적인 능력으로, 사회 전반에 필요한 심리적인 판단 능력을 '사회적 감수성'이라고 한다. 사회적 감수성은 전통을 가장한 불합리한 문제와 관행적으로 행해지던 사회문제들을 직시하고 바꿔나가는 데 힘을 모을 수 있는 근원이 된다. 만약 이러한 사회적 감수성이 사회에서 제 기능을 하지 못한다면, 우리 사회는 부패가 만연해지고 신뢰할 수 없는 사회가 될 것이다.
>
> 공직자의 사회적 감수성은 사회의 리더로서 청렴한 사회를 만드는 데 중요한 덕목이다. 통계청에서 조사한 '한국의 사회동향'에서 부패인식의 차이를 보면 국민들이 공직부패가 심각하다고 인식하는 비율은 75.6%에서 62.3%로 줄었지만 여전히 높은 수준을 유지한 반면, 공직부패 경험자 비율은 같은 기간 24.8%에서 3.5%로 큰 폭으로 감소했다. 이는 국민이 공직에 대해 신뢰하지 못하는 것으로, 국민으로부터 부패하다고 인식된 공직은 잃어버린 국민들의 신뢰를 회복해야만 한다.
>
> 청탁금지법이 촘촘하게 변경되고 공직자 행동강령도 강화됨에 따라 결재선상에 있는 모든 관계자가 청렴하지 않은 선택에 대해 거절할 수 있는 명분이 확고해졌다. 그로 인해 청렴하지 않은 업무지시나 부패의 여지가 있는 부분들이 개선되어 공직 사회의 청렴성이 발전할 수 있다는 기대를 갖게 되었다. 그런데 이러한 청렴성은 사회적 통념을 갖고 바라본다면 자칫 담당자의 오만함으로 비춰질 수도 있다. 지금까지 상명하복을 중시해 온 공직 사회에서 완고한 거절은 오해를 불러일으킬 수도 있기 때문이다. 이럴 때는 신뢰할 수 있는 조직 문화를 형성하고 소통하는 것이 중요하다. 특히, 공직자는 '내가 우월한 위치에서 부당하고 강압적인 지시를 하고 있는가? 그래서 다른 사람들이 불편할까?'에 대해 사회적 감수성을 갖고 늘 성찰해야 한다.
>
> 국민은 불평등함에 민감하게 대응하기 시작했다. 주체적이고 적극적으로 행동하는 분위기가 빠르게 확산되면서 문제의식을 갖고 감시와 견제를 통해 깨어있고자 하는 것이다. 더불어 국민의 공직 청렴에 대한 기대치가 높아지면서 그에 따른 공직 문화에서의 사회적 감수성은 점점 중요해지고 있다. 공직자는 공직에서 청렴을 실천하며, 용기를 내어 사회의 부조리를 고발하는 사람들을 지지하고 그들에게 힘이 되어야 한다. 사회를 변화시키겠다는 의지를 가진 시민들의 용기에 함께 행동하거나 그를 지원해주는 것이야말로 이 사회의 공직자로서 우리 사회를 청렴하게 만들어 가는 리더의 역할이다. 공직자는 아이들이 더 행복하고 정의로운 사회에서 살아갈 수 있도록 사회 부조리와 사회적 약자에 대한 갑질을 근절하고, 불합리하고 불공정한 일이 일어나지 않도록 노력해야 한다. 무엇보다 사회적 감수성을 키워 사회의 어느 분야에서든 청렴한 판단과 행동을 위해 움직일 수 있기를 기대한다.

① 주체적이고 적극적으로 행동하는 분위기가 확산되면서 국민의 공직 청렴에 대한 기대치도 높아지고 있다.

② 공직부패 경험자 비율은 큰 폭으로 감소했지만, 국민들의 공직부패에 대한 부정적 인식은 여전히 높은 수준을 유지하고 있다.

③ 관계자의 청렴성은 자칫 오만함으로 비춰질 수 있으므로 완고한 거절보다는 사회의 기존 관습에 따라 업무를 진행하는 것이 좋다.

④ 사회적 감수성은 사회 전반에 필요한 심리적인 판단 능력으로, 사회에서 제 기능을 하지 못할 경우 사회는 국민의 신뢰를 잃게 된다.

16 목적지까지 갈 때의 속력은 80km/h, 돌아올 때의 속력은 120km/h이다. 1시간 이내로 출발지에서 목적지까지 왕복하려면 목적지는 출발지에서 최대 몇 km 떨어진 곳에 있어야 하는가?

① 44km

② 46km

③ 48km

④ 50km

17 농도가 7%인 소금물 300g과 농도가 8%인 소금물 500g을 섞었다. 섞은 소금물을 증발시켜 농도가 10% 이상인 소금물을 만들려고 할 때, 증발시켜야 하는 물의 양은 최소 몇 g 이상인가?

① 200g

② 190g

③ 185g

④ 175g

18 D공사는 하반기 공채에서 9명의 신입사원을 채용하였고, 신입사원 교육을 위해 A ~ C 세 개의 조로 나누기로 하였다. 신입사원들을 한 조에 3명씩 배정한다고 할 때, 3개의 조로 나누는 경우의 수는?

① 1,240가지

② 1,460가지

③ 1,680가지

④ 1,800가지

19 D고등학교의 작년 학생 수는 1,200명이었다. 올해는 남학생이 5% 감소하고, 여학생이 7% 증가하여 작년과 학생 수가 같았다. 이때 작년 여학생 수는 몇 명인가?

① 400명

② 500명

③ 600명

④ 700명

20 철수는 다음 그림과 같은 사각뿔에 물을 채우고자 한다. 사각뿔에 가득 채워지는 물의 부피는?

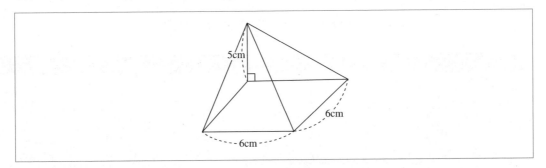

① 60cm^3 ② 80cm^3

③ 100cm^3 ④ 120cm^3

21 프로농구 결승전에서 A, B 두 팀이 시합을 했다. 2쿼터까지 A팀은 B팀보다 7점을 더 얻었고, 3쿼터와 4쿼터에 A팀은 B팀이 얻은 점수의 $\dfrac{3}{5}$을 얻어 75 : 78로 B팀이 이겼다. A팀이 3쿼터, 4쿼터에 얻은 점수는?

① 15점   ② 20점

③ 25점   ④ 30점

22 다음은 2020 ~ 2024년 자원봉사 참여현황에 대한 자료이다. 참여율이 4번째로 높은 해의 전년 대비 참여율의 증가율은?(단, 소수점 둘째 자리에서 반올림한다)

〈자원봉사 참여현황〉

(단위 : 명, %)

구분	2020년	2021년	2022년	2023년	2024년
성인 총 인구수	39,377,310	39,832,282	40,287,814	40,747,638	41,210,561
자원봉사 참여 성인 인구수	5,077,428	5,823,697	6,666,477	7,169,252	7,998,625
참여율	12.9	14.6	16.5	17.6	19.4

① 7.5%   ② 9.6%

③ 11.6%   ④ 13.2%

※ 다음은 D국의 2020 ~ 2024년 교통수단별 사고건수를 나타낸 자료이다. 이어지는 질문에 답하시오. [23~24]

〈2020 ~ 2024년 교통수단별 사고건수〉

(단위 : 건)

구분	2020년	2021년	2022년	2023년	2024년
전동킥보드	8	12	54	81	162
원동기장치 자전거	5,450	6,580	7,480	7,110	8,250
이륜자동차	12,400	12,900	12,000	11,500	11,200
택시	158,800	175,200	168,100	173,000	177,856
버스	222,800	210,200	235,580	229,800	227,256
전체	399,458	404,892	423,214	421,491	424,724

※ 2021년에 이륜자동차 면허에 대한 법률이 개정되었고, 2022년부터 시행되었음

23 다음 중 자료에 대한 설명으로 옳은 것은?

① 2020 ~ 2024년 대비 2021 ~ 2022년 이륜자동차 총 사고건수의 비율은 40% 이상이다.

② 2021년부터 2024년까지 원동기장치 자전거의 사고건수는 매년 증가하고 있다.

③ 2021년부터 2024년까지 전동킥보드 사고건수 증가율이 전년 대비 가장 높은 해는 2024년이다.

④ 2020년 대비 2024년 택시의 사고건수 증가율은 2020년 대비 2024년 버스의 사고건수 증가율보다 낮다.

24 다음 〈보기〉 중 자료에 대한 판단으로 옳은 것을 모두 고르면?

보기

㉠ 전동킥보드만 매년 사고건수가 증가하는 것으로 보아 이에 대한 대책이 필요하다.

㉡ 원동기장치 자전거의 사고건수가 가장 적은 해에 이륜자동차의 사고건수는 가장 많았다.

㉢ 2022 ~ 2024년 이륜자동차의 사고건수가 전년 대비 감소한 것에는 법률개정도 영향이 있었을 것이다.

㉣ 택시와 버스의 사고건수 증감추이는 해마다 서로 반대이다.

① ㉠, ㉢   ② ㉡, ㉣

③ ㉠, ㉡, ㉢   ④ ㉠, ㉢, ㉣

※ 다음은 연령대별 일자리 규모에 대한 자료이다. 이어지는 질문에 답하시오. **[25~26]**

〈연령대별 일자리 규모〉

(단위 : 만 개)

구분	2023년			2024년		
	합계	지속일자리	신규채용일자리	합계	지속일자리	신규채용일자리
전체	2,302	1,564	738	2,321	1,587	734
19세 이하	26	3	23	25	3	22
20대	332	161	171	331	161	170
30대	545	390	155	529	381	148
40대	623	458	165	617	458	159
50대	516	374	142	531	388	143
60세 이상	260	178	82	288	196	92

25 다음 중 자료에 대한 설명으로 옳지 않은 것은?

① 2024년 전체 일자리 규모에서 20대가 차지하는 비중은 2023년보다 약 0.1%p 감소했다.

② 2024년 전체 일자리 규모 중 30대의 전체 일자리 규모 비중은 20% 이상이다.

③ 2023년 40대의 지속일자리 규모는 신규채용일자리 규모의 2.5배 이상이다.

④ 2024년 연령대별 전체 일자리 규모는 2023년보다 모두 증가했다.

26 다음 중 50대와 60세 이상의 2023년 대비 2024년의 전체 일자리 규모 증가 수를 바르게 나열한 것은?

	50대	60세 이상
①	150,000개	170,000개
②	150,000개	170,000개
③	150,000개	280,000개
④	170,000개	280,000개

27 다음은 2024년 국가별 재외동포 인원 현황에 대한 자료이다. 이에 대한 설명으로 옳은 것은?(단, 소수점 둘째 자리에서 반올림한다)

〈2024년 국가별 재외동포 인원 현황〉

(단위 : 명)

구분	시민권자	영주권자	일반 체류자
중국	2,160,712	342	300,332
홍콩	6,949	342	11,678
인도	22	0	11,251
이란	3	1	243
일본	736,326	543	88,108
라오스	8	0	3,042
몽골	32	0	2,132
미얀마	18	0	3,842
네팔	3	0	769
싱가포르	2,781	312	18,313
대만	773	331	4,406
태국	205	0	19,995
터키	0	0	2,951
베트남	0	0	172,684
캐나다	187,390	1,324	53,036
덴마크	8,747	324	710
프랑스	8,961	6,541	13,665
루마니아	61	1	305
러시아	163,560	351	6,022
스위스	2,082	341	1,513

※ (재외동포 수)=(시민권자)+(영주권자)+(일반 체류자)

① 영주권자가 없는 국가의 일반 체류자 수의 합은 중국의 일반 체류자의 수보다 크다.
② 일본의 일반 체류자 대비 시민권자 비율은 800%가 넘는다.
③ 영주권자가 시민권자의 절반보다 많은 국가는 재외동포의 수가 3만 명 이상이다.
④ 일반 체류자보다 시민권자가 많은 국가의 영주권자 수는 국가마다 300명 이상이다.

28 다음은 국가별 해외직접투자 현황에 대한 자료이다. 이에 대한 설명으로 옳지 않은 것은?

〈2023년 국가별 해외직접투자 현황〉

구분	신고건수(건)	신규법인 수(개)	신고금액(천 달러)	송금횟수(건)	투자금액(천 달러)
아시아	7,483	2,322	15,355,762	10,550	12,285,835
북미	1,925	560	14,380,926	2,621	15,765,726
중남미	583	131	8,986,726	813	7,000,207
유럽	966	269	8,523,533	1,173	6,843,634
대양주	172	60	1,110,459	285	912,932
중동	210	46	794,050	323	651,912
아프리카	131	23	276,180	138	236,103
합계	11,470	3,411	49,427,636	15,903	43,696,349

〈2024년 국가별 해외직접투자 현황〉

구분	신고건수(건)	신규법인 수(개)	신고금액(천 달러)	송금횟수(건)	투자금액(천 달러)
아시아	8,089	2,397	21,055,401	11,086	16,970,910
북미	2,028	568	14,444,840	2,638	11,328,002
중남미	679	138	7,869,775	865	8,137,758
유럽	1,348	326	14,348,891	1,569	11,684,820
대양주	241	65	495,375	313	663,007
중동	173	24	901,403	293	840,431
아프리카	149	22	147,318	185	156,667
합계	12,707	3,540	59,263,003	16,949	49,781,595

① 전체 송금횟수에서 북미와 중남미의 송금횟수 합의 비율은 2023년이 2024년의 비율보다 높다.

② 2023년 아시아의 신고금액은 대양주, 중동, 아프리카 신고금액의 합보다 120억 달러 이상 많다.

③ 2023년 유럽의 신고건수당 신고금액은 2024년보다 1,500천 달러 이상 적다.

④ 2024년 전년 대비 신규법인 수가 가장 많이 증가한 지역의 2024년 투자금액은 전체 지역 중 3위로 많다.

29 다음은 지역별 우정직 공무원 인원 현황을 나타낸 자료이다. 이에 대한 설명으로 옳은 것은?(단, 합계는 모든 지역의 총인원이며, 비율은 소수점 둘째 자리에서 반올림한다)

〈지역별 우정직 공무원 인원 현황 Ⅰ〉

(단위 : 명)

구분	합계	서울특별시	부산광역시	대구광역시	인천광역시	광주광역시	대전광역시	울산광역시
우정 3급	27	2	–	–	1	1	2	–
우정 4급	107	15	3	7	2	10	2	–
우정 5급	759	102	54	32	26	43	25	11
우정 6급	2,257	275	153	120	52	134	86	29
우정 7급	7,571	1,282	A	B	301	279	243	112
우정 8급	5,384	958	370	244	294	169	174	102
우정 9급	3,293	514	193	166	224	101	95	70
합계	19,398	3,148	1,287	989	900	737	627	324

〈지역별 우정직 공무원 인원 현황 Ⅱ〉

(단위 : 명)

구분	세종특별자치시	경기도	강원도	충청북도	충청남도	전라북도	전라남도	경상북도	경상남도
우정 3급	–	3	3	–	3	5	–	5	2
우정 4급	1	11	9	2	7	4	8	10	16
우정 5급	–	110	45	21	44	57	53	74	62
우정 6급	12	324	167	74	105	180	198	182	166
우정 7급	40	1,600	386	261	292	465	382	486	508
우정 8급	25	1,280	231	198	234	189	243	303	370
우정 9급	20	815	149	115	164	109	120	215	223
합계	98	4,143	( )	671	849	( )	1,004	1,275	1,347

※ 지역별 우정직 공무원 인원 현황 Ⅰ, Ⅱ는 연결된 자료임

① 경기도의 우정직 공무원 전체 인원은 우정 8급 전체 인원의 70% 이상을 차지한다.

② A와 B에 들어갈 수의 합은 1,034이다.

③ 우정 4급 전체 인원에서 전체 광역시 우정직 공무원 인원의 비율은 32% 이상이다.

④ 강원도의 우정직 공무원 전체 인원수는 전라북도 우정직 공무원 전체 인원수보다 21명 적다.

30 다음은 2024년 8월부터 2025년 1월까지의 산업별 월간 국내카드 승인액에 대한 자료이다. 〈보기〉에서 이에 대한 설명으로 옳은 것을 모두 고르면?

〈산업별 월간 국내카드 승인액〉

(단위 : 억 원)

산업	2024년 8월	2024년 9월	2024년 10월	2024년 11월	2024년 12월	2025년 1월
도매 및 소매업	3,116	3,245	3,267	3,261	3,389	3,241
운수업	161	145	165	159	141	161
숙박 및 음식점업	1,107	1,019	1,059	1,031	1,161	1,032
사업시설관리 및 사업지원 서비스업	40	42	43	42	47	48
교육 서비스업	127	104	112	119	145	122
보건 및 사회복지 서비스업	375	337	385	387	403	423
예술, 스포츠 및 여가관련 서비스업	106	113	119	105	89	80
협회 및 단체, 수리 및 기타 개인 서비스업	163	155	168	166	172	163

보기

ㄱ. 교육 서비스업의 2025년 1월 국내카드 승인액의 전월 대비 감소율은 25% 이상이다.

ㄴ. 2024년 11월 운수업과 숙박 및 음식점업의 국내카드 승인액의 합은 도매 및 소매업의 국내카드 승인액의 40% 미만이다.

ㄷ. 2024년 10월부터 2025년 1월까지 사업시설관리 및 사업지원 서비스업과 예술, 스포츠 및 여가관련 서비스업 국내카드 승인액의 전월 대비 증감추이는 동일하다.

ㄹ. 2024년 9월 협회 및 단체, 수리 및 기타 개인 서비스업의 국내카드 승인액의 보건 및 사회복지 서비스업 국내카드 승인액 대비 비율은 35% 이상이다.

① ㄱ, ㄴ
② ㄱ, ㄷ
③ ㄴ, ㄷ
④ ㄴ, ㄹ

※ D자동차 회사는 2026년까지 자동차 엔진마다 다음과 같이 시리얼 번호를 부여할 계획이다. 이어지는 질문에 답하시오. [31~32]

(첫째 자릿수)=(제조년)												
2001년	2002년	2003년	2004년	2005년	2006년	2007년	2008년	2009년	2010년	2011년	2012년	2013년
V	W	X	Y	1	2	3	4	5	6	7	8	9
2014년	2015년	2016년	2017년	2018년	2019년	2020년	2021년	2022년	2023년	2024년	2025년	2026년
A	B	C	D	E	F	G	H	J	K	L	M	N

(둘째 자릿수)=(제조월)											
1월	2월	3월	4월	5월	6월	7월	8월	9월	10월	11월	12월
A	C	E	G	J	L	N	Q	S	U	W	Y
B	D	F	H	K	M	P	R	T	V	X	Z

※ 셋째 자릿수부터 여섯째 자릿수까지는 엔진이 생산된 순서의 번호임

31 다음 중 시리얼 번호가 바르게 표시된 것은?

① OQ3258   ② LI2316

③ SU3216   ④ HS1245

32 다음 중 2001~2004년, 2018~2022년에 생산된 엔진의 시리얼 번호에 해당되지 않는 것은?

① FN4568   ② HH2314

③ WS2356   ④ DU6548

33 신입사원인 수진, 민아, 종석은 임의의 순서로 검은색·갈색·흰색 책상에 이웃하여 앉아 있고, 커피·주스·콜라 중 한 가지씩 좋아한다. 또한, 기획·편집·디자인의 서로 다른 업무를 하고 있다. 다음 〈조건〉을 참고할 때 반드시 참인 것을 〈보기〉에서 모두 고르면?

조건

- 종석이는 갈색 책상에 앉아 있다.
- 검은색 책상에 앉은 사람은 편집 업무를 담당한다.
- 기획 담당과 디자인 담당은 서로 이웃해 있지 않다.
- 디자인을 하는 사람은 커피를 좋아한다.
- 수진이는 편집 담당과 이웃해 있다.
- 수진이는 주스를 좋아한다.

보기

ㄱ. 종석이는 커피를 좋아한다.
ㄴ. 민아와 종석이는 이웃해 있다.
ㄷ. 수진이는 편집을 하지 않고, 민아는 콜라를 좋아하지 않는다.
ㄹ. 민아는 흰색 책상에 앉아 있다.
ㅁ. 수진이는 기획 담당이다.

① ㄱ, ㄴ ② ㄴ, ㄷ
③ ㄷ, ㄹ ④ ㄱ, ㄴ, ㅁ

34 A는 서점에서 소설, 만화, 에세이, 잡지, 수험서를 한 권씩 구매했다. 다음 〈조건〉이 참일 때, A가 세 번째로 구매한 책은?

<blockquote>

조건

- 만화와 소설보다 잡지를 먼저 구매했다.
- 수험서를 가장 먼저 구매하지 않았다.
- 에세이와 만화를 연달아 구매하지 않았다.
- 수험서를 구매한 다음 곧바로 에세이를 구매했다.
- 에세이나 소설을 마지막에 구매하지 않았다.

</blockquote>

① 소설   ② 만화
③ 에세이   ④ 잡지

35 신입사원인 윤지, 순영, 재철, 영민이는 영국, 프랑스, 미국, 일본으로 출장을 간다. 출장은 나라별로 한 명씩 가야 하며, 출장 기간은 서로 중복되지 않아야 한다. 다음 〈조건〉을 토대로 할 때 항상 참인 것은?

<blockquote>

조건

- 윤지는 가장 먼저 출장을 가지 않는다.
- 재철이는 영국 또는 프랑스로 출장을 가야 한다.
- 영민이는 순영이보다는 먼저 출장을 가야 하고, 윤지보다는 늦게 가야 한다.
- 가장 마지막 출장지는 미국이다.
- 영국 출장과 프랑스 출장은 일정이 연달아 잡히지 않는다.

</blockquote>

① 윤지는 프랑스로 출장을 간다.
② 재철이는 영국으로 출장을 간다.
③ 영민이는 세 번째로 출장을 간다.
④ 순영이는 두 번째로 출장을 간다.

36 D빌딩의 경비원 김갑돌 씨와 이을동 씨 중 김갑돌 씨는 청력이 좋지 않아 특정 날씨 조건에 따라 '삼'과 '천'을 바꾸어 알아듣는다. 예를 들면 '301호'를 '천일호'로, '1101호'를 '삼백일호'라고 알아듣는다. 한편 이 빌딩 ○○○호 직원은 전화 통화로 경비원에게 맡겨진 자신의 물건을 가져다 줄 것을 부탁하였다. 11월 1일에서 11월 7일까지의 상황이 다음과 같다고 할 때, 경비원 김갑돌 씨와 이을동 씨가 7일간 301호와 1101호에 전달한 내용물을 바르게 나열한 것은?

〈통화 내용〉

○○○호 직원 : 여기 ○○○호 직원인데요. 관리실에 맡겨져 있는 △△(주인과 호수가 표시되어 있지 않음)를 저희 사무실에 갖다 주시면 고맙겠습니다.

경비원　　　 : 알겠습니다.

〈상황〉

- 근무 일정 및 날씨

일자 / 날씨	11월 1일 / 종일 맑음	11월 2일 / 종일 비	11월 3일 / 종일 맑음	11월 4일 / 종일 맑음	11월 5일 / 종일 맑음	11월 6일 / 종일 흐림	11월 7일 / 종일 비
근무자	김갑돌	이을동	김갑돌	이을동	김갑돌	이을동	김갑돌
발신자	1101호 직원	1101호 직원	–	–	301호 직원	301호 직원	–
요청사항	천 묶음 전달	삼 묶음 전달	–	–	천백 원 봉투 전달	삼백 원 봉투 전달	–

- 김갑돌 씨와 이을동 씨는 1일씩 근무하고 자정에 교대한다.
- 이 경비실에는 상기 기간 동안 천 2묶음, 삼 2묶음, 천백 원 봉투 2개, 삼백 원 봉투 2개가 맡겨져 있다.
- 청력 상태
  - 김갑돌 : 날씨가 맑지 않으면 위와 같이 '삼'과 '천'을 바꾸어 알아듣는다.
  - 이을동 : 날씨에 아무런 영향을 받지 않고, 정상적으로 알아듣는다.
- 특이사항 : 이을동 씨는 11월 2일에 전화받은 내용을 미처 실행에 옮기지 못하여 김갑돌 씨에게 교대하기 10분 전에 "삼 묶음을 1101호에 내일 전달해 주세요."라고 말하였고, 김갑돌 씨는 알아들었다고 했다.

	301호	1101호
①	천 묶음, 천백 원 봉투, 삼백 원 봉투	천 묶음
②	삼 묶음, 천 묶음	삼백 원 봉투, 천백 원 봉투
③	천 묶음, 삼백 원 봉투	천 묶음, 삼 묶음
④	삼백 원 봉투, 천백 원 봉투	천 묶음, 삼 묶음

37 다음 자료는 D공사의 고객의 소리 운영 규정의 일부이다. 고객서비스 업무를 담당하고 있는 1년 차 사원인 K씨는 7월 18일 월요일에 어느 한 고객으로부터 질의 민원을 접수받았다. 그러나 부득이한 사유로 기간 내 처리가 불가능할 것으로 보여 본사 총괄부서장의 승인을 받고 지연하였다. 해당 민원은 늦어도 언제까지 처리가 완료되어야 하는가?

목적(제1조)

이 규정은 D공사에서 고객의 소리 운영에 필요한 사항에 대하여 규정함을 목적으로 한다.

정의(제2조)

"고객의 소리(Voice Of Customer)"라 함은 D공사 직무와 관련된 행정 처리에 대한 이의신청, 진정 등 민원과 D공사의 제도, 서비스 등에 대하여 불만이나 불편사항, 건의·단순 질의 등 모든 고객의 의견을 말한다.

처리기간(제7조)

① 고객의 소리는 다른 업무에 우선하여 처리하여야 하며 처리기간이 남아있음 등의 이유로 처리를 지연시켜서는 아니 된다.

② 고객의 소리 처리기간은 24시간으로 한다. 다만, 서식민원은 별도로 한다.

처리기간의 연장(제8조)

① 부득이한 사유로 기간 내에 처리하기 곤란한 경우 중간답변을 하여야 하며, 이 경우 처리기간은 48시간으로 한다.

② 중간답변을 하였음에도 기간 내에 처리하기 어려운 사항은 1회에 한하여 본사 총괄부서장의 승인을 받고 추가로 연장할 수 있다. 이 경우 추가되는 연장시간은 48시간으로 한다.

③ 업무의 성격이나 중요도, 본사 총괄부서의 처리시간에 임박한 재배정 등으로 제1항 내지 제2항의 기간 내에 처리할 수 없는 사항은 부서장 또는 소속장이 본사 총괄부서장에게 특별 기간연장을 요구할 수 있다.

---

① 7월 19일

② 7월 20일

③ 7월 21일

④ 7월 22일

※ 한국도로공사 인사팀 6명이 회식을 하기 위해 이탈리안 레스토랑에 갔다. 다음 〈조건〉을 보고 이어지는 질문에 답하시오. [38~39]

조건

- 인사팀은 토마토 파스타 2개, 크림 파스타 1개, 토마토 리소토 1개, 크림 리소토 2개, 콜라 2잔, 사이다 2잔, 주스 2잔을 주문했다.
- 인사팀은 K팀장, L과장, M대리, S대리, H사원, J사원으로 구성되어 있는데, 같은 직급끼리는 같은 소스가 들어가는 요리를 주문하지 않았고, 같은 음료도 주문하지 않았다.
- 각자 좋아하는 요리가 있으면 그 요리를 주문하고, 싫어하는 요리나 재료가 있으면 주문하지 않았다.
- K팀장은 토마토 파스타를 좋아하고, S대리는 크림 리소토를 좋아한다.
- L과장과 H사원은 파스타면을 싫어한다.
- 대리들 중에 콜라를 주문한 사람은 없다.
- 크림 파스타를 주문한 사람은 사이다도 주문했다.
- 토마토 파스타나 토마토 리소토와 주스는 궁합이 안 맞는다고 하여 함께 주문하지 않았다.

38 다음 중 주문한 결과로 옳지 않은 것은?

① 사원 중 한 사람은 주스를 주문했다.

② L과장은 크림 리소토를 주문했다.

③ K팀장은 콜라를 주문했다.

④ 토마토 리소토를 주문한 사람은 콜라를 주문했다.

39 다음 중 같은 요리와 음료를 주문한 사람은?

① S대리, J사원

② L과장, H사원

③ L과장, S대리

④ M대리, H사원

※ 한국도로공사의 총무처와 인사처는 각각 5월 3일과 5월 7일에 네팔 히말라야 트래킹을 시작했다. 다음 트래킹 코스와 구간별 트래킹 소요시간에 대한 자료와 〈조건〉을 바탕으로 이어지는 질문에 답하시오. [40~41]

〈트래킹 코스〉	〈구간별 트래킹 소요시간〉

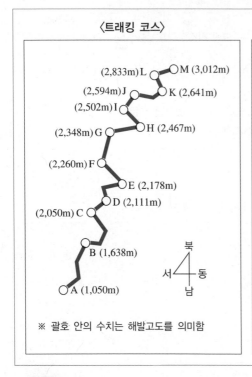

※ 괄호 안의 수치는 해발고도를 의미함

• 올라가는 경우

(단위 : 시간)

경로	소요시간
A → B	3
B → C	2
C → D	1
D → E	1
E → F	2
F → G	3
G → H	2
H → I	2
I → J	1
J → K	2
K → L	3
L → M	3

• 내려오는 경우, 구간별 소요시간은 50% 단축된다.

조건

• 트래킹 코스는 A지점에서 시작하여 M지점에 도달한 다음 A지점으로 돌아오는 것이다.
• 하루에 가능한 트래킹의 최장시간은 6시간이다.
• 하루 트래킹이 끝나면 반드시 비박을 해야 하고, 비박은 각 지점에서만 가능하다.
• M지점에 도달한 날은 그날 바로 내려오지 않고, M지점에서 비박한다.
• 2,500m를 통과하는 날부터 고산병 예방을 위해 당일 해발고도를 전날 해발고도보다 200m 이상 높일 수 없다.
• 하루에 이동할 수 있는 최대거리로 이동하며, 최단시간의 경우로 트래킹한다.

40 다음 중 총무처의 히말라야 트래킹에 대한 설명으로 옳지 않은 것은?

① 트래킹 첫째 날 해발고도는 2,111m이다.
② 트래킹 둘째 날 해발고도는 2,400m보다 낮다.
③ 트래킹 둘째 날과 셋째 날의 이동시간은 서로 같다.
④ 트래킹 셋째 날에 해발고도 2,500m 이상의 높이를 올라갔다.

41 인사처가 올라가다가 내려오는 총무처와 만났다면, 다음 중 그날은 언제인가?

① 5월 8일
② 5월 9일
③ 5월 10일
④ 5월 11일

42 다음 수제 초콜릿에 대한 분석 기사를 읽고 SWOT 분석에 의한 경영 전략을 진행하고자 할 때, 적절하지 않은 것은?

> 오늘날 식품 시장을 보면 원산지와 성분이 의심스러운 제품들로 넘쳐 납니다. 이로 인해 소비자들은 고급스럽고 안전한 먹거리를 찾고 있습니다. 우리의 수제 초콜릿은 이러한 요구를 완벽하게 충족시켜주고 있습니다. 풍부한 맛, 고급 포장, 모양, 건강상의 혜택, 강력한 스토리텔링 모두 높은 품질을 원하는 소비자들의 요구를 충족시키는 것입니다. 사실 수제 초콜릿을 만드는 데는 비용이 많이 듭니다. 각종 장비 및 유지 보수에서부터 값비싼 포장과 유통 업체의 높은 수익을 보장해주다 보면 초콜릿을 생산하는 업체에게 남는 이익은 많지 않습니다. 또한, 수제 초콜릿의 존재 자체를 많은 사람들이 알지 못하는 상황입니다. 하지만 보다 좋은 식품에 대한 인기가 높아짐에 따라 더 많은 업체들이 수제 초콜릿을 취급하기를 원하고 있습니다. 따라서 수제 초콜릿은 일반 초콜릿보다 더 높은 가격으로 판매될 수 있을 것입니다. 현재 초콜릿을 대량으로 생산하는 대형 기업들은 자신들의 일반 초콜릿과 수제 초콜릿의 차이를 줄이는 데 최선을 다하고 있습니다. 그리고 직접 맛을 보기 전에는 일반 초콜릿과 수제 초콜릿의 차이를 알 수 없기 때문에 소비자들은 굳이 초콜릿에 더 많은 돈을 지불해야 하는 이유를 알지 못할 수 있습니다. 따라서 수제 초콜릿의 효과적인 마케팅 전략이 필요한 시점입니다.

〈SWOT 분석에 의한 경영 전략〉

- SO전략 : 강점을 살려 기회를 포착한다.
- ST전략 : 강점을 살려 위협을 회피한다.
- WO전략 : 약점을 보완하여 기회를 포착한다.
- WT전략 : 약점을 보완하여 위협을 회피한다.

① 수제 초콜릿의 스토리텔링을 포장에 명시한다면 소비자들이 믿고 구매할 수 있을 것입니다.
② 수제 초콜릿을 고급 포장하여 수제 초콜릿의 스토리텔링을 더 살려보는 것이 좋을 것 같습니다.
③ 수제 초콜릿의 값비싸고 과장된 포장을 바꾸고, 그 비용으로 안전하고 맛있는 수제 초콜릿을 홍보하면 좋을 것 같습니다.
④ 수제 초콜릿의 마케팅을 강화하는 방법으로 수제 초콜릿의 차이를 알려 대기업과의 경쟁에서 우위를 차지하도록 하겠습니다.

※ 다음은 D공사에서 시행하는 난방 복지제도인 에너지 바우처에 대한 자료이다. 이어지는 질문에 답하시오.
[43~44]

1. 에너지 바우처란 무엇인가요?
   가. 개념
      동계 난방비 지원을 목적으로 난방 에너지원(전기, 가스, 난방, LPG, 등유, 연탄)을 선택 사용할 수 있는 이용권(카드방식)을 에너지 빈곤층에게 지급하여 사용하게 하고 해당 비용을 정부가 사후 정산하는 복지제도
   나. 시행주체 : 산업통상자원부, D공사(전담기관)
   다. 법적근거 : 에너지법, 에너지 및 자원사업특별법
   라. 지원대상 : 생계급여·의료급여 수급자(기준 중위소득 40% 이하)이면서 다음 중 1개 항목에 해당하는 가구권을 포함하는 가구
      – (노인) 2024년 말 기준(1959. 12. 31 이전 출생) 만 65세 이상
      – (영유아) 2024년 말 기준(2019. 1. 1 이후 출생) 만 5세 이하
      – (장애인) 장애인복지법에 따른 1~6급 등록 장애인
   마. 지원액 : 가구원수별 차등 지급(동계 지원금액 일시 지원)
      ※ 지원규모 : 70만 가구(예산 : 1,058억 원)

1등급(1인 가구)	2등급(2인 가구)	3등급(3인 이상 가구)
81천 원/월	102천 원/월	114천 원/월

   바. 해당월분 / 사용기간 : 2024. 12 ~ 2025. 3(4개월분) / 2024. 12 ~ 2025. 3(4개월)
      ※ 사용기간 경과 후 에너지 바우처(실물카드 및 가상카드) 잔액은 2025년 4월분 전기요금에서 차감 후 정산(2025년 5월분 이후부터는 차감 중단 및 에너지 바우처 잔액 소멸)
   사. 신청기간 : 2024. 11. 2 ~ 2025. 1. 29(행복e음 시스템 오픈 : 2024. 11. 9)
      – 접수처 : 수급자 거주지 읍·면 사무소, 동 주민센터
      – 신청서류 : 신분증, 에너지공급사 청구서(가상카드 신청 시) 등
   아. 바우처 카드 유형 및 적용대상(국민행복카드사 : BC, 삼성, 롯데)

구분	실물카드	가상카드
적용대상	① 구매형 에너지(연탄, 등유, LPG) ② 청구형 에너지(전기, 도시가스)로서 개별청구(단독주택)되고 수급자가 희망하는 경우	① 청구형 에너지로서 개별청구 불가한 경우(아파트) ② 개별청구(단독주택)가 되고 수급자가 희망하는 경우(이동불편, 카드사용 능력이 없는 경우)
카드형태	국민행복카드(플라스틱 재질) – 카드사가 카드발급 가능여부 확인 후 신용카드·체크카드 발급하며, 신용카드 발급 불가한 경우 무계좌 체크카드(바우처 결제만 가능한 비금융카드) 발급	플라스틱 형태의 카드 지급 없음 – 결제기능이 없는 이미지 카드 생성 – 카드번호 부여
결제 프로세스	현행 신용카드 포인트 결제방법을 준용한 프로세스로서 카드사가 카드대금에서 차감 청구한 금액은 국가바우처를 통해 정산하게 됨	현행 복지할인 요금차감 방법을 준용한 프로세스로서 에너지 공급사가 차감 청구한 금액은 국가바우처를 통해 정산하게 됨

      ※ 지역난방 및 구역전기사업지구 전기요금은 가상카드만 가능함

2. 에너지 바우처를 신청하려면 어떻게 하나요?
   (신청·접수) 읍·면사무소, 동 주민센터(행복e음) → (선정·결정 통지) 시군구 사업팀(행복e음) → 국민행복카드(에너지 바우처 금액 내재) 발급(카드사 ① 실물카드 배송, ② 가상카드 등록) → 수급자 사용 및 해당 비용 정산(국가바우처시스템)
   ※ 보건복지부 복지인프라(행복e음, 국가바우처시스템) 활용

---

43 올해 72세가 되는 A할머니는 생계급여를 받아 생활하며 손자와 단 둘이 단칸방에 살고 있다. 겨울 추위에 난방비 걱정이 앞서던 와중 매주 집에 찾아와 말동무를 해주는 사회복지사로부터 D공사에서 시행하는 에너지 바우처 제도를 소개받아 신청하게 되었다. 다음 중 옳은 것은?

① 모든 전기요금은 실물카드로 결제 가능하다.

② 2인 가구이므로 102,000원을 지원받는다.

③ 사용기간 경과 후 에너지 바우처 잔액은 다시 신청자에게 돌려준다.

④ A할머니는 생계급여를 받으며, 65세 이상에 해당되지만 함께 사는 손자는 포함되지 않으므로 신청할 수 없다.

44 다음은 A할머니가 2024년 12월부터 2025년 4월까지 사용한 가스요금과 전기요금을 기록한 자료이다. 에너지 바우처 사용기간이 종료되어 소멸되는 에너지 바우처 잔액은 얼마인가?

(단위 : 원)

구분	가스요금	전기요금
12월	60,000	20,000
1월	85,000	24,000
2월	70,000	21,000
3월	68,000	22,000
4월	40,000	19,000

① 10,000원　　　　　　　　　② 15,000원

③ 19,000원　　　　　　　　　④ 22,000원

45 다음은 국내 원자력 산업에 대한 SWOT 분석 결과이다. 이를 바탕으로 〈보기〉에서 적절하지 않은 것을 모두 고르면?

〈국내 원자력 산업에 대한 SWOT 분석 결과〉

구분	분석 결과
강점(Strength)	• 우수한 원전 운영 기술력 • 축적된 풍부한 수주 실적
약점(Weakness)	• 낮은 원전해체 기술 수준 • 안전에 대한 우려
기회(Opportunity)	• 해외 원전수출 시장의 지속적 확대 • 폭염으로 인한 원전 효율성 및 필요성 부각
위협(Threat)	• 현 정부의 강한 탈원전 정책 기조

〈SWOT 분석에 의한 경영 전략〉

• SO전략 : 강점을 살려 기회를 포착하는 전략이다.
• ST전략 : 강점을 살려 위협을 회피하는 전략이다.
• WO전략 : 약점을 보완하여 기회를 포착하는 전략이다.
• WT전략 : 약점을 보완하여 위협을 회피하는 전략이다.

보기

㉠ 뛰어난 원전 기술력을 바탕으로 동유럽 원전수출 시장에서 우위를 점하는 것은 SO전략으로 적절하다.
㉡ 안전성을 제고하여 원전 운영 기술력을 향상시키는 것은 WO전략으로 적절하다.
㉢ 우수한 기술력과 수주 실적을 바탕으로 국내 원전 사업을 확장하는 것은 ST전략으로 적절하다.
㉣ 안전에 대한 우려가 있는 만큼, 안전점검을 강화하고 당분간 정부의 탈원전 정책 기조에 협조하는 것은 WT전략으로 적절하다.

① ㉠, ㉡

② ㉠, ㉢

③ ㉡, ㉢

④ ㉢, ㉣

46 다음 운영체제의 구성요소 중 프로세스를 생성, 실행, 중단, 소멸시키는 것은?

① 에디터(Editor)
② 드라이버(Driver)
③ 스케줄러(Scheduler)
④ 스풀러(Spooler)

47 다음 중 매크로의 바로가기 키에 대한 설명으로 옳지 않은 것은?

① 기본적으로 조합키 〈Ctrl〉과 함께 사용할 영문자를 지정한다.
② 바로가기 키 지정 시 영문자를 대문자로 입력하면 조합키는 〈Ctrl〉+〈Shift〉로 변경된다.
③ 바로가기 키로 영문자와 숫자를 함께 지정할 때에는 조합키로 〈Alt〉를 함께 사용해야 한다.
④ 바로가기 키를 지정하지 않아도 매크로를 기록할 수 있다.

48 다음 중 Windows에 설치된 프린터의 [인쇄 관리자] 창에서 할 수 있는 작업으로 옳지 않은 것은?

① 인쇄 중인 문서도 강제로 종료시킬 수 있다.
② 인쇄 중인 문서를 일시 정지하고 다른 프린터로 출력하도록 할 수 있다.
③ 현재 사용 중인 프린터를 기본 프린터로 설정할 수 있다.
④ 현재 사용 중인 프린터를 공유하도록 설정할 수 있다.

49 다음 상황에서 B사원이 제시할 해결 방안으로 옳은 것은?

> A팀장 : 어제 부탁한 보고서 작성은 다 됐나?
> B사원 : 네, 제 컴퓨터의 '문서' 폴더를 공유해 놓았으니 보고서를 내려 받으시면 됩니다.
> A팀장 : 내 컴퓨터의 인터넷은 잘 되는데, 혹시 자네 인터넷이 지금 문제가 있나?
> B사원 : (모니터를 들여다보며) 아닙니다. 잘 되는데요?
> A팀장 : 네트워크 그룹에서 자네의 컴퓨터만 나타나지 않네. 어떻게 해야 하지?

① 공유폴더의 사용권한 수준을 소유자로 지정해야 합니다.
② 화면 보호기를 재설정해야 합니다.
③ 디스크 검사를 실행해야 합니다.
④ 네트워크상의 작업 그룹명을 동일하게 해야 합니다.

50 다음 중 정보화 사회에 대한 설명으로 옳은 것은?

① 정보화 사회에서는 정보의 다양한 특성 중 기술적 실효성이 가장 강조된다.
② 정보화 사회의 심화는 새로운 분야에서 국가 간 갈등을 야기해 세계화를 저해한다.
③ 정보화 사회가 진전됨에 따라 지식과 정보의 증가량 및 변화 속도는 더욱 증가할 것이다.
④ 정보화 사회에서는 체계화된 정보관리주체들이 존재하므로 개인들의 정보관리 필요성이 낮아진다.

51 다음 〈보기〉 중 데이터베이스의 필요성에 대한 설명으로 적절하지 않은 것을 모두 고르면?

> **보기**
> ㉠ 데이터베이스를 이용하면 데이터 관리상의 보안을 높일 수 있다.
> ㉡ 데이터베이스 도입만으로 특정 자료 검색을 위한 효율이 높아진다고 볼 수는 없다.
> ㉢ 데이터베이스를 이용하면 데이터 관리 효율은 높일 수 있지만, 데이터의 오류를 수정하기가 어렵다.
> ㉣ 데이터가 양적으로 방대하다고 해서 반드시 좋은 것은 아니므로, 데이터베이스를 형성해 중복된 데이터를 줄여야 한다.

① ㉠, ㉡
② ㉠, ㉢
③ ㉡, ㉢
④ ㉡, ㉣

52 다음 중 하나의 시스템을 여러 사용자가 공유하여 동시에 대화식으로 작업을 수행할 수 있으며, 시스템이 일정 시간 단위로 CPU 사용을 한 사용자에서 다음 사용자로 신속하게 전환함으로써 각 사용자는 자신만이 컴퓨터를 사용하고 있는 것처럼 보이는 처리 방식의 시스템은?

① 오프라인 시스템(Off – Line System)

② 일괄 처리 시스템(Batch Processing System)

③ 시분할 시스템(Time Sharing System)

④ 분산 시스템(Distributed System)

53 다음 중 Windows 사용 시 메모리(RAM) 용량 부족의 해결방법으로 옳지 않은 것은?

① 가상 메모리 크기를 적절하게 조절한다.

② 메모리(RAM)를 추가로 설치하여 업그레이드한다.

③ 시작 프로그램에 설정된 프로그램을 삭제한 후 다시 시작한다.

④ 디스크 정리를 수행하여 다운로드한 프로그램 파일, 임시 인터넷 파일 등을 삭제한다.

54 다음 중 분산처리 시스템의 특징으로 옳지 않은 것은?

① 작업을 병렬적으로 수행함으로써 사용자에게 빠른 반응 시간과 빠른 처리 시간을 제공한다.

② 사용자들이 비싼 자원을 쉽게 공유하여 사용할 수 있고, 작업의 부하를 균등하게 유지할 수 있다.

③ 작업 부하를 분산시킴으로써 반응 시간을 항상 일관성 있게 유지할 수 있다.

④ 분산 시스템에 구성 요소를 추가하거나 삭제할 수는 없다.

※ 다음 프로그램의 실행 결과로 옳은 것을 고르시오. [55~56]

55

```
#include <studio.h>

int main( )
{
    int num1;

    num1=1+2;

    printf("%d\n", num1);

    return 0;
}
```

① 3

② 1+2

③ 2

④ num1=1+2

56

```
#include <stdio.h>
int main( ) {
    int i = 1;
    while (i <= 50) {
        if ( i > 30 ) {
            break;
        }
        i = i + i;
    }
    printf("%d", i);
}
```

① 32

② 31

③ 30

④ 0

57 다음 시트에서 [B9] 셀에 [B2:C8] 영역의 평균을 계산하고 올림하여 천의 자리까지 표시하려고 할 때, 입력해야 하는 함수식으로 옳은 것은?

	A	B	C
1	1분기	2분기	3분기
2	91,000	91,000	91,000
3	81,000	82,000	83,000
4	71,000	72,000	73,000
5	61,000	62,000	63,000
6	51,000	52,000	53,000
7	41,000	42,000	43,000
8	91,000	91,000	91,000
9			

① =ROUNDUP(AVERAGE(B2:C8), −3)

② =ROUND(AVERAGE(B2:C8), −3)

③ =ROUNDUP(AVERAGE(B2:C8), 3)

④ =ROUND(AVERAGE(B2:C8), 3)

58 다음 워크시트에서 성별이 '남'인 직원들의 근속연수 합계를 구하는 수식으로 옳지 않은 것은?

	A	B	C	D	E	F
1	사원번호	이름	생년월일	성별	직위	근속연수
2	E5478	이재홍	1980−02−03	남	부장	8
3	A4625	박언영	1985−04−09	여	대리	4
4	B1235	황준하	1986−08−20	남	대리	3
5	F7894	박혜선	1983−12−13	여	과장	6
6	B4578	이애리	1990−05−06	여	사원	1
7	E4562	김성민	1986−03−08	남	대리	4
8	A1269	정태호	1991−06−12	남	사원	2
9	C4567	김선정	1990−11−12	여	사원	1

① =SUMIFS(F2:F9, D2:D9, 남)

② =DSUM(A1:F9, F1, D1:D2)

③ =DSUM(A1:F9, 6, D1:D2)

④ =SUMIF(D2:D9, D2, F2:F9)

59 다음은 D공사의 인사부에서 정리한 사원 목록이다. 〈보기〉 중 옳은 것을 모두 고르면?

	A	B	C	D
1	사원번호	성명	직책	부서
2	869872	조재영	부장	경영팀
3	890531	정대현	대리	경영팀
4	854678	윤나리	사원	경영팀
5	812365	이민지	차장	기획팀
6	877775	송윤희	대리	기획팀
7	800123	김가을	사원	기획팀
8	856123	박슬기	부장	영업팀
9	827695	오종민	차장	영업팀
10	835987	나진원	사원	영업팀
11	854623	최윤희	부장	인사팀
12	847825	이경서	사원	인사팀
13	813456	박소미	대리	총무팀
14	856123	최영수	사원	총무팀

보기

㉠ 부서를 기준으로 내림차순으로 정렬되었다.
㉡ 직책은 사용자 지정 목록을 이용하여 부장, 차장, 대리, 사원 순으로 정렬되었다.
㉢ 부서를 우선 기준으로, 직책을 다음 기준으로 정렬하였다.
㉣ 성명을 기준으로 내림차순으로 정렬되었다.

① ㉠, ㉡
② ㉠, ㉢
③ ㉠, ㉣
④ ㉡, ㉢

60 다음과 같이 판매실적을 구하기 위해 [A7] 셀에 수식 「=SUMIFS(D2:D6,A2:A6, "연필",B2:B6, "서울")」를 입력했을 때, 그 결괏값으로 옳은 것은?

	A	B	C	D
2	연필	경기	150	100
3	볼펜	서울	150	200
4	연필	서울	300	300
5	볼펜	경기	300	400
6	연필	서울	300	200
7				

① 400
② 500
③ 600
④ 700

3일 차
기출응용 모의고사

〈문항 및 시험시간〉

평가영역	문항 수	시험시간	모바일 OMR 답안채점/성적분석 서비스		
행정(경영) 행정(법정) 토목(일반)	각 40문항	50분	행정(경영)	행정(법정)	토목(일반)

3일 차 기출응용 모의고사

문항 수 : 각 40문항
시험시간 : 50분

| 01 | 행정(경영)

01 다음 중 기업의 경영 전략을 평가할 때 BSC를 통해 평가하는 관점으로 볼 수 없는 것은?

① 재무 관점
② 고객 관점
③ 내부 프로세스 관점
④ 성공요인 관점
⑤ 학습 및 성장 관점

02 다음 중 채권이나 주식과 같이 전통적인 투자 상품 대신 부동산, 인프라스트럭처, 사모펀드 등에 투자하는 방식은?

① 대체투자
② 순투자
③ 재고투자
④ 민간투자
⑤ 공동투자

03 다음 중 가격의 전략에 대한 설명으로 옳지 않은 것은?

① 유보가격 : 구매자가 어떤 상품에 대해 지불할 용의가 있는 최고가를 말한다.
② 촉진가격 : 고객의 유인을 위하여 특정 품목의 가격을 대폭 낮게 설정하는 것을 말한다.
③ 명성가격 : 가격 – 품질 연상효과를 이용하여 가격을 설정하며 가격이 낮을수록 매출이 증가한다.
④ 관습가격 : 소비자들이 관습적으로 느끼는 가격으로, 제품가격을 높이면 매출이 감소하고 가격을 낮게 책정하더라도 매출이 크게 증가하지 않는다.
⑤ 유인가격 : 기회비용을 고려하여 특정제품의 가격을 낮춰 판매해, 이를 통해 고객을 불러들여 호객하는 것을 말한다.

04 다음 중 차별적 마케팅 전략을 활용하기에 적절한 경우는?

① 경영자원이 부족하여 시장지배가 어려운 기업
② 소비자의 욕구, 선호도 등이 동질적인 시장
③ 성장기에 접어드는 제품
④ 각 시장이 명확히 세분화되어 이질적인 시장
⑤ 대량생산 및 대량유통이 가능한 제품

05 다음 중 프린터를 저렴하게 판매한 후, 그 프린터의 토너를 비싼 가격으로 결정하는 전략은?

① 종속제품 가격결정(Captive Product Pricing)
② 묶음 가격결정(Bundle Pricing)
③ 단수 가격결정(Odd Pricing)
④ 침투 가격결정(Penetration Pricing)
⑤ 스키밍 가격결정(Skimming Pricing)

06 다음 중 수요예측기법(Demand Forecasting Technique)에 대한 설명으로 옳은 것은?

① 지수평활법은 평활상수가 클수록 최근 자료에 더 높은 가중치를 부여한다.
② 회귀분석법은 실제치와 예측치의 오차를 자승한 값의 총 합계가 최대가 되도록 회귀계수를 추정한다.
③ 수요예측과정에서 발생하는 예측오차들의 합이 영(Zero)에 수렴하는 것은 옳지 않다.
④ 이동평균법은 이동평균의 계산에 사용되는 과거자료의 수가 많을수록 수요예측의 정확도가 높아진다.
⑤ 시계열 분석법으로는 이동평균법과 회귀분석법이 있다.

07 다음 중 소비자가 특정 상품에 대해 고관여 상태에서 발생하는 구매행동으로 옳지 않은 것은?

① 복잡한 구매행동을 보인다.

② 제품에 대한 지식을 습득하기 위해 자발적으로 노력한다.

③ 가장 합리적인 방안을 스스로 찾아 구매한다.

④ 부조화가 감소한 구매행동을 보인다.

⑤ 다양성 추구 구매를 하기 위해서 소비자들은 잦은 상표전환을 하게 된다.

08 다음 중 일반적인 경영 전략 유형에 해당하지 않는 것은?

① 성장 전략   ② 축소 전략

③ 안정화 전략   ④ 협력 전략

⑤ 시장세분화 전략

09 다음 중 동기부여이론에서 과정이론에 해당하는 이론은?

① 매슬로우(Maslow)의 욕구단계설

② 앨더퍼(Alderfer)의 ERG이론

③ 브룸(Vroom)의 기대이론

④ 허즈버그(Herzberg)의 2요인 이론

⑤ 맥그리거(McGregor)의 X이론 – Y이론

10 다음 중 회계감사의 감사의견에 포함되지 않는 것은?

① 적정 의견   ② 부적정 의견

③ 한정 의견   ④ 불한정 의견

⑤ 의견 거절

11 다음 중 식스 시그마(6 – Sigma)에 대한 설명으로 옳지 않은 것은?

① 프로세스에서 불량과 변동성을 최소화하면서 기업의 성과를 최대화하려는 종합적이고 유연한 시스템이다.

② 프로그램의 최고 단계 훈련을 마치고, 프로젝트 팀 지도를 전담하는 직원은 마스터블랙벨트이다.

③ 통계적 프로세스 관리에 크게 의존하며, '정의 – 측정 – 분석 – 개선 – 통제'의 단계를 걸쳐 추진된다.

④ 제조프로세스에서 기원하였으며 판매, 인적자원, 고객서비스, 재무서비스 부문으로 확대되고 있다.

⑤ 사무부분을 포함한 모든 프로세스의 질을 높이고 업무 비용을 획기적으로 절감하여 경쟁력 향상을 목표로 한다.

12 다음 상황을 토대로 측정한 광고예산으로 옳은 것은?

> 광고주는 A신문 또는 B신문에 자사 신제품을 최소 한 번 이상 노출시키고자 한다.
> • A신문 열독률 : 16%
> • B신문 열독률 : 10%
> • A, B신문 동시 열독률 : 4%
> • 전체 신문의 평균 CPR : 500만 원

① 5,000만 원   ② 1억 원

③ 1억 5,000만 원   ④ 2억 원

⑤ 2억 5,000만 원

13 다음 중 토빈의 Q – 비율에 대한 설명으로 옳지 않은 것은?(단, 다른 조건이 일정하다고 가정한다)

① 특정 기업이 주식 시장에서 어떤 평가를 받고 있는지 판단할 때 종종 토빈의 Q – 비율을 활용한다.

② 한 기업의 Q – 비율이 1보다 높을 경우 투자를 증가하는 것이 바람직하다.

③ 한 기업의 Q – 비율이 1보다 낮을 경우 투자를 감소하는 것이 바람직하다.

④ 이자율이 상승하면 Q – 비율은 하락한다.

⑤ 토빈의 Q – 비율은 실물자본의 대체비용을 주식시장에서 평가된 기업의 시장가치로 나눠서 구한다.

14 A주식의 금년도 말 1주당 배당금은 1,100원으로 추정되며, 이후 배당금은 매년 10%씩 증가할 것으로 예상된다. A주식에 대한 요구수익률이 15%일 경우, 고든(M. J. Gordon)의 항상성장모형에 의한 A주식의 1주당 현재가치는?

① 4,400원
② 7,333원
③ 11,000원
④ 22,000원
⑤ 23,000원

15 다음 중 영업레버리지도가 2, 재무레버리지도가 1.5일 때 결합레버리지도를 구하면?

① 0.75
② 1.5
③ 2
④ 3
⑤ 5

16 다음 중 액면가 10,000원, 만기가 5년, 표면이자율이 0%인 순할인채의 듀레이션은?

① 5년
② 6년
③ 7년
④ 8년
⑤ 9년

17 다음 중 수익성 지수에 대한 설명으로 옳지 않은 것은?

① 수익성 지수는 현금유입액의 현재가치를 총 투자액의 현재가치로 나누어 계산한다.
② 수익성 지수는 단일 투자안이 있을 때 그 투자안이 경제성이 있는지 판단하기 위해 쓰인다.
③ 수익성 지수는 투자기간 전체의 현금흐름을 고려하고 화폐의 현재가치를 반영하므로 투자의 효율성을 직관적으로 판단할 수 있다는 장점이 있다.
④ 투자안에 대해 미래의 가치를 현재의 가치로 환산하는 할인율의 결정이 쉽지 않아 투자 및 회수금액의 현재가치를 산출할 때 어려움이 있을 수 있다.
⑤ 수익성 지수는 투자 금액 대비 회수할 수 있는 금액에 대한 비율로, 지수가 1보다 크면 경제성이 있어 투자할 가치가 있다고 본다.

18 다음 중 자본자산가격결정모형(CAPM)의 가정으로 옳지 않은 것은?

① 투자자는 위험회피형 투자자이며, 기대효용 극대화를 추구한다.

② 무위험자산이 존재하며, 무위험이자율로 무제한 차입 또는 대출이 가능하다.

③ 세금과 거래비용이 존재하는 불완전자본시장이다.

④ 투자자는 평균 – 분산 기준에 따라 포트폴리오를 선택한다.

⑤ 모든 투자자는 투자대상의 미래 수익률의 확률분포에 대하여 동질적 예측을 한다.

19 다음 중 주식공개매수에 대한 설명으로 옳은 것은?

① 주식공개매수는 회사의 경영권을 확보하거나 강화하기 위하여 특정 다수인으로부터 주식을 장외에서 매수하는 형태이다.

② 주식취득의 경우에는 주식을 보유하고 있지만 기업경영에 직접 관여하지 않고 있는 주주들로부터 주식을 매입하여 기업을 인수한다.

③ 주식공개매수를 추진하는 인수기업은 대상기업의 주식 수, 매수기간, 매수가격 및 방법 등을 공개하지 않고, 이에 허락하는 주주에 한해 대상회사의 주식을 취득하게 된다.

④ 공개매수에서 매수가격은 대상기업의 주주들의 주식을 확보하기 위한 것이므로 현재의 시장가격보다 대부분 낮게 요구되는 것이 특징이다.

⑤ 대상기업의 기업지배권이 부실하고 경영도 제대로 되지 않아 주식이 하락된 대상기업의 경우, 인수기업은 대상기업과 우호적인 방식으로 주식공개매수를 협상한다.

20 다음 중 케인스학파와 통화주의학파에 대한 설명으로 옳은 것은?

① 통화주의학파는 케인스학파에 비해 투자의 이자율 탄력성이 크다고 본다.

② 케인스학파는 적응적 기대를 수용하고, 통화주의학파는 합리적 기대를 수용한다.

③ 케인스학파는 구축효과를 강조하고, 통화주의학파는 재량적인 경제안정화정책을 강조한다.

④ 케인스학파는 단기 총공급곡선이 우상향한다고 보고, 통화주의학파는 장기 총공급곡선이 우하향한다고 본다.

⑤ 케인스학파는 단기 필립스곡선이 우하향한다고 보고, 통화주의학파는 장기 필립스곡선이 우상향한다고 본다.

21 다음 중 화폐에 대한 설명으로 옳은 것은?

① 상품화폐의 내재적 가치는 변동하지 않는다.

② 광의통화(M2)는 준화폐(Near Money)를 포함하지 않는다.

③ 불태환화폐(Flat Money)는 내재적 가치를 갖는 화폐이다.

④ 가치 저장 수단의 역할로 소득과 지출의 발생 시점을 분리시켜준다.

⑤ 다른 용도로 사용될 수 있는 재화는 교환의 매개 수단으로 활용될 수 없다.

22 포괄손익계산서의 보험료가 ₩300이고, 기말의 수정분개가 다음과 같을 경우 수정전시산표와 기말 재무상태표의 선급보험료 금액으로 옳은 것은?

〈수정분개〉			
(차변) 보험료	300	(대변) 선급보험료	300

	수정전시산표의 선급보험료	기말 재무상태표의 선급보험료
①	₩7,600	₩7,500
②	₩7,500	₩7,200
③	₩7,400	₩7,200
④	₩7,300	₩6,900
⑤	₩7,200	₩6,800

23 D주식회사는 2025년 초 ₩10,000을 지급하고 토지와 건물을 일괄취득하였다. 취득 과정에서 발생한 수수료는 ₩100이며, 취득일 현재 토지와 건물의 공정가치는 각각 ₩6,000으로 동일하다. '취득한 건물을 계속 사용할 경우(ㄱ)'와 '취득한 건물을 철거하고 건물을 신축하는 경우(ㄴ)'의 토지 취득원가로 옳은 것은?(단, ㄴ의 경우 철거비용이 ₩500이고, 철거 시 발생한 폐기물의 처분수익은 ₩100이다)

	ㄱ	ㄴ
①	₩5,000	₩10,400
②	₩5,000	₩10,500
③	₩5,050	₩10,400
④	₩5,050	₩10,500
⑤	₩6,000	₩6,000

24 D회사는 2025년 1월 1일에 내용연수 5년, 잔존가치 ₩200,000으로 추정되는 제빵기 1대를 ₩2,000,000에 구입하였다. 제빵기는 1차 연도에 10,000개의 빵을 생산한 이후 매년 1,000개씩 생산량이 감소한다고 할 때, 생산량비례법을 이용하여 1차 연도의 감가상각비를 계산하면 얼마인가?

① ₩340,000   ② ₩360,000

③ ₩420,000   ④ ₩450,000

⑤ ₩500,000

25 다음 자료를 이용하여 계산한 재고자산평가손익으로 옳은 것은?(단, 재고자산감모손실은 없다)

• 기초재고액	₩9,000
• 당기매입액	₩42,000
• 매출원가	₩45,000
• 기말재고(순실현가능가치)	₩4,000

① 평가손실 ₩2,000   ② 평가손실 ₩3,000

③ 평가이익 ₩2,000   ④ 평가이익 ₩3,000

⑤ 평가이익 ₩4,000

26 총공급곡선이 $Y = \overline{Y} + \alpha(p - p^e)$인 총수요 - 총공급 모형에서 경제가 현재 장기균형상태에 있다고 하자. 이 경제의 중앙은행이 통화량을 감소시킬 경우 물가예상이 합리적으로 형성되고 통화량 감소가 미리 예측된다면, 다음 중 옳은 것은?(단, Y는 실질GDP, $\overline{Y}$는 실질GDP의 장기균형수준, α는 0보다 큰 상수, P는 물가, P^e는 예상물가수준이다)

① 실질GDP는 즉시 감소한 다음 서서히 원래 수준으로 복귀한다.

② 물가는 즉시 감소한 다음 서서히 원래 수준으로 복귀한다.

③ 물가는 즉시 감소하고 실질GDP도 즉시 감소한다.

④ 물가는 서서히 감소하고 실질GDP는 즉시 감소한다.

⑤ 물가는 즉시 감소하고 실질GDP는 원래 수준을 유지한다.

27 다음 중 내용연수를 기준으로 초기에 비용을 많이 계상하는 감가상각방법으로 옳은 것은?

① 정액법
② 정률법
③ 선입선출법
④ 후입선출법
⑤ 저가법

28 물가상승률을 연 6%로 예상했으나 실제로는 7%에 달했다. 이와 같은 상황에서 이득을 얻는 경제주체를 〈보기〉에서 모두 고르면?

> 보기
>
> ㄱ. 채권자   ㄴ. 채무자
> ㄷ. 국채를 발행한 정부   ㄹ. 국채를 구매한 개인
> ㅁ. 장기 임금 계약을 맺은 회사   ㅂ. 은행 정기적금에 가입한 주부

① ㄱ, ㄷ, ㅁ
② ㄱ, ㄹ, ㅂ
③ ㄴ, ㄷ, ㅁ
④ ㄴ, ㄹ, ㅂ
⑤ ㄷ, ㅁ, ㅂ

29 D회사의 2024년도 현금흐름표상 영업에서 창출된 현금(영업으로부터 창출된 현금)은 ₩100,000이다. 다음 자료를 이용하여 계산한 D회사의 2024년 법인세비용차감전순이익 및 영업활동순현금흐름으로 옳은 것은?(단, 이자지급 및 법인세 납부는 영업활동으로 분류한다)

> • 매출채권손상차손 : ₩500   • 매출채권(순액) 증가 : ₩4,800
> • 감가상각비 : ₩1,500   • 재고자산(순액) 감소 : ₩2,500
> • 이자비용 : ₩2,700   • 매입채무 증가 : ₩3,500
> • 사채상환이익 : ₩700   • 미지급이자 증가 : ₩1,000
> • 법인세비용 : ₩4,000   • 미지급법인세 감소 : ₩2,000

	법인세비용차감전순이익	영업활동순현금흐름
①	₩94,800	₩92,300
②	₩95,300	₩92,300
③	₩96,800	₩95,700
④	₩97,300	₩95,700
⑤	₩98,000	₩107,700

30 다음 중 유용한 재무정보의 질적 특성에 대한 설명으로 옳은 것은?

① 목적적합성과 충실한 표현은 보강적 질적 특성이다.

② 동일한 경제적 현상에 대해 대체적인 회계처리방법을 허용하면 비교가능성이 감소한다.

③ 재무정보가 예측가치를 갖기 위해서는 제공되는 정보 그 자체가 예측치 또는 예상치이어야 한다.

④ 재무정보가 과거 평가를 확인하거나 변경시킨다면 예측가치를 갖는다.

⑤ 재무정보의 제공자와는 달리 이용자의 경우에는 제공된 정보를 분석하고 해석하는 데 원가가 발생하지 않는다.

31 다음 중 시장지향적 마케팅에 대한 설명으로 옳지 않은 것은?

① 고객지향적 사고의 장점을 포함하면서 그 한계점을 극복하기 위한 포괄적 마케팅이다.

② 기업이 최종고객들과 원활한 교환을 통하여 최상의 가치를 제공하기 위함을 목표로 한다.

③ 오직 기존 사업시장에 집중하며 경쟁우위를 점하기 위한 마케팅이다.

④ 다양한 시장 구성요소들이 원만하게 상호작용하며 마케팅 전략을 구축한다.

⑤ 기존 사업시장뿐만 아니라 외부 사업시장이나 이익 기회들을 확인하며, 때에 따라 기존사업 시장을 포기하기도 한다.

32 다음 중 마이클 포터(Michael E. Porter)의 가치사슬모형(Value Chain Model)에 대한 설명으로 옳지 않은 것은?

① 기업이 가치를 창출하는 활동을 본원적 활동과 지원 활동으로 구분하였다.

② 물류 투입 및 산출 활동은 본원적 활동에 해당한다.

③ 마케팅 활동은 지원 활동에 해당한다.

④ 기술 개발은 지원 활동에 해당한다.

⑤ 지원 활동에 해당하는 활동도 기업의 핵심 역량이 될 수 있다.

33 다음 중 사회후생함수에 대한 설명으로 옳지 않은 것은?

① 롤즈(J. Rawls)의 사회후생함수는 레온티에프(Leontief) 생산함수와 동일한 형태를 가진다.

② 평등주의 사회후생함수는 모든 사회 구성원들에게 동일한 가중치를 부여한다.

③ 에지워드(F. Edgeworth)의 주장에 의하면 소득의 재분배는 사회후생을 증가시킬 수 있다.

④ 공리주의적 사회무차별곡선의 기울기는 −1이다.

⑤ 애로우(K. Arrow)의 불가능성 정리는 사회의 여러 상태를 비교, 평가할 수 있는 합리적이고 민주적인 기준을 찾을 수 없다는 것을 뜻한다.

34 다음 〈보기〉 중 가격차별 행위로 옳지 않은 것은?

> **보기**
>
> 가. 전월세 상한제
> 나. 학생과 노인 대상 극장표 할인
> 다. 수출품 가격과 내수품 가격을 다르게 책정
> 라. 전력 사용량에 따라 단계적으로 다른 가격 적용
> 마. 대출 최고 이자율 제한

① 가, 마   ② 다, 라
③ 나, 다, 라   ④ 나, 다, 마
⑤ 다, 라, 마

35 D국가의 만 15세 이상 인구는 2,600만 명이며, 이 중 경제활동참가율은 55%라고 한다. D국가의 실업률이 30%일 때, 취업자 수와 실업자 수가 바르게 나열된 것은?

	취업자 수	실업자 수
①	975만 명	528만 명
②	975만 명	429만 명
③	1,001만 명	429만 명
④	1,001만 명	528만 명
⑤	1,022만 명	410만 명

36 다음 〈보기〉의 사례들을 역선택(Adverse Selection)과 도덕적 해이(Moral Hazard)의 개념에 따라 바르게 구분한 것은?

> **보기**
>
> 가. 자동차 보험 가입 후 더 난폭하게 운전한다.
> 나. 건강이 좋지 않은 사람이 민간 의료보험에 더 많이 가입한다.
> 다. 실업급여를 받게 되자 구직 활동을 성실히 하지 않는다.
> 라. 사망 확률이 낮은 건강한 사람이 주로 종신연금에 가입한다.
> 마. 의료보험제도가 실시된 이후 사람들의 의료수요가 현저하게 증가하였다.

	역선택	도덕적 해이
①	가, 나	다, 라, 마
②	나, 라	가, 다, 마
③	다, 마	가, 나, 라
④	나, 다, 라	가, 마
⑤	다, 라, 마	가, 나

37 다음 중 조세정책에 대한 설명으로 옳지 않은 것은?

① 조세정책은 정부가 경제영역 중 분배영역에 개입할 수 있는 중요한 수단 중 하나이다.
② 정부는 기업의 고용 및 투자를 촉진하기 위한 수단으로 소득세, 법인세 감면 등을 시행한다.
③ 조세정책을 시행하는 곳은 한국은행이다.
④ 조세정의 실현을 위해 지하경제 양성화, 역외탈세 근절 등이 매우 중요하다.
⑤ 세율을 높이면 세수입이 늘어나지만 일정 수준 이상의 세율에서는 오히려 세금이 줄어드는 현상이 나타난다.

38 다음 중 (가) ~ (라)에 들어갈 경제 개념을 바르게 연결한 것은?

> 재화의 유형은 소비의 배제성(사람들이 재화를 소비하는 것을 막는 것)과 경합성(한 사람이 재화를 소비하면 다른 사람이 이 재화를 소비하는 데 제한되는 것)에 따라 구분할 수 있다. 공유자원은 재화를 소비함에 있어 __(가)__ 은 있지만 __(나)__ 은 없는 재화를 의미한다. 예를 들어 차량이 이용하는 도로의 경우 막히는 __(다)__ 는 공유자원으로 구분할 수 있으며, __(라)__ 현상이 나타나기 쉽다.

	(가)	(나)	(다)	(라)
①	경합성	배제성	무료도로	공유지의 비극
②	배제성	경합성	무료도로	공유지의 비극
③	경합성	배제성	유료도로	공유지의 비극
④	배제성	경합성	유료도로	무임승차
⑤	경합성	배제성	무료도로	무임승차

39 다음 중 통화정책과 재정정책에 대한 설명으로 옳지 않은 것은?

① 경제가 유동성 함정에 빠져 있을 경우에는 통화정책보다는 재정정책이 효과적이다.

② 전통적인 케인스 경제학자들은 통화정책이 재정정책보다 더 효과적이라고 주장했다.

③ 재정정책과 통화정책을 적절히 혼합하여 사용하는 것을 정책혼합이라고 한다.

④ 화폐공급의 증가가 장기에서 물가만을 상승시킬 뿐 실물변수에는 아무런 영향을 미치지 못하는 현상을 화폐의 장기중립성이라고 한다.

⑤ 정부지출의 구축효과란 정부지출을 증가시키면 이자율이 상승하여 민간 투자지출이 감소하는 효과를 말한다.

40 다음 중 인플레이션에 대한 설명으로 옳은 것은?

① 새케인스학파에 의하면 예상된 인플레이션의 경우에는 어떤 형태의 사회적 비용도 발생하지 않는다.

② 예상하지 못한 인플레이션 발생의 불확실성이 커지면 장기계약이 활성화되고 단기계약이 위축된다.

③ 실제 물가상승률이 예상된 물가상승률보다 더 큰 경우, 채권자는 이득을 보고 채무자는 손해를 본다.

④ 실제 물가상승률이 예상된 물가상승률보다 더 큰 경우, 고정된 명목임금을 받는 노동자와 기업 사이의 관계에서 노동자는 이득을 보고 기업은 손해를 보게 된다.

⑤ 피셔가설은 '(명목이자율)=(실질이자율)+(물가상승률)'이라는 명제로, 예상된 인플레이션이 금융거래에 미리 반영됨을 의미한다.

| 02 | 행정(법정)

01 다음 중 헌법의 의의와 특질에 대한 설명으로 옳지 않은 것은?(단, 다툼이 있는 경우 판례에 의한다)

① 헌법규범 상호 간에는 이념적·논리적으로뿐만 아니라 효력상으로도 특정 규정이 다른 규정의 효력을 부인할 수 있는 정도의 가치의 우열을 인정할 수 있다.

② 헌법재판소의 결정에 따르면 관습헌법도 성문헌법과 마찬가지로 주권자인 국민의 헌법적 결단의 의사의 표현이며 성문헌법과 동등한 효력을 가진다.

③ 헌법에 헌법 제37조 제2항과 같은 일반적 법률유보조항을 두는 것은 헌법의 최고 규범성을 약화시킬 수 있다.

④ 현대 민주국가의 헌법은 일반적으로 국가긴급권의 발동의 조건, 내용 그리고 그 한계 등에 관하여 상세히 규정함으로써 그 오용과 남용의 소지를 줄이고 있다.

⑤ 헌법은 그 조문 등이 갖는 구조적 특성으로 인하여 하위의 법규범에 비해 해석에 의한 보충의 필요성이 큰 편이다.

02 헌법 제8조에 따르면 정당의 목적이나 활동이 민주적 기본질서에 위배될 때에는 정부는 헌법재판소에 그 해산을 제소할 수 있다. 이에 해당하는 헌법상의 원리는?

① 자유민주주의   ② 국민주권의 원리

③ 방어적 민주주의   ④ 사회적 시장경제주의

⑤ 권력 분립의 원리

03 다음 중 행정입법에 대한 설명으로 옳지 않은 것은?(단, 다툼이 있는 경우 판례에 의한다)

① 국회규칙은 법규명령이다.

② 대통령령은 총리령 및 부령보다 우월한 효력을 가진다.

③ 총리령으로 제정된 법인세법 시행규칙에 따른 '소득금액조정합계표 작성요령'은 법령을 보충하는 법규사항으로서 법규명령의 효력을 가진다.

④ '학교장·교사 초빙제 실시'는 행정조직 내부에서만 효력을 가지는 행정상의 운영지침을 정한 것으로서 국민이나 법원을 구속하는 효력이 없는 행정규칙에 해당한다.

⑤ 건강보험심사평가원이 보건복지가족부 고시인 '요양급여비용 심사·지급업무 처리기준'에 근거하여 제정한 심사지침인 '방광내압 및 요누출압 측정 시 검사방법'은 내부적 업무처리 기준으로서 행정규칙에 불과하다.

04 다음 중 기본권에 대한 설명으로 옳지 않은 것은?

① 기본권의 주체에는 미성년자나 정신병자, 수형자 등도 포함된다.
② 성질상 법인이 누릴 수 없는 기본권이 있다.
③ 외국인에게는 자유권적 기본권의 대부분이 제한된다.
④ 외국인에게는 사회적 기본권은 원칙적으로 보장되지 않는다.
⑤ 외국인에게는 내국인과 같이 형사보상청구권이 인정된다.

05 다음 중 국무총리의 지위에 대한 설명으로 옳지 않은 것은?

① 국무회의 의장   ② 국무위원의 임명제청
③ 국무회의 부의장   ④ 대통령의 명을 받아 행정각부 통할
⑤ 국무위원의 해임 건의

06 다음 중 법과 도덕의 차이점에 대한 설명으로 옳지 않은 것은?

① 법은 강제성이 있지만 도덕은 강제성이 없다.
② 법은 타율성을 갖지만 도덕은 자율성을 갖는다.
③ 법은 내면성을 갖지만 도덕은 외면성을 갖는다.
④ 법은 양면성을 갖지만 도덕은 일면성을 갖는다.
⑤ 법은 정의를 실현하지만 도덕은 선을 실현한다.

07 다음 중 철학자와 그가 설명한 법의 목적을 바르게 연결하지 않은 것은?

① 칸트 : 인격의 완성
② 루소 : 국가이익의 추구
③ 예링 : 생활이익의 확보
④ 벤담 : 최대다수의 최대행복
⑤ 플라톤 : 도덕생활의 실현

08 다음 중 신의성실의 원칙에 대한 설명으로 옳은 것은?(단, 다툼이 있는 경우 판례에 의한다)

① 인지청구권의 포기는 허용되지 않지만, 인지청구권에는 실효의 법리가 적용될 수 있다.

② 강행법규를 위반한 약정을 한 사람이 스스로 그 약정의 무효를 주장하는 것은 신의칙상 허용되지 않는다.

③ 신의성실의 원칙에 반한다는 것을 당사자가 주장하지 않더라도 법원은 직권으로 판단할 수 있다.

④ 취득시효완성 후 그 사실을 모르고 권리를 주장하지 않기로 하였다가 후에 시효주장을 하는 것은 특별한 사정이 없는 한 신의칙상 허용된다.

⑤ 임대차계약 당사자가 차임을 증액하지 않기로 약정한 경우, 사정변경의 원칙에 따라 차임을 증액할 수 없다.

09 다음 중 현행 헌법상 정당설립과 활동의 자유에 대한 설명으로 옳지 않은 것은?

① 정당의 설립은 자유이며, 복수정당제는 보장된다.

② 정당은 그 목적, 조직과 활동이 민주적이어야 한다.

③ 정당은 국민의 정치적 의사형성에 참여하는 데 필요한 조직을 가져야 한다.

④ 국가는 법률이 정하는 바에 의하여 정당의 운영에 필요한 자금을 보조할 수 있다.

⑤ 정당의 목적과 활동이 민주적 기본질서에 위배될 때 국회는 헌법재판소에 그 해산을 제소할 수 있다.

10 다음 중 준법률행위적 행정행위에 해당하는 것은?

① 하명 　　　　　　　　② 특허

③ 허가 　　　　　　　　④ 공증

⑤ 면제

11 다음 중 로위(Lowi)의 정책분류와 그 특징을 연결한 내용으로 옳지 않은 것은?

① 구성정책 : 정부기관의 신설과 선거구 조정 등과 같이 정부기구의 구성 및 조정과 관련된 정책이다.

② 구성정책 : 체제 내부를 정비하는 정책으로 대외적 가치 배분에는 큰 영향이 없다.

③ 재분배정책 : 고소득층으로부터 저소득층으로의 소득이전을 목적으로 하기 때문에 계급대립적 성격을 지닌다.

④ 배분정책 : 재화와 서비스를 사회의 특정 부분에 배분하는 정책으로 수혜자와 비용부담자 간 갈등이 발생한다.

⑤ 규제정책 : 특정 개인이나 집단에 대한 선택의 자유를 제한하는 유형의 정책으로 정책불응자에게는 강제력을 행사한다.

12 법무부장관이 외국인 A에게 귀화를 허가한 경우, 선거관리위원장은 귀화 허가가 무효가 아닌 한 귀화 허가에 하자가 있더라도 A가 한국인이 아니라는 이유로 선거권을 거부할 수 없다. 이처럼 법무부장관의 귀화 허가에 구속되는 행정행위의 효력은?

① 공정력   ② 구속력
③ 형식적 존속력   ④ 구성요건적 효력
⑤ 실질적 존속력

13 다음 〈보기〉 중 행정작용에 대한 설명으로 옳지 않은 것을 모두 고르면?

> **보기**
> ㄱ. 하명은 명령적 행정행위이다.
> ㄴ. 인가는 형성적 행정행위이다.
> ㄷ. 공증은 법률행위적 행정행위이다.
> ㄹ. 공법상 계약은 권력적 사실행위이다.

① ㄱ, ㄴ   ② ㄱ, ㄷ
③ ㄱ, ㄹ   ④ ㄴ, ㄹ
⑤ ㄷ, ㄹ

14 다음 〈보기〉 중 비계량적 성격의 직무평가 방법을 모두 고르면?

> **보기**
> ㄱ. 점수법　　　　　　　　　　ㄴ. 서열법
> ㄷ. 요소비교법　　　　　　　　ㄹ. 분류법

① ㄱ, ㄴ　　　　　　　　　　② ㄱ, ㄷ
③ ㄴ, ㄷ　　　　　　　　　　④ ㄴ, ㄹ
⑤ ㄷ, ㄹ

15 다음 정책결정모형 중에서 합리적인 요소와 초합리적인 요소의 조화를 강조하는 모형은?

① 최적 모형(Optimal Model)
② 점증주의(Incrementalism)
③ 혼합탐사 모형(Mixed−Scanning Model)
④ 만족 모형(Satisficing Model)
⑤ 쓰레기통 모형(Garbage Can Model)

16 다음 중 고위공무원단에 대한 설명으로 옳지 않은 것은?

① 일부 개방형 직위는 공직 밖에서도 충원이 가능하다.
② 미국의 고위공무원단 제도에는 엽관주의적 요소가 혼재되어 있다.
③ 우리나라의 고위공무원단 제도는 이명박 정부 시기인 2008년 7월 1일에 도입되었다.
④ 미국의 고위공무원단 제도는 카터 행정부 시기인 1978년에 공무원제도개혁법 개정으로 도입되었다.
⑤ 우리나라에서 고위공무원이 되기 위해서는 고위공무원 후보자과정을 이수해야 하고, 역량평가를 통과해야
　한다.

17 다음 중 행정법의 기본원칙 (가) ~ (라)에 대한 설명으로 옳지 않은 것은?(단, 다툼이 있는 경우 판례에 의한다)

> (가) 어떤 행정목적을 달성하기 위한 수단은 그 목적달성에 유효·적절하고, 가능한 한 최소한의 침해를 가져오는 것이어야 하며 아울러 그 수단의 도입으로 인한 침해가 의도하는 공익을 능가하여서는 아니 된다.
> (나) 행정기관은 행정결정에 있어서 동종의 사안에 대하여 이전에 제3자에게 행한 결정과 동일한 결정을 하도록 스스로 구속당한다.
> (다) 개별국민이 행정기관의 어떤 언동의 정당성 또는 존속성을 신뢰한 경우 그 신뢰가 보호받을 가치가 있는 한 그러한 귀책사유 없는 신뢰는 보호되어야 한다.
> (라) 행정주체가 행정작용을 함에 있어서 상대방에게 이와 실질적인 관련이 없는 의무를 부과하거나 그 이행을 강제하여서는 아니 된다.

① 자동차를 이용하여 범죄행위를 한 경우 범죄의 경중에 상관없이 반드시 운전면허를 취소하도록 한 규정은 (가) 원칙을 위반한 것이다.
② 반복적으로 행하여진 행정처분이 위법한 것일 경우 행정청은 (나) 원칙에 구속되지 않는다.
③ 선행조치의 상대방에 대한 신뢰보호의 이익과 제3자의 이익이 충돌하는 경우에는 (다) 원칙이 우선한다.
④ 판례는 (라) 원칙의 적용을 긍정하고 있다.
⑤ 고속국도 관리청이 고속도로 부지와 접도구역에 송유관 매설을 허가하면서 상대방과 체결한 협약에 따라 송유관 시설을 이전하게 될 경우, 그 비용을 상대방에게 부담하도록 한 부관은 (라) 원칙에 반하지 않는다.

18 다음 중 우리나라의 지방자치제도에 대한 설명으로 옳지 않은 것은?

① 지방자치단체는 법령의 범위 안에서 자치에 관한 규정을 제정할 수 있다.
② 우리나라 지방자치단체의 구성은 기관통합형이 아닌 기관대립형을 택하고 있다.
③ 주민의 지방정부에 대한 참정권은 법률에 의해 제한되며 지방정부의 과세권 역시 법률로 제한된다.
④ 지방세무서, 지방노동청, 지방산림청 등의 특별지방행정기관은 중앙부처에서 설치한 일선 집행기관으로서 고유의 법인격은 물론 자치권도 가지고 있지 않다.
⑤ 기관위임사무는 지방자치단체장이 국가사무를 위임받아 수행하는 것이며 소요 경비는 지방의회의 심의를 거쳐 지방정부 예산으로 부담한다.

19 다음 중 행정행위의 부관에 대한 설명으로 옳지 않은 것은?(단, 다툼이 있는 경우 판례에 의한다)

① 부관이란 행정행위의 효과를 제한하기 위하여 주된 의사표시에 부가된 종된 의사표시를 말한다.
② 정지조건부 행정행위는 조건의 성취 없어도 행정효력이 발생한다.
③ 부담은 의무불이행 시 독립하여 강제집행대상의 대상이 된다.
④ 부담부 행정행위는 처음부터 행정행위의 효력이 발생한다.
⑤ 기한은 행정행위의 효과의 발생 또는 소멸을 장래 도래할 것이 확실한 사실에 의존시키는 부관을 말한다.

20 다음 중 미래예측기법에 대한 설명으로 옳지 않은 것은?

① 비용·편익분석은 정책의 능률성 내지 경제성에 초점을 맞춘 정책분석의 접근방법이다.
② 판단적 미래예측에서는 경험적 자료나 이론이 중심적인 역할을 한다.
③ 추세연장적 미래예측기법들 중 하나인 검은줄 기법(Black Thread Technique)은 시계열적 변동의 굴곡을 직선으로 표시하는 기법이다.
④ 교차영향분석은 연관사건의 발생여부에 따라 대상사건이 발생할 가능성에 관한 주관적 판단을 구하고 그 관계를 분석하는 기법이다.
⑤ 이론적 미래예측은 인과관계 분석이라고도 하며 선형계획, 투입·산출분석, 회귀분석 등을 예로 들 수 있다.

21 다음 글의 특징이 나타나는 정부팽창에 대한 이론으로 옳은 것은?

- 부하배증의 법칙이다.
- 업무배증의 법칙이다.
- 동료보다는 부하의 충원을 원한다.
- 부하충원으로 본질적 업무 외 보고, 승인 등 파생적 업무가 증가한다.
- 공무원 수가 실제 행정의 업무량과 직접적 관계없이 증가하는 현상이다.

---

① 보몰의 효과(Baumol's Effect)   ② 파킨슨의 법칙(Parkinson's Law)
③ 와그너의 법칙(Wagner's Law)   ④ 전위효과(Displacement Effect)
⑤ 합리적 무지(Rational Ignorance)

22 다음 중 점증주의의 특징에 대한 설명으로 옳지 않은 것은?

① 인간의 인식능력의 한계를 인정하는 모형이다.

② 정치적 실현가능성을 고려할 경우 현실적으로 가장 합리적인 모형이다.

③ 정책결정 상황을 연역적으로 설명하는 것이 아닌 귀납적으로 분석한다.

④ 목표를 고정된 것으로 전제하지 않고, 수단에 의해 목표가 수정될 수 있음을 긍정하는 모형이다.　・

⑤ 사회적 체계가 잡히지 않은 일원화된 후진국에서 적용이 용이하다.

23 다음 중 공공선택론에 대한 설명으로 옳지 않은 것은?

① 정부를 공공재의 생산자로 규정하며, 시민들을 공공재의 소비자로 규정한다.

② 자유시장의 논리를 공공부문에 도입함으로써 시장실패라는 한계를 안고 있다.

③ 개인의 기득권을 계속 유지하려는 보수적인 접근이라는 비판이 있다.

④ 뷰캐넌(J. Buchanan)이 창시하고 오스트롬(V. Ostrom)이 발전시킨 이론으로 정치학적인 분석도구를 중시한다.

⑤ 시민 개개인의 선호와 선택을 존중하며 경쟁을 통해 서비스를 생산하고 공급함으로써 행정의 대응성이 높아진다.

24 다음 중 연구조사방법론에서 사용하는 타당성에 대한 설명으로 옳지 않은 것은?

① 내적 타당성은 측정도구를 구성하는 측정지표 간의 일관성이다.

② 구성 타당성은 연구에서 이용된 이론적 구성개념과 이를 측정하는 측정수단 간에 일치하는 정도를 의미한다.

③ 기준 타당성은 하나의 측정도구를 이용하여 측정한 결과와 다른 기준을 적용하여 측정한 결과를 비교했을 때 도출된 연관성의 정도이다.

④ 수렴적 타당성은 동일한 개념을 다른 측정 방법으로 측정했을 때 측정된 값 간의 상관관계를 의미한다.

⑤ 차별적 타당성은 서로 다른 이론적 구성개념을 나타내는 측정지표 간의 관계를 의미하며, 서로 다른 구성개념을 측정하는 지표 간의 상관관계가 낮을수록 차별적 타당성이 높다.

25 다음 〈보기〉 중 직위분류제에 대한 설명으로 옳은 것은 모두 몇 개인가?

> **보기**
> ㉠ 직렬이란 직무 종류가 상이하나 난이도와 책임도가 같은 직급의 군을 의미한다.
> ㉡ 직위분류제는 개방형 충원체제이다.
> ㉢ 직위분류제는 신분보장이 약하다.
> ㉣ 직위분류제를 실시하기 위해서는 직무명세서가 가장 먼저 작성되어야 한다.
> ㉤ 직위분류제는 동일직무 · 동일보수를 지급한다.

① 1개　　　　　　　　　　② 2개
③ 3개　　　　　　　　　　④ 4개
⑤ 5개

26 다음 중 행정가치에 대한 설명으로 옳은 것은?

① 공익의 실체설에서는 공익을 현실의 실체로 존재하는 사익들의 총합으로 이해한다.
② 가외성의 장치로는 법원의 3심제도, 권력분립, 만장일치, 계층제 등이 있다.
③ 수익자부담 원칙은 수평적 형평성, 대표관료제는 수직적 형평성과 각각 관계가 깊다.
④ 장애인들에게 특별한 세금감면 혜택을 부여하는 것은 모든 국민이 동등한 서비스를 제공받아야 한다는 사회적 형평성에 어긋나는 제도이다.
⑤ 행정의 민주성이란 정부가 국민의사를 존중하고 수렴하는 책임행정의 구현을 의미하며 행정조직 내부 관리 및 운영과는 관계없는 개념이다.

27 다음 중 행정상 강제집행에 대한 설명으로 옳지 않은 것은?(단, 다툼이 있는 경우 판례에 의한다)

① 관계 법령상 행정대집행의 절차가 인정되어 행정청이 행정대집행의 방법으로 건물 철거 등 대체적 작위의무의 이행을 실현할 수 있는 경우에는 따로 민사소송의 방법으로 그 의무의 이행을 구할 수 없다.
② 건축법에 위반된 건축물의 철거를 명하였으나 불응하자 이행강제금을 부과 · 징수한 후, 이후에도 철거를 하지 않자 다시 행정대집행계고처분을 한 경우 그 계고처분은 유효하다.
③ 한국자산공사의 공매통지는 공매의 요건이 아니라 공매사실 자체를 체납자에게 알려주는 데 불과한 것으로서 행정처분에 해당한다고 할 수 없다.
④ 건축법상 이행강제금은 의무자에게 심리적 압박을 주어 시정명령에 따른 의무이행을 간접적으로 강제하는 강제집행수단이 아니라 시정명령의 불이행이라는 과거의 위반행위에 대한 금전적 제재에 해당한다.
⑤ 위법건축물에 대한 철거명령 및 계고처분에 불응하여 제2차, 제3차로 계고처분을 한 경우에 제2차, 제3차의 후행 계고처분은 행정처분에 해당하지 아니한다.

28 다음 중 행정주체가 아닌 것은?

① 한국은행　　　　　　　　　　　② 서울특별시
③ 대한민국　　　　　　　　　　　④ 경찰청장
⑤ 산림조합

29 다음 중 헨리(N. Henry)의 정책결정모형 유형론에 대한 설명으로 옳은 것은?

① 점증주의적 패러다임은 지식·정보의 완전성과 미래예측의 확실성을 전제한다.
② 체제모형, 제도모형, 집단모형은 합리주의적 패러다임의 범주에 포함되는 정책결정모형의 예이다.
③ 신제도모형은 정책유형과 조직 내외의 상황적 조건을 결부시켜 정부개입의 성격을 규명하려 한다.
④ 기술평가·예측모형은 전략적 계획 패러다임의 범주에 포함된다.
⑤ 합리주의적 패러다임은 정책결정을 전략적 계획의 틀에 맞추어 이해한다.

30 다음 중 조직의 상황적 요인과 구조적 특성의 관계에 대한 설명으로 옳은 것은?

① 조직의 규모가 커짐에 따라 복잡성이 감소할 것이다.
② 환경의 불확실성이 높아질수록 조직의 공식화 수준은 높아질 것이다.
③ 조직의 규모가 커짐에 따라 조직의 공식화 수준은 낮아질 것이다.
④ 일상적 기술일수록 분화의 필요성이 높아져서 조직의 복잡성이 높아질 것이다.
⑤ 조직의 규모가 커짐에 따라 조직의 분권화가 촉진될 것이다.

31 다음 중 법의 적용에 대한 설명으로 옳지 않은 것은?

① 법을 적용하기 위한 사실의 확정은 증거에 의한다.
② 확정의 대상인 사실이란 자연적으로 인식한 현상 자체를 말한다.
③ 사실의 추정은 확정되지 못한 사실을 그대로 가정하여 법률효과를 발생시키는 것이다.
④ 간주는 법이 의제한 효과를 반증에 의해 번복할 수 없다.
⑤ 입증책임은 그 사실의 존부를 주장하는 자가 부담한다.

32 다음 중 국가재정법상 예산제도에 대한 설명으로 옳은 것을 〈보기〉에서 모두 고르면?

> **보기**
> ㄱ. 기획재정부장관은 국가회계법에서 정하는 바에 따라 회계연도마다 작성하여 대통령의 승인을 받은 국가결산보고서를 다음 연도 4월 10일까지 감사원에 제출하여야 한다.
> ㄴ. 차관물자대(借款物資貸)의 경우 전년도 인출 예정분의 부득이한 이월 또는 환율 및 금리의 변동으로 인하여 세입이 그 세입예산을 초과하게 되는 때에는 그 세출예산을 초과하여 지출할 수 없다.
> ㄷ. 정부는 예산이 여성과 남성에게 미칠 영향을 미리 분석한 보고서를 작성하여야 한다.
> ㄹ. 각 중앙관서의 장은 예산 요구서를 제출할 때에 다음 연도 예산의 성과계획서 및 전년도 예산의 성과보고서를 기획재정부장관에게 함께 제출하여야 한다.

① ㄱ, ㄴ
② ㄱ, ㄹ
③ ㄱ, ㄴ, ㄷ
④ ㄱ, ㄷ, ㄹ
④ ㄴ, ㄷ, ㄹ

33 다음 중 관료제의 병리와 역기능에 대한 설명으로 옳지 않은 것은?

① 굴드너(W. Gouldner)는 관료들의 무사안일주의적 병리현상을 지적한다.
② 관료들은 상관의 권위에 무조건적으로 의존하는 경향이 있다.
③ 관료들은 보수적이며 변화와 혁신에 저항하는 경향이 있다.
④ 파킨슨의 법칙은 업무량과는 상관없이 기구와 인력을 팽창시키려는 역기능을 의미한다.
⑤ 셀즈닉(P. Selznik)에 따르면 최고관리자의 관료에 대한 지나친 통제가 조직의 경직성을 초래하여 관료제의 병리현상이 나타난다.

34 다음 중 행정청이 건물의 철거 등 대체적 작위의무의 이행과 관련하여 의무자가 행할 작위를 스스로 행하거나 또는 제3자로 하여금 이를 행하게 하고, 그 비용을 의무자로부터 징수하는 행정상의 강제집행 수단은?

① 행정대집행
② 행정벌
③ 직접강제
④ 행정상 즉시강제
⑤ 행정조사

35 다음 중 손해배상과 손실보상의 가장 본질적인 구별기준은?

① 침해의 위법·적법성 여부　　　　② 고의·과실
③ 공무원 직무행위　　　　　　　　④ 손해액수
⑤ 손해범위

36 다음 중 근무성적평정제도에서 다면평가제도의 장점으로 옳지 않은 것은?

① 직무수행 동기 유발　　　　　　② 원활한 커뮤니케이션
③ 자기역량 강화　　　　　　　　　④ 미래 행동에 대한 잠재력 측정
⑤ 평가의 수용성 확보 가능

37 다음은 비용편익분석의 기법에 대한 내용이다. 빈칸 ㉠, ㉡에 들어갈 내용으로 옳은 것은?

> - ＿＿＿㉠＿＿＿이란 당초 투자에 소요되는 지출액의 현재가치가 그 투자로부터 기대되는 현금수입액의 현재가치와 동일하게 되는 할인율이다.
> - ＿＿＿㉡＿＿＿이란 편익과 비용을 할인율에 따라 현재가치로 환산하고, 그 결과인 편익의 현재가치에서 비용의 현재가치를 감한 것이다.

	㉠	㉡
①	자본회수기간법	순현재가치법
②	내부수익률법	자본회수기간법
③	순현재가치법	자본회수기간법
④	내부수익률법	순현재가치법
⑤	자본회수기간법	내부수익률법

38 다음 중 조직이론에 대한 설명으로 옳지 않은 것은?

① 상황이론은 유일한 최선의 대안이 존재한다는 것을 부정한다.

② 조직군생태론은 횡단적 조직분석을 통하여 조직의 동형화(Isomorphism)를 주로 연구한다.

③ 거래비용이론의 조직가설에 따르면, 정보의 비대칭성과 기회주의에 의한 거래비용의 증가 때문에 계층제가 필요하다.

④ 자원의존이론은 조직이 주도적·능동적으로 환경에 대처하며 그 환경을 조직에 유리하도록 관리하려는 존재로 본다.

⑤ 전략적 선택이론은 조직구조의 변화가 외부환경 변수보다는 조직 내 정책결정자의 상황 판단과 전략에 의해 결정된다고 본다.

39 다음 중 법의 적용 및 해석에 대한 설명으로 옳은 것은?

① 문리해석은 유권해석의 한 유형이다.

② 법률 용어로 사용되는 선의·악의는 어떤 사실에 대해 모르는 것과 아는 것을 의미한다.

③ 추정이란 나중에 반증이 나타나도 이미 발생된 효과를 뒤집을 수 없는 것을 말한다.

④ 간주란 법이 사실의 존재·부존재를 법정책적으로 확정하되, 반대사실의 입증이 있으면 번복되는 것이다.

⑤ 유사한 두 가지 사항 중 하나에 대해 규정이 있으면 명문규정이 없는 다른 쪽에 대해서도 같은 취지의 규정이 있는 것으로 해석하는 것을 준용이라 한다.

40 다음 〈보기〉 중 분배정책과 재분배정책에 대한 설명으로 옳은 것을 모두 고르면?

> **보기**
> ㄱ. 분배정책에서는 로그롤링(Log Rolling)이나 포크배럴(Pork Barrel)과 같은 정치적 현상이 나타나기도 한다.
> ㄴ. 분배정책은 사회계급적인 접근을 기반으로 이루어지기 때문에 규제정책보다 갈등이 더 가시적이다.
> ㄷ. 재분배정책에는 누진소득세, 임대주택 건설사업 등이 포함된다.
> ㄹ. 재분배정책에서는 자원배분에 있어서 이해당사자들 간의 연합이 분배정책보다 안정적으로 이루어진다.

① ㄱ, ㄴ   ② ㄱ, ㄷ

③ ㄱ, ㄹ   ④ ㄴ, ㄷ

⑤ ㄷ, ㄹ

| 03 | 토목(일반)

01 어떤 도로의 시간당 교통량이 V_H일 때 첨두시간 교통류율(V_P)의 값은?(단, 첨두시간계수는 PHF이며, 기타 다른 요인에 의한 영향은 없다고 가정한다)

① $V_P = PHF \times V_H$

② $V_P = \dfrac{V_H}{PHF}$

③ $V_P = (V_H)^{PHF}$

④ $V_P = (V_H)^{-PHF}$

⑤ $V_P = (V_H)^{-\frac{PHF}{10}}$

02 다음 중 폭(b_w)이 400mm, 유효깊이(d)가 500mm인 단철근 직사각형보 단면에서, 강도설계법에 의한 균형철근량은 약 얼마인가?(단, $f_{ck} = 35\text{MPa}$, $f_y = 400\text{MPa}$이다)

① $6,135\text{mm}^2$

② $6,623\text{mm}^2$

③ $7,149\text{mm}^2$

④ $7,841\text{mm}^2$

⑤ $8,243\text{mm}^2$

03 다음 중 연속 휨 부재에 대한 해석에서 현행 콘크리트구조기준에 따라 부모멘트를 증가 또는 감소시키면서 재분배할 수 있는 경우는?

① 근사해법에 의해 휨 모멘트를 계산한 경우
② 하중을 적용하여 탄성이론에 의하여 산정한 경우
③ 2방향 슬래브 시스템의 직접설계법을 적용하여 계산한 경우
④ 2방향 슬래브 시스템을 등가골조법으로 해석한 경우
⑤ 경간 내 단면에 대해 수정된 부모멘트를 사용하지 않은 경우

04 다음 중 플레이트 보(Plate Girder)의 경제적인 높이는 어느 것에 의해 구해지는가?

① 전단력
② 지압력
③ 휨모멘트
④ 비틀림모멘트
⑤ 구속압력

05 다음 중 경간이 12m인 대칭 T형보에서 양쪽슬래브의 중심간격이 2,200mm, 플랜지의 두께 $t_f = 150$mm, 플랜지가 있는 부재의 복부 폭 $b_w = 500$mm일 때, 플랜지의 유효폭은 얼마인가?

① 2,100mm
② 2,200mm
③ 2,300mm
④ 2,400mm
⑤ 2,500mm

06 다음 중 단철근 직사각형 보에서 부재축에 직각인 전단보강철근이 부담해야 할 전단력 $V_s = 250$kN일 때, 전단보강철근의 간격(s)은 최대 얼마 이하인가?(단, $A_v = 158$mm^2, $f_{yt} = 400$MPa, $f_{ck} = 28$MPa, $b_w = 300$mm, $d = 450$mm이다)

① 200mm
② 205mm
③ 225mm
④ 240mm
⑤ 255mm

07 다음 중 도로의 아스팔트 포장에 대한 설명으로 옳지 않은 것은?

① 무거운 하중에 대한 내구성이 강하다.
② 수명이 콘크리트 포장에 비해 짧다.
③ 구조물이 많은 교량에 적용 가능하다.
④ 시공 초기에는 콘크리트 포장에 비해 마찰계수가 낮다.
⑤ 시공 기간이 콘크리트 포장에 비해 짧다.

08 한 방향 슬래브는 휨균열을 제어하기 위해 휨철근의 배치에 대한 규정으로 콘크리트 인장연단에 가장 가까이 배치되는 휨철근의 중심간격을 제한하고 있다. 철근의 항복강도가 500MPa이고 피복두께가 40mm로 설계된 휨철근의 중심간격(s)은 얼마 이하여야 하는가?

① 300mm
② 315mm
③ 330mm
④ 345mm
⑤ 360mm

09 다음 중 콘크리트의 설계기준강도가 38MPa인 경우 콘크리트의 탄성계수(E_c)는?(단, 보통골재를 사용한다)

① 2.6452×10^4 MPa   ② 2.7104×10^4 MPa

③ 2.9546×10^4 MPa   ④ 3.0952×10^4 MPa

⑤ 3.1856×10^4 MPa

10 다음 중 길이가 7m인 양단 연속보에서 처짐을 계산하지 않는 경우 보의 최소두께로 옳은 것은?(단, $f_{ck}=$ 28MPa, $f_y=400$MPa이다)

① 약 275mm   ② 약 334mm

③ 약 379mm   ④ 약 438mm

⑤ 약 452mm

11 다음 프리스트레스의 손실을 초래하는 원인 중 프리텐션 방식보다 포스트텐션 방식에서 크게 나타나는 것은?

① 콘크리트의 탄성수축   ② 강재와 시스의 마찰

③ 콘크리트의 크리프   ④ 콘크리트의 건조수축

⑤ 콘크리트의 수화반응

12 다음 중 자연 상태의 모래지반을 다져 간극비가 $e_{\min}$에 이르도록 했을 때, 이 지반의 상대밀도는?

① 0%   ② 50%

③ 75%   ④ 100%

⑤ 125%

13 직사각형 보에서 전단철근이 부담해야 할 전단력 $V_s = 400$KN일 때 전단철근의 간격(s)은?(단, 수직스트럽의 단면적 $A_v = 750$mm^2, $b_w = 300$mm, $d = 500$mm, $f_{ck} = 21$MPa, $f_{yt} = 400$MPa, 보통중량 콘크리트이다)

① 180mm

② 220mm

③ 250mm

④ 375mm

⑤ 600mm

14 다음 중 설계기준압축강도(f_{ck})가 25MPa이고, 쪼갬인장강도(f_{sp})가 2.4MPa인 경량골재콘크리트에 적용하는 경량콘크리트계수(λ)는?

① 약 0.857

② 약 0.867

③ 약 0.878

④ 약 0.881

⑤ 약 0.893

15 다음 중 단순지지된 2방향 슬래브에 등분포하중 w가 작용할 때, AB방향에 분배되는 하중은 얼마인가?

① 0.958w

② 0.941w

③ 0.932w

④ 0.912w

⑤ 0.893w

16 다음은 다차로도로에 대한 정의이다. 빈칸에 들어갈 숫자로 옳은 것은?

다차로도로는 고속도로와 함께 지역간 간선도로 기능을 담당하는 양방향 ____차로 이상의 도로로서, 고속도로와 도시 및 교외 간선도로의 도로 및 교통 특성을 함께 갖고 있으며, 확장 또는 신설된 일반국도가 주로 이에 해당된다.

① 2

② 4

③ 6

④ 8

⑤ 10

17 다음 중 자유속도가 90km/h인 어느 도로의 혼잡밀도가 180대/km이고 현재 밀도가 100대/km일 때, 추정 가능한 현재 교통 흐름 속도는?(단, Greenshields 모형으로 추정한다)

① 40km/h ② 50km/h
③ 60km/h ④ 70km/h
⑤ 80km/h

18 다음 중 Terzaghi의 1차원 압밀 이론의 가정조건으로 옳지 않은 것은?

① 흙은 균질하고 완전하게 포화되어 있다.
② 토립자와 물은 비압축성이다.
③ 다르시의 법칙이 타당하게 사용된다.
④ 압밀 진행 중인 흙의 성질은 변할 수 있다.
⑤ 압력과 간극비 사이에는 직선적인 관계가 성립된다.

19 어떤 점토층을 깊이가 9m까지 연직 절토하였다. 이 점토층의 일축압축강도가 1.35kg/cm^2이고, 흙의 단위 중량이 1.6t/m^3라고 한다면 파괴에 대한 안전율은?(단, 내부마찰각은 $30°$이다)

① 1.755 ② 1.875
③ 1.955 ④ 2.050
⑤ 2.500

20 다음 중 간이포장도로에서 노면 배수를 위한 횡단경사로 옳은 것은?

① 1 ~ 3% ② 2 ~ 4%
③ 3 ~ 5% ④ 4 ~ 6%
⑤ 5 ~ 7%

21 다음 중 교통·통신 등 첨단기술을 도로·차량 등 교통체계의 구성 요소에 적용하여 실시간 교통정보를 수집 및 관리·제공해 교통시설의 이용 극대화, 교통안전 제고, 친환경적 교통체계를 구현하는 시스템은?

① FOV
② ITS
③ AVI
④ TG
⑤ VMS

22 다음 그림과 같은 정정 라멘에 등분포하중 w가 작용 시 최대 휨모멘트는?

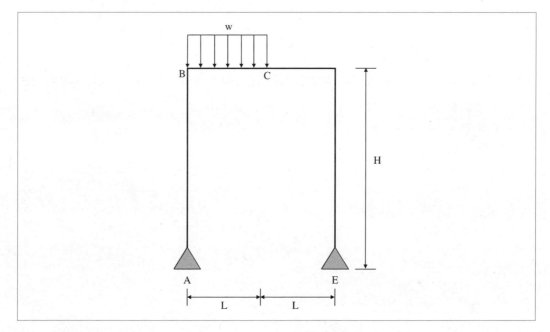

① 약 $0.077wL^2$
② 약 $0.186wL^2$
③ 약 $0.219wL^2$
④ 약 $0.250wL^2$
⑤ 약 $0.281wL^2$

23 다음 중 단면이 150mm×350mm인 장주의 길이가 5m일 때의 좌굴하중은?(단, 기둥의 지지상태는 일단고정 일단힌지이고, $E = 20,000$MPa이다)

① 약 759.376kN
② 약 820.335kN
③ 약 842.155kN
④ 약 863.590kN
⑤ 약 885.905kN

24 다음 중 길이가 10m의 철근을 300MPa의 인장응력으로 인장하였더니 그 길이가 15mm만큼 늘어났다. 이 철근의 탄성계수는?

① $2.0 \times 10^5 \, \text{MPa}$　　　　　　② $2.1 \times 10^5 \, \text{MPa}$

③ $2.2 \times 10^5 \, \text{MPa}$　　　　　　④ $2.3 \times 10^5 \, \text{MPa}$

⑤ $2.4 \times 10^5 \, \text{MPa}$

25 다음 중 250mm×400mm인 직사각형 단면을 가진 길이가 8m인 양단힌지 기둥의 세장비(λ)는?

① 약 54.9　　　　　　② 약 69.3

③ 약 75.1　　　　　　④ 약 92.7

⑤ 약 115.5

26 다음 그림에서 중앙점의 휨모멘트는?

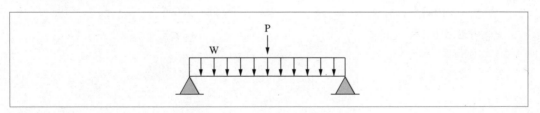

① $\dfrac{PL}{4} - \dfrac{wL^3}{8}$　　　　　　② $\dfrac{2PL}{3} + \dfrac{wL}{8}$

③ $\dfrac{PL}{4} + \dfrac{wL^2}{8}$　　　　　　④ $\dfrac{PL}{8} + \dfrac{wL}{4}$

⑤ $\dfrac{PL}{4} - \dfrac{wL^2}{8}$

27 다음 중 단면이 250mm×300mm, 경간이 4m인 단순보의 중앙에 집중하중 25.0kN이 작용할 때 최대 휨응력은?(단, 소수점 둘째 자리에서 반올림한다)

① 3.4MPa
② 4.1MPa
③ 5.8MPa
④ 6.7MPa
⑤ 8.1MP

28 다음 그림과 같은 구조물의 중앙 C점에서 휨모멘트가 0이 되기 위한 $\dfrac{a}{l}$ 의 비는?(단, $P = 2wl$ 이다)

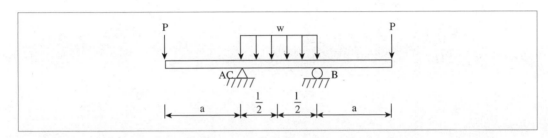

① $\dfrac{1}{4}$
② $\dfrac{1}{6}$
③ $\dfrac{1}{8}$
④ $\dfrac{1}{16}$
⑤ $\dfrac{1}{24}$

29 다음 중 도로 용량에 대한 정의로 옳은 것은?

① 주어진 도로 조건에서 10분 동안 최대로 통과할 수 있는 승용차 교통량을 1일 단위로 환산한 값이다.
② 주어진 도로 조건에서 10분 동안 최대로 통과할 수 있는 승용차 교통량을 1시간 단위로 환산한 값이다.
③ 주어진 도로 조건에서 15분 동안 최대로 통과할 수 있는 승용차 교통량을 1일 단위로 환산한 값이다.
④ 주어진 도로 조건에서 15분 동안 최대로 통과할 수 있는 승용차 교통량을 1시간 단위로 환산한 값이다.
⑤ 주어진 도로 조건에서 30분 동안 최대로 통과할 수 있는 승용차 교통량을 1시간 단위로 환산한 값이다.

30 다음 그림과 같은 부정정보에서 지점 A의 처짐각(θ_A) 및 수직 반력(R_A)은?(단, 휨강성 EI는 일정하다)

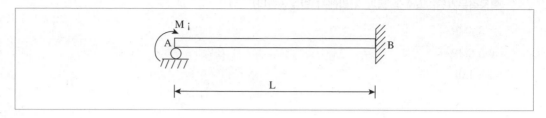

① $\theta_A = \dfrac{M_1 L}{4EI}$ (시계방향), $R_A = \dfrac{M_1}{2L}(\downarrow)$

② $\theta_A = \dfrac{M_1 L}{4EI}$ (시계방향), $R_A = \dfrac{3M_1}{2L}(\downarrow)$

③ $\theta_A = \dfrac{5M_1 L}{12EI}$ (시계방향), $R_A = \dfrac{M_1}{2L}(\downarrow)$

④ $\theta_A = \dfrac{5M_1 L}{12EI}$ (시계방향), $R_A = \dfrac{3M_1}{2L}(\downarrow)$

⑤ $\theta_A = \dfrac{5M_1 L}{12EI}$ (시계방향), $R_A = \dfrac{2M_1}{L}(\downarrow)$

31 단면적이 20cm²이고, 길이가 10cm인 시료를 15cm의 수두차로 정수위 투수시험을 한 결과 2분 동안에 150cm³의 물이 유출되었다. 이 흙의 비중은 2.67이고, 건조중량이 420g이었다. 공극을 통하여 침투하는 실제 침투유속(v_s)은 약 얼마인가?

① 0.018cm/sec   ② 0.296cm/sec

③ 0.437cm/sec   ④ 0.628cm/sec

⑤ 0.813cm/sec

32 축강성이 EA인 다음 강철봉의 C점에서의 수평변위는?(단, EA는 일정하다)

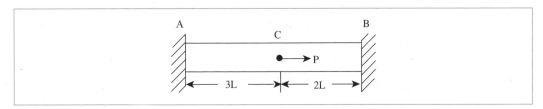

① $\dfrac{4PL}{5EA}$

② $\dfrac{PL}{EA}$

③ $\dfrac{6PL}{5EA}$

④ $\dfrac{7PL}{5EA}$

⑤ $\dfrac{8PL}{5EA}$

33 다음은 '우력'에 대한 글이다. 빈칸에 들어갈 단어를 순서대로 바르게 나열한 것은?

어떤 물체에 크기가 ___㉠___ 방향이 ___㉡___ 2개의 힘이 작용할 때, 작용선이 일치하면 합력이 0이 되고, 작용선이 일치하지 않고 나란하면 합력은 0이 되지만 힘의 효과가 물체에 ___㉢___ 을 일으킨다. 이와 같이 크기가 ___㉠___ 방향이 ___㉡___ 한 쌍의 힘을 우력이라 한다.

	㉠	㉡	㉢
①	같고	반대인	회전운동
②	다르고	반대인	회전운동
③	다르고	같은	평행운동
④	같고	같은	평행운동
⑤	같고	같은	회전운동

34 다음 그림과 같이 방향이 반대인 힘 P와 $3P$가 L간격으로 평행하게 작용하고 있다. 두 힘의 합력의 작용위치인 X는?

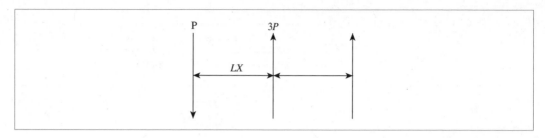

① $\dfrac{1}{3}L$

② $\dfrac{1}{2}L$

③ $\dfrac{2}{3}L$

④ L

⑤ $2L$

35 다음 그림과 같이 철근 콘크리트로 만든 사각형 기둥의 단면 중심축에 $P=120\mathrm{t}f$의 압축 하중이 작용하고 있다. 콘크리트와 철근의 단면적이 각각 $900\mathrm{cm}^2$와 $27\mathrm{cm}^2$일 때, 콘크리트의 응력(σ_c)과 철근의 응력(σ_s)은?[단, 철근과 콘크리트의 탄성계수비$\left(\dfrac{E_s}{E_c}\right)$는 9이고, 소수점은 반올림한다]

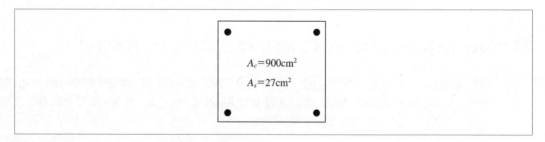

$$A_c=900\mathrm{cm}^2$$
$$A_s=27\mathrm{cm}^2$$

	$\sigma_c[\mathrm{kgf/cm}^2]$	$\sigma_s[\mathrm{kgf/cm}^2]$
①	105	925
②	105	945
③	120	945
④	125	925
⑤	125	945

36 다음 그림과 같은 게르버보에서 A점의 휨모멘트 값은?

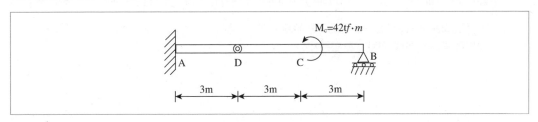

$M_c = 42tf \cdot m$

① -21 ② 21

③ -9 ④ 9

⑤ -3

37 다음 중 길이가 4.0m이고 직사각형 단면을 가진 기둥의 세장비 λ는?(단, 기둥의 단면성질에서 $I_{max} = 2,500cm^4$, $I_{min} = 1,600cm^4$, $A = 100cm^2$이다)

① 50 ② 80

③ 100 ④ 150

⑤ 160

38 다음 그림과 같은 보에서 지점 B의 반력이 4P일 때 하중 3P의 재하위치 x는?

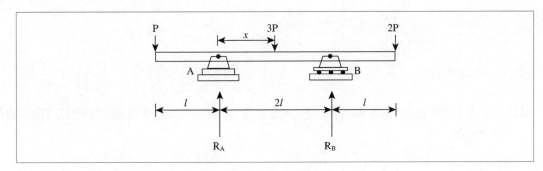

① $x = l$ ② $x = \dfrac{3}{2}l$

③ $x = 2l$ ④ $x = \dfrac{2}{3}l$

⑤ $x = 3l$

39 A점이 회전(Hinge), B점이 이동(Roller) 지지이고 부재의 길이가 L인 단순보에서, A점에서 중앙 C점$\left(\dfrac{L}{2}\right)$ 까지 작용하는 하중이 등분포하중일 때, 부재 길이 L 내에서 전단력이 제로(0)인 점은 A점에서 중앙 쪽으로 얼마만큼 떨어진 곳에 위치하고 있는가?

① $\dfrac{1}{8}L$

② $\dfrac{1}{16}L$

③ $\dfrac{3}{8}L$

④ $\dfrac{3}{16}L$

⑤ $\dfrac{5}{8}L$

40 다음 중 단면이 원형인 보에 휨모멘트 M이 작용할 때, 이 보에 작용하는 최대 휨응력은?(단, 원형의 반지름은 r이다)

① $\dfrac{2M}{\pi r^3}$

② $\dfrac{4M}{\pi r^3}$

③ $\dfrac{8M}{\pi r^3}$

④ $\dfrac{16M}{\pi r^3}$

⑤ $\dfrac{32M}{\pi r^3}$

4일 차
기출응용 모의고사

〈문항 및 시험시간〉

평가영역	문항 수	시험시간	모바일 OMR 답안채점/성적분석 서비스		
행정(경영) 행정(법정) 토목(일반)	각 40문항	50분	행정(경영)	행정(법정)	토목(일반)

4일 차 기출응용 모의고사

문항 수 : 각 40문항
시험시간 : 50분

| 01 | 행정(경영)

01 다음 중 주로 편의품의 경우 많이 사용되는 유통경로 전략은?

① 집약적 유통　　　　　　　　　② 전속적 유통
③ 선택적 유통　　　　　　　　　④ 통합적 유통
⑤ 수직적 유통

02 다음 중 숍 제도에서 기업에 대한 노동조합의 통제력이 높은 순서대로 나열한 것은?

① 오픈 숍 – 클로즈드 숍 – 유니언 숍
② 클로즈드 숍 – 오픈 숍 – 유니언 숍
③ 유니언 숍 – 오픈 숍 – 클로즈드 숍
④ 클로즈드 숍 – 유니언 숍 – 오픈 숍
⑤ 유니언 숍 – 클로즈드 숍 – 오픈 숍

03 다음 설명에 해당하는 조직 구조로 옳은 것은?

• 수평적 분화에 중점을 두고 있다.
• 각자의 전문분야에서 작업능률을 증대시킬 수 있다.
• 생산, 회계, 인사, 영업, 총무 등의 기능을 나누고 각 기능을 담당할 부서단위로 조직된 구조이다.

① 기능 조직　　　　　　　　　② 사업부 조직
③ 매트릭스 조직　　　　　　　④ 수평적 조직
⑤ 네트워크 조직

04 다음 중 제품 – 시장 매트릭스에서 기존시장에 그대로 머물면서 신제품으로 매출을 늘려 시장점유율을 높여 가는 성장전략은?

① 시장침투 전략   ② 신제품개발 전략

③ 시장개발 전략   ④ 다각화 전략

⑤ 신시장 전략

05 다음 중 노사관계에 대한 설명으로 옳지 않은 것은?

① 좁은 의미의 노사관계는 집단적 노사관계를 의미한다.

② 메인터넌스 숍(Maintenance Shop)은 조합원이 아닌 종업원에게도 노동조합비를 징수하는 제도이다.

③ 우리나라 노동조합의 조직형태는 기업별 노조가 대부분이다.

④ 사용자는 노동조합의 파업에 대응하여 직장을 폐쇄할 수 있다.

⑤ 채용 이후 자동적으로 노동조합에 가입하는 제도는 유니온 숍(Union Shop)이다.

06 다음 중 다른 기업에게 수수료를 받는 대신 자사의 기술이나 상품 사양을 제공하고 그 결과로 생산과 판매를 허용하는 것은?

① 아웃소싱(Outsourcing)

② 합작투자(Joint Venture)

③ 라이선싱(Licensing)

④ 턴키프로젝트(Turn – key Project)

⑤ 그린필드투자(Green Field Investment)

07 다음은 2024년 D마트의 해당연도에 사업방향성을 나타낸 기사이다. 빈칸에 들어갈 알맞은 용어는?

D마트는 지난해 학성점(울산), 부평점(인천), 시지점(대구) 그리고 하남과 평택 부지를 매각했다. 그리고 지난달 26일에는 D마트 일산 덕이점을 매각했다. 덕이점은 내년 상반기까지 운영되고 폐점될 예정이다. 이와 같은 _____(으)로 전국 D마트 점포수는 점점 줄어들고 있다. 2023년 147개였던 D마트는 2024년 145개로 줄었다. 부회장은 "올해 추가로 2 ~ 3곳의 오프라인 매장을 정리할 계획"이라고 말한 것을 감안하면 올해 D마트 매장은 143개까지 감소할 전망이다.

이에 대해 국내 유통업계는 2가지 해석을 내놓고 있다. 첫 번째는 e커머스 확장을 앞둔 '비용절감' 차원의 오프라인 매장 정리다. 신세계는 e커머스 사업 확장을 위한 법인 설립과 주식시장 상장 조건으로 해외 투자업체들에게 약 1조 원의 투자금을 유치했다. 1조 원이 적은 돈은 아니지만, 기존 e커머스 전문 업체들과의 경쟁을 고려하면 충분한 수준은 아니라는 것이 업계의 의견이다. 이 때문에 실적이 부진한 오프라인 업체들을 줄여 경영을 효율화한다는 것이다.

---

① 다각화(Diversification)
② 시스템화(System)
③ 전략도메인(Domain)
④ 현지화(Localization)
⑤ 다운사이징(Downsizing)

08 다음 중 인사평가제도에서 상대평가에 해당하는 기법은?

① 평정척도법
② 체크리스트법
③ 중요사건기술법
④ 연공형 승진제도
⑤ 강제할당법

09 다음 중 평가센터법에 대한 설명으로 옳지 않은 것은?

① 한 번에 1명의 피평가자를 다수의 평가자들이 평가한다.
② 피평가자들에게 주어지는 조건들은 가급적 동등하며, 보통 피평가자들의 행동을 주로 평가한다.
③ 평가의 기준이 사전에 정해져 있어, 평가자의 주관적 판단을 감소시킨다.
④ 실용성을 최대화하기 위해 평가자와 피평가자가 모두 사전에 철저한 훈련을 받는다.
⑤ 실제로 담당할 직무와 관련성이 높은 행동들 위주로 평가하기 때문에 예측타당성이 큰 편이다.

10 다음 중 채찍효과의 발생 원인으로 옳지 않은 것은?

① 공급망의 단계별로 이루어지는 수요예측
② 일정기간 예상되는 물량에 대한 일괄주문방식
③ 전자 자료 교환(EDI)의 시행
④ 공급을 초과하는 수요에 따른 구매자 간 힘겨루기
⑤ 판매 촉진 행사 등으로 인한 가격 변동

11 다음 중 투자안의 경제성 평가방법에 대한 설명으로 옳은 것은?

① 회계적이익률법은 화폐의 시간적 가치를 고려한다.
② 회수기간법은 회수기간 이후의 현금흐름을 고려한다.
③ 내부수익률법은 평균이익률법이라고도 한다.
④ 순현재가치법에서는 가치의 가산원리가 적용된다.
⑤ 수익성지수법은 수익성지수가 0보다 커야 경제성이 있다.

12 다음 중 자본집약도가 높은 사업과 가장 거리가 먼 것은?

① 자동차 생산공장   ② 화학비료 생산공장
③ 신소재 생산공장   ④ 반도체 생산공장
⑤ 의류 생산공장

13 다음 중 이자율의 기간구조에 대한 설명으로 옳지 않은 것은?

① 채권금리는 만기가 길수록 금리도 높아지는 우상향의 형태를 취한다.
② 기간에 따라 달라질 수 있는 이자율 사이의 관계를 이자율의 기간구조라고 부른다.
③ 이자율의 기간구조는 흔히 수익률곡선(Yield Curve)으로 나타낸다.
④ 장기이자율이 단기이자율보다 높으면 우하향곡선의 형태를 취한다.
⑤ 장기이자율이 단기이자율과 같다면 수평곡선의 형태를 취한다.

14 다음은 D회사가 2024년 1월 1일 액면발행한 전환사채에 대한 자료이다. 2025년 1월 1일 전환사채 액면금액의 60%에 해당하는 전환사채가 보통주로 전환될 때, 증가하는 주식발행초과금은?[단, 전환사채 발행시점에서 인식한 자본요소(전환권대가) 중 전환된 부분은 주식발행초과금으로 대체하고, 계산금액은 소수점 첫째 자리에서 반올림하며, 단수차이로 인한 오차가 있으면 가장 근사치를 선택한다]

- 액면금액 : ₩100,000
- 2024년 1월 1일 전환권조정 : ₩11,414
- 2024년 12월 31일 전환권조정상각액 : ₩3,087
- 전환가격 : ₩1,000(보통주 주당 액면금액 ₩500)
- 상환할증금 : 만기에 액면금액의 105.348%

① ₩25,853
② ₩28,213
③ ₩28,644
④ ₩31,853
⑤ ₩36,849

15 다음은 2025년 초 설립한 D회사의 법인세에 대한 자료이다. 이를 참고할 때, D회사의 2025년 법인세는 얼마인가?

- 2024년 세무조정사항
  - 감가상각비한도초과액 : 125,000원
  - 접대비한도초과액 : 60,000원
  - 정기예금 미수이자 : 25,000원
- 2024년 법인세비용차감전순이익 : 490,000원
- 연도별 법인세율은 20%로 일정하다.
- 이연법인세자산과 이연법인세부채의 실현가능성은 거의 확실하다.

① 85,000원
② 98,000원
③ 105,000원
④ 110,000원
⑤ 122,000원

16 다음 〈보기〉에서 콥 – 더글라스 생산함수에 대한 설명으로 옳은 것을 모두 고르면?

> **보기**
>
> 가. 동차함수(Homogeneous Function)이다.
> 나. 규모에 대한 수익이 항상 불변이다.
> 다. CES(Constant Elasticity of Substitution)함수의 일종이다.
> 라. 생산요소 간의 대체탄력성이 1이다.

① 가, 나   ② 가, 라
③ 나, 다   ④ 가, 다, 라
⑤ 나, 다, 라

17 다음 중 소비이론에 대한 설명으로 옳지 않은 것은?

① 케인스의 소비함수에 따르면 평균소비성향은 한계소비성향보다 크다.
② 항상소득가설에 따르면 항상소득의 한계소비성향은 일시소득의 한계소비성향보다 작다.
③ 생애주기가설에 따르면 총인구에서 노인층의 비중이 상승하면 국민저축률은 낮아진다.
④ 쿠즈네츠는 장기에는 평균소비성향이 대략 일정하다는 것을 관찰하였다.
⑤ 상대소득가설에 따르면 소득이 감소하여도 소비의 습관성으로 인해 단기적으로 소비는 거의 감소하지 않는다.

18 다음 중 두 상품의 선택모형에서 A소비자의 무차별곡선에 대한 설명으로 옳지 않은 것은?

① 두 상품이 각각 재화(Goods)와 비재화(Bads)인 경우 무차별곡선은 우상향한다.
② 두 상품이 완전대체재인 경우 무차별곡선의 형태는 L자형이다.
③ 서로 다른 두 무차별곡선은 교차하지 않는다.
④ 두 상품이 모두 재화(Goods)인 경우 한계대체율체감의 법칙이 성립하면, 무차별곡선은 원점에 대하여 볼록하다.
⑤ 두 상품이 모두 재화(Goods)인 경우 무차별곡선이 원점으로부터 멀어질수록 무차별곡선이 나타내는 효용수준이 높아진다.

19 다음 중 주가순자산비율(PBR)에 대한 설명으로 옳은 것은?

① 주가를 주당순자산가치(BPS)로 나눈 비율로써 주가와 1주당 순자산가치를 비교한 수치이다.

② 주당순자산가치는 자기자본을 자산으로 나누어 계산한다.

③ 주가순자산비율(PBR)은 재무회계상 주가를 판단하는 기준지표로써 성장성을 보여주는 지표이다.

④ 기업 청산 시 채권자가 배당받을 수 있는 자산의 가치를 의미하며 1을 기준으로 한다.

⑤ 추가순자산비율(PBR)이 1보다 클 경우 순자산보다 주가가 낮게 형성되어 저평가되었다고 판단한다.

20 다음 중 공매도가 미치는 영향으로 옳지 않은 것은?

① 공매도에 따른 채무불이행 리스크가 발생할 수 있다.

② 매도물량이 시장에 공급됨에 따라 시장 유동성이 증대된다.

③ 하락장에서도 수익을 낼 수 있어 수익의 변동성을 조정할 수 있다.

④ 공매도를 통해 기대수익과 기대손실을 자산가격 내에서 운용할 수 있다.

⑤ 주가가 고평가되어 있다고 생각하는 투자자의 의견도 반영할 수 있어 효율성이 증대된다.

21 다음 중 회계상 거래에 해당되지 않는 것은?

① 20억 원 상당의 비업무용 토지를 매입하다.

② 5,000만 원 상당의 기계장치를 기증받다.

③ 100억 원 상당의 매출계약을 체결하다.

④ 1년분 보험료 60만 원을 미리 지급하다.

⑤ 3억 원 상당의 채무를 면제받다.

22 다음 〈보기〉 중 비유동부채에 해당하는 것은 모두 몇 개인가?

보기

ㄱ. 매입채무	ㄴ. 예수금
ㄷ. 미지급금	ㄹ. 장기차입금
ㅁ. 임대보증금	ㅂ. 선수수익
ㅅ. 단기차입금	ㅇ. 선수금
ㅈ. 장기미지급금	ㅊ. 유동성장기부채

① 1개　　　　　　　　　　　　② 3개

③ 5개　　　　　　　　　　　　④ 7개

⑤ 10개

23 인천공항에 막 도착한 A씨는 미국에서 사먹던 빅맥 1개의 가격인 5달러를 원화로 환전한 5,500원을 들고 햄버거 가게로 갔다. 여기서 A씨는 미국과 똑같은 빅맥 1개를 구입하고도 1,100원이 남았다. 다음 중 옳은 것을 〈보기〉에서 모두 고르면?

보기

ㄱ. 한국의 빅맥 가격을 달러로 환산하면 4달러이다.

ㄴ. 구매력 평가설에 의하면 원화의 대미 달러 환율은 1,100원이다.

ㄷ. 빅맥 가격을 기준으로 한 대미 실질환율은 880원이다.

ㄹ. 빅맥 가격을 기준으로 볼 때, 현재의 명목환율은 원화의 구매력을 과소평가하고 있다.

① ㄱ, ㄴ　　　　　　　　　　　② ㄱ, ㄷ

③ ㄱ, ㄹ　　　　　　　　　　　④ ㄴ, ㄷ

⑤ ㄴ, ㄹ

24 다음 중 무형자산의 회계처리에 대한 설명으로 옳은 것은?

① 내용연수가 비한정인 무형자산은 상각한다.

② 제조과정에서 사용된 무형자산의 상각액은 재고자산의 장부금액에 포함하지 않는다.

③ 내용연수가 유한한 경우 상각은 자산을 사용할 수 있는 때부터 시작한다.

④ 최초비용으로 인식한 무형항목에 대한 지출은 그 이후에 무형자산의 원가로 인식할 수 있다.

⑤ 내용연수가 비한정인 무형자산의 내용연수를 유한 내용연수로 변경하는 것은 회계정책의 변경에 해당한다.

25 D회사는 2023년 중 연구개발비를 다음과 같이 지출하였다. D회사는 2024년 말까지 ₩100,000을 추가 지출하고 개발을 완료하였다. 무형자산으로 인식한 개발비(내용연수 10년, 잔존가치 ₩0, 정액법 상각)는 2025년 1월 1일부터 사용이 가능하며, 원가모형을 적용한다. 2024년 말 개발비가 손상징후를 보였으며 회수가능액은 ₩80,000이다. 다음 중 2025년 인식할 개발비 손상차손은?

지출시기	구분	금액	비고
1월 초 ~ 6월 말	연구단계	₩50,000	–
7월 초 ~ 9월 말	개발단계	₩100,000	자산인식요건 미충족함
10월 초 ~ 12월 말	개발단계	₩50,000	자산인식요건 충족함

① ₩50,000
② ₩50,500
③ ₩53,750
④ ₩55,000
⑤ ₩70,000

26 다음은 세 나라의 자연실업률, 실제실업률, 실질GDP를 나타낸 표이다. 〈보기〉 중 옳지 않은 것을 모두 고르면?

구분	자연실업률	실제실업률	실질GDP
갑	12%	10%	1,600조 원
을	6%	6%	1,500조 원
병	10%	12%	800조 원

> **보기**
> ㄱ. 갑국은 확장 갭이 발생하고, 잠재GDP는 1,600조 원보다 크다.
> ㄴ. 을국은 확장 갭이 발생하고, 잠재GDP는 1,300조 원보다 작다.
> ㄷ. 을국은 GDP갭이 발생하지 않고, 잠재GDP는 1,500조 원이다.
> ㄹ. 병국은 침체 갭이 발생하고, 잠재GDP는 800조 원보다 크다.
> ㅁ. 병국은 확장 갭이 발생하고, 잠재GDP는 800조 원보다 작다.

① ㄱ, ㄴ, ㄷ
② ㄱ, ㄴ, ㅁ
③ ㄴ, ㄷ, ㄹ
④ ㄴ, ㄹ, ㅁ
⑤ ㄷ, ㄹ, ㅁ

27 다음은 2024년 설립된 D회사의 재고자산(상품)에 대한 자료이다. D회사의 2024년 재고자산감모손실로 옳은 것은?(단, 재고자산평가손실과 재고자산감모손실은 매출원가에 포함한다)

- 당기매입액 : ₩2,000,000
- 취득원가로 파악한 장부상 기말재고액 : ₩250,000

기말상품	실지재고	단위당 원가	단위당 순실현가능가치
A	800개	₩100	₩120
B	250개	₩180	₩150
C	400개	₩250	₩200

① ₩0   ② ₩9,000

③ ₩25,000   ④ ₩27,500

⑤ ₩52,500

28 D회사는 정상원가계산을 사용하고 있으며, 직접노무시간을 기준으로 제조간접원가를 예정배부하고 있다. D회사의 2024년도 연간 제조간접원가 예산은 ₩600,000이고, 실제 발생한 제조간접원가는 ₩650,000이다. 2024년도 연간 예정조업도는 20,000시간이고, 실제 직접노무시간은 18,000시간이다. D회사는 제조간접원가 배부차이를 전액 매출원가에서 조정하고 있다. 2024년도 제조간접원가 배부차이조정전 매출총이익이 ₩400,000이라면, 포괄손익계산서에 인식할 매출총이익은?

① ₩290,000   ② ₩360,000

③ ₩400,000   ④ ₩450,000

⑤ ₩510,000

29 다음 중 빈칸 ㉠, ㉡에 들어갈 용어를 바르게 연결한 것은?

> • ㉠ 은 상품을 구입할 때마다 상품계정에 기록하며, 상품을 판매하는 경우에 판매시점마다 매출액만큼을 수익으로 기록하고, 동시에 상품원가를 매출원가로 기록하는 방법이다.
> • ㉡ 은 기말실사를 통해 기말재고수량을 파악하고, 판매가능수량[(기초재고수량)+(당기매입수량)]에서 실사를 통해 파악된 기말재고수량을 차감하여 매출수량을 결정하는 방법이다.

	㉠	㉡
①	기초재고조사법	기말재고조사법
②	계속기록법	기말재고조사법
③	계속기록법	실지재고조사법
④	기초재고조사법	실지재고조사법
⑤	기말재고조사법	실지재고조사법

30 기업의 재무제표는 재무상태표, 포괄손익계산서, 자본변동표, 현금흐름표, 그리고 주석으로 구성된다. 다음 중 현금흐름표에 대한 설명으로 옳지 않은 것은?

① 현금흐름표는 한 회계기간 동안의 현금흐름을 영업활동과 투자활동으로 나누어 보고한다.
② 재화의 판매와 관련한 현금 유입은 영업활동 현금흐름에 해당한다.
③ 유형자산의 취득과 관련한 현금 유출은 투자활동 현금흐름에 해당한다.
④ 영업활동 현금흐름을 표시하는 방식에는 직접법과 간접법 모두 인정된다.
⑤ 직접법은 현금유출입액에 대하여 각각의 원천별로 표시하므로 정보이용자의 이해가능성이 높다.

31 다음 중 최고가격제와 최저가격제에 대한 설명으로 옳은 것은?

① 최고가격을 균형가격 이하로 책정하면 상품의 배분이 비효율적으로 이루어진다.
② 최고가격을 균형가격보다 낮게 책정하면 시장수급에는 아무런 영향을 미치지 못한다.
③ 최저임금제는 미숙련노동자의 취업을 용이하게 만든다.
④ 최저임금제는 시장 균형 임금보다 낮은 수준에서 책정되므로 비자발적 실업이 발생한다.
⑤ 최저임금제를 실시하여 총노동소득이 감소하였다면 이는 노동의 수요곡선이 비탄력적이기 때문이다.

32 다음 중 독점적 경쟁시장의 장기균형에 대한 설명으로 옳지 않은 것은?(단, P는 가격, SAC는 단기평균비용, LAC는 장기평균비용, SMC는 단기한계비용을 의미한다)

① $P=SAC$가 성립한다.

② $P=LAC$가 성립한다.

③ $P=SMC$가 성립한다.

④ 균형생산량은 SAC가 최소화되는 수준보다 작다.

⑤ 기업의 장기 초과이윤은 0이다.

33 다음 중 공공재의 특성에 대한 설명으로 옳은 것은?

① 한 사람의 소비가 다른 사람의 소비를 감소시킨다.

② 소비에 있어서 경합성 및 배제성의 원리가 작용한다.

③ 무임승차의 문제로 과소 생산의 가능성이 있다.

④ 공공재는 민간이 생산, 공급할 수 없다.

⑤ 시장에 맡기면 사회적으로 적절한 수준보다 과대공급될 우려가 있다.

34 다음 〈보기〉 중 국내총생산(GDP) 통계에 대한 설명으로 옳은 것을 모두 고르면?

> **보기**
>
> 가. 여가가 주는 만족은 삶의 질에 매우 중요한 영향을 미치므로 GDP에 반영된다.
> 나. 환경오염으로 파괴된 자연을 치유하기 위해 소요된 지출은 GDP에 포함된다.
> 다. 우리나라의 지하경제 규모는 엄청나므로 한국은행은 이것을 포함하여 GDP를 측정한다.
> 라. 가정주부의 가사노동은 GDP에 불포함되지만 가사도우미의 가사노동은 GDP에 포함된다.

① 가, 다
② 가, 라
③ 나, 다
④ 나, 라
⑤ 다, 라

35 다음 글에서 설명하는 정책에 대한 내용으로 옳지 않은 것은?

> 중앙은행의 정책으로 금리 인하를 통한 경기부양 효과가 한계에 다다랐을 때 중앙은행이 국채매입 등을 통해 유동성을 시중에 직접 푸는 정책을 뜻한다.

① 경기후퇴를 막음으로써 시장의 자신감을 향상시킨다.
② 디플레이션을 초래할 수 있다.
③ 수출 증대의 효과가 있다.
④ 유동성을 무제한으로 공급하는 것이다.
⑤ 중앙은행은 이율을 낮추지 않고 돈의 흐름을 늘릴 수 있다.

36 다음 중 고전학파의 이자율에 대한 내용으로 옳은 것은?

① 피셔효과로 인해 화폐의 중립성이 성립된다.
② IS-LM 곡선에 의해 균형이자율이 결정된다.
③ 유동성선호가 이자율 결정에 중요한 역할을 한다.
④ 화폐부문과 실물부문의 연결고리 역할을 한다.
⑤ 화폐시장에서 화폐에 대한 수요와 화폐의 공급에 의해 결정된다.

37 D기업의 사적 생산비용은 $TC=2Q^2+20Q$이다. D기업은 제품 생산과정에서 공해물질을 배출하고 있으며, 공해물질 배출에 따른 외부불경제를 비용으로 추산하면 추가로 $10Q$의 사회적 비용이 발생한다. 이 제품에 대한 시장수요가 $Q=60-P$일 때 사회적 최적생산량은 얼마인가?(단, Q는 생산량, P는 가격이다)

① 2   ② 3
③ 4   ④ 5
⑤ 6

38 다음 〈보기〉 중 내생적 경제성장이론에 대한 설명으로 옳은 것을 모두 고르면?

> **보기**
> ㄱ. 인적자본의 축적이나 연구개발은 경제성장을 결정하는 중요한 요인이다.
> ㄴ. 정부의 개입이 경제성장에 중요한 역할을 한다.
> ㄷ. 자본의 한계생산은 체감한다고 가정한다.
> ㄹ. 선진국과 후진국 사이의 소득격차가 줄어든다.

① ㄱ, ㄴ   ② ㄱ, ㄷ
③ ㄴ, ㄷ   ④ ㄴ, ㄹ
⑤ ㄷ, ㄹ

39 다음 중 정부가 재정적자를 국채의 발행으로 조달할 경우 채권가격의 하락으로 이어져, 시장이자율이 상승하여 투자에 부정적인 영향을 주는 것을 무엇이라고 하는가?

① 피셔방정식   ② 구축효과
③ 유동성함정   ④ 오쿤의 법칙
⑤ 화폐수량설

40 다음 중 수요의 탄력성에 대한 설명으로 옳은 것은?

① 재화가 기펜재라면 수요의 소득탄력성은 양(+)의 값을 갖는다.
② 두 재화가 서로 대체재의 관계에 있다면 수요의 교차탄력성은 음(−)의 값을 갖는다.
③ 우하향하는 직선의 수요곡선상에 위치한 두 점에서 수요의 가격탄력성은 동일하다.
④ 수요의 가격탄력성이 '1'이면 가격변화에 따른 판매총액은 증가한다.
⑤ 수요곡선이 수직선일 때 모든 점에서 수요의 가격탄력성은 '0'이다.

01 다음 중 권력분립론에 대한 설명으로 옳지 않은 것은?

① 권력분립론은 모든 제도를 정당화시키는 최고의 헌법원리이다.

② 몽테스키외(Montesquieu)의 권력분립론은 자의적인 권력 혹은 권력의 남용으로부터 개인의 자유와 권리를 보장하는 데 그 목적이 있다.

③ 로크(Locke)는 최고 권력은 국민에게 있고, 그 아래에 입법권, 입법권 아래에 집행권과 동맹권이 있어야 한다고 주장하였다.

④ 뢰벤슈타인(Lowenstein)은 권력분립에 대한 비판에서 국가작용을 정책결정, 정책집행, 정책통제로 구분하였다.

⑤ 적극적으로 능률을 증진시키기 위한 원리가 아니라, 권력의 남용 또는 권력의 자의적인 행사를 방지하려는 소극적인 권리이다.

02 다음 인권선언과 관계된 사건들을 시간 순서대로 바르게 나열한 것은?

① 권리청원 → 마그나 카르타 → 미국의 독립선언 → 프랑스의 인권선언

② 마그나 카르타 → 프랑스의 인권선언 → 연방헌법 → 영국의 권리장전

③ 버지니아 권리장전 → 마그나 카르타 → 프랑스의 인권선언 → 영국의 인신보호법

④ 마그나 카르타 → 영국의 권리장전 → 미국의 독립선언 → 프랑스의 인권선언

⑤ 버지니아 권리장전 → 영국의 인신보호법 → 마그나 카르타 → 프랑스의 인권선언

03 다음 중 한국의 대민 전자정부(G2C 또는 G2B)의 사례가 아닌 것은?

① 민원24

② 국민신문고

③ 전자조달 나라장터

④ 온 – 나라시스템

⑤ 전자통관시스템

04 다음 중 헌법전문에 대한 설명으로 옳지 않은 것은?

① 전문에 선언된 헌법의 기본원리는 헌법해석의 기준이 된다.

② 우리 헌법전문은 헌법제정권력의 소재를 밝힌 전체적 결단으로서 헌법의 본질적 부분을 내포하고 있다.

③ 헌법전문은 당연히 본문과 같은 법적 성질을 내포한다.

④ 헌법전문은 전면 개정을 할 수 없으며 일정한 한계를 갖는다.

⑤ 헌법전문은 모든 법령에 대하여 우월한 효력을 가지고 있다.

05 다음 사례에 대한 설명으로 옳은 것은?(단, 다툼이 있는 경우 판례에 의한다)

> 甲은 관련법령에 따라 공장등록을 하기 위하여 등록신청을 乙에게 위임하였고, 수임인 乙은 등록서류를 위조하여 공장등록을 하였으나 甲은 그 사실을 알지 못하였다. 이후 관할 행정청 A는 위조된 서류에 의한 공장등록임을 이유로 甲에 대해 공장등록을 취소하는 처분을 하였다.

① 관할 행정청 A가 甲에 대해 공장등록을 취소하려면 법적 근거가 있어야 한다.

② 관할 행정청 A는 甲에 대해 공장등록을 취소하면서 甲의 신뢰이익을 고려하지 아니할 수 있다.

③ 甲에 대한 공장등록 취소는 상대방의 귀책사유에 의한 것이므로 관할 행정청 A는 행정절차법상 사전통지 및 의견제출절차를 거치지 않아도 된다.

④ 甲에 대한 공장등록을 취소하면 공장등록이 확정적으로 효력을 상실하게 되므로, 공장등록 취소처분이 위법함을 이유로 그 취소처분을 직권취소하더라도 공장등록이 다시 효력을 발생할 수는 없다.

⑤ 甲의 공장등록을 취소하는 처분에 대해 제소기간이 경과하여 불가쟁력이 발생한 이후에는 관할 행정청 A도 그 취소처분을 직권취소할 수 없다.

06 다음 중 재산권 개념에 포함되는 내용이 아닌 것은?

① 어업권   ② 퇴직연금수급권

③ 의료급여수급권   ④ 특허권

⑤ 채권

07 다음 중 우리 헌법재판소가 목적의 정당성, 방법의 적절성, 피해의 최소성, 법익의 균형성 등으로 기본권의 침해 여부를 심사하는 위헌판단원칙은?

① 과잉금지원칙 ② 헌법유보원칙
③ 의회유보원칙 ④ 포괄위임입법금지원칙
⑤ 법률불소급원칙

08 다음 중 개방형 인사관리에 대한 설명으로 옳지 않은 것은?

① 충원된 전문가들이 관료집단에서 중요한 역할을 수행하게 한다.
② 개방형은 승진기회의 제약으로, 직무의 폐지는 대개 퇴직으로 이어진다.
③ 정치적 리더십의 요구에 따른 고위층의 조직 장악력 약화를 초래한다.
④ 공직의 침체, 무사안일주의 등 관료제의 병리를 억제한다.
⑤ 민간부문과의 인사교류로 적극적 인사행정이 가능하다.

09 다음 중 예산분류 방식의 특징에 대한 설명으로 옳은 것은?

① 기능별 분류는 시민을 위한 분류라고도 하며 행정수반의 재정정책 수립에 도움이 되지 않는다.
② 조직별 분류는 부처 예산의 전모를 파악할 수 있어 지출의 목적이나 예산의 성과 파악이 용이하다.
③ 품목별 분류는 사업의 지출 성과와 결과에 대한 측정이 곤란하다.
④ 경제 성질별 분류는 국민소득, 자본형성 등에 관한 정부활동의 효과를 파악하는 데 한계가 있다.
⑤ 품목별 분류는 예산집행기관의 재량을 확대하는 데 유용하다.

10 다음 중 무의사결정(Non-Decision Making)에 대한 설명으로 옳지 않은 것은?

① 사회문제에 대한 정책과정이 진행되지 못하도록 막는 행동이다.

② 기득권 세력이 그 권력을 이용해 기존의 이익배분 상태에 대한 변동을 요구하는 것이다.

③ 정책문제 채택과정에서 기존 세력에 도전하는 요구는 정책 문제화하지 않고 억압한다.

④ 변화를 주장하는 사람으로부터 기존에 누리는 혜택을 박탈하거나 새로운 혜택을 제시하여 매수한다.

⑤ 기득권 세력의 특권이나 이익 그리고 가치관이나 신념에 대한 잠재적 또는 현재적 도전을 좌절시키려는 것을 의미한다.

11 다음 중 정책의제의 설정에 영향을 미치는 요인에 대한 설명으로 옳지 않은 것은?

① 일상화된 정책문제보다는 새로운 문제가 더 쉽게 정책의제화된다.

② 정책 이해관계자가 넓게 분포하고 조직화 정도가 낮은 경우에는 정책의제화가 상당히 어렵다.

③ 정책문제가 상대적으로 쉽게 해결될 것으로 인지되는 경우에는 쉽게 정책의제화된다.

④ 국민의 관심 집결도가 높거나 특정 사회 이슈에 대해 정치인의 관심이 큰 경우에는 정책의제화가 쉽게 진행된다.

⑤ 사회 이슈와 관련된 행위자가 많고, 이 문제를 해결하기 위한 정책의 영향이 많은 집단에 영향을 미치거나 정책으로 인한 영향이 중요한 것일 경우 상대적으로 쉽게 정책의제화된다.

12 다음 중 행정의 가치에 대한 설명으로 옳지 않은 것은?

① 능률성(Efficiency)은 일반적으로 '투입에 대한 산출의 비율'로 정의된다.

② 공익에 대한 과정설은 절차적 합리성을 강조하여 적법절차의 준수에 의해서 공익이 보장된다는 입장이다.

③ 가외성의 특성 중 중첩성(Overlapping)은 동일한 기능을 여러 기관들이 독자적인 상태에서 수행하는 것을 뜻한다.

④ 사이먼(Simon)은 합리성을 목표와 행위를 연결하는 기술적·과정적 개념으로 이해하고, 내용적 합리성 (Substantive Rationality)과 절차적 합리성(Procedural Rationality)으로 구분하였다.

⑤ 대응성(Responsiveness)은 행정이 시민의 이익을 반영하고, 그에 반응하는 행정을 수행해야 한다는 것을 뜻한다.

13 다음 중 주인 – 대리인 이론에 대한 설명으로 옳은 것은?

① 관료들이 피규제집단의 입장을 옹호하는 소위 관료포획현상은 역선택의 사례이다.

② 주인 – 대리인 이론은 대리인의 책임성을 확보할 수 있는 방안을 주로 내부통제에서 찾고 있다.

③ 공기업의 민영화는 시장의 경쟁요소를 도입함으로써 역선택을 방지하고자 하는 노력의 일환이다.

④ 정보비대칭을 줄이기 위한 방안으로는 주민참여, 내부고발자 보호제도, 입법예고제도 등이 있다.

⑤ 도덕적 해이는 주인이 대리인의 업무처리 능력과 지식을 충분히 알지 못해 기준 미달의 대리인을 선택하는 현상이다.

14 다음 글의 빈칸 ㉠과 ㉡에 해당하는 용어로 옳은 것은?

> _____㉠_____은/는 지출이 직접 수입을 수반하는 경비로서 기획재정부장관이 지정하는 것을 의미하며 전통적 예산원칙 중 _____㉡_____의 예외에 해당한다.

	㉠	㉡
①	수입금마련경비	통일성의 원칙
②	수입대체경비	통일성의 원칙
③	수입금마련지출	한정성의 원칙
④	수입대체경비	한정성의 원칙
⑤	수입금마련지출	통일성의 원칙

15 다음 중 신공공관리론과 신공공서비스론의 특성에 대한 설명으로 옳지 않은 것은?

① 신공공관리론은 경제적 합리성에 기반하는 반면에 신공공서비스론은 전략적 합리성에 기반한다.

② 신공공관리론은 기업가 정신을 강조하는 반면에 신공공서비스론은 사회적 기여와 봉사를 강조한다.

③ 신공공관리론의 대상이 고객이라면 신공공서비스론의 대상은 시민이다.

④ 신공공서비스론이 신공공관리론보다 지역공동체 활성화에 더 적합한 이론이다.

⑤ 신공공관리론이 신공공서비스론보다 행정책임의 복잡성을 중시하며 행정재량권을 강조한다.

16 다음 중 빈칸에 공통으로 들어갈 용어로 옳은 것은?

> • _____은 밀러(Gerald J. Miller)가 비합리적 의사결정 모형을 예산에 적용하여 1991년에 개발한 예산 이론(모형)이다.
>
> • _____은 독립적인 조직들이나 조직의 하위단위들이 서로 느슨하게 연결되어 독립성과 자율성을 누릴 수 있는 조직의 예산결정에 적합한 예산이론(모형)이다.

① 모호성 모형
② 단절적 균형 이론
③ 다중합리성 모형
④ 쓰레기통 모형
⑤ 무의사결정론

17 다음 중 예산제도에 대한 설명으로 옳지 않은 것은?

① 계획 예산제도(PPBS)는 기획, 사업구조화, 그리고 예산을 연계시킨 시스템적 예산제도이다.
② 계획 예산제도(PPBS)의 단점으로는 의사결정이 지나치게 집권화되고 전문화되어 외부통제가 어렵다는 점과 대중적인 이해가 쉽지 않아 정치적 실현가능성이 낮다는 점이 있다.
③ 품목별 예산제도(LIBS)는 정부의 지출을 체계적으로 구조화한 최초의 예산제도로서 지출대상별 통제를 용이하게 할 뿐 아니라 지출에 대한 근거를 요구하고 확인할 수 있다.
④ 성과 예산제도(PBS)는 사업별, 활동별로 예산을 편성하고, 성과평가를 통하여 행정통제를 합리화할 수 있다.
⑤ 품목별 예산제도(LIBS)는 왜 돈을 지출해야 하는지, 무슨 일을 하는지에 대하여 구체적인 정보를 제공하는 장점이 있다.

18 다음 근무성적평정의 오류 중 강제배분법으로 방지할 수 있는 것을 〈보기〉에서 모두 고르면?

> **보기**
> ㄱ. 첫머리 효과
> ㄴ. 집중화 경향
> ㄷ. 엄격화 경향
> ㄹ. 선입견에 의한 오류

① ㄱ, ㄴ
② ㄱ, ㄷ
③ ㄴ, ㄷ
④ ㄴ, ㄹ
⑤ ㄷ, ㄹ

19 다음 중 직위분류제와 관련된 개념들에 대한 설명으로 옳지 않은 것은?

① 직위 : 한 사람의 근무를 요하는 직무와 책임이다.

② 직류 : 동일 직렬 내에서 담당 직책이 유사한 직무군이다.

③ 직렬 : 직무의 종류는 유사하나 난이도와 책임수준이 다른 직급 계열이다.

④ 직급 : 직위에 포함된 직무의 성질 및 난이도, 책임의 정도가 유사해 채용과 보수 등에서 동일하게 다룰 수 있는 직위의 집단이다.

⑤ 직군 : 직무의 종류는 다르지만 직무 수행의 책임도와 자격 요건이 상당히 유사해 동일한 보수를 지급할 수 있는 직위의 집단군이다.

20 다음 중 정책을 규제정책, 분배정책, 재분배정책, 추출정책으로 분류할 때 저소득층을 위한 근로장려금 제도는 어느 정책으로 분류하는 것이 타당한가?

① 규제정책   ② 분배정책
③ 재분배정책   ④ 추출정책
⑤ 구성정책

21 다음 글에서 설명하는 이론으로 옳은 것은?

> 경제학적인 분석도구를 관료 행태, 투표자 행태, 정당정치, 이익집단 등의 비시장적 분석에 적용함으로써 공공서비스의 효율적 공급을 위한 제도적 장치를 탐색한다.

① 과학적 관리론   ② 공공선택론
③ 행태론   ④ 발전행정론
⑤ 현상학

22 다음 중 대표관료제에 대한 설명으로 옳지 않은 것은?

① 대표관료제는 정부관료제가 그 사회의 인적 구성을 반영하도록 구성함으로써 관료제 내에 민주적 가치를 반영시키려는 의도에서 발달하였다.

② 크랜츠(Kranz)는 대표관료제의 개념을 비례대표로까지 확대하여 관료제 내의 출신 집단별 구성 비율이 총인구 구성 비율과 일치해야 할 뿐만 아니라 나아가 관료제 내의 모든 직무 분야와 계급의 구성 비율까지도 총인구 비율에 상응하게 분포되어 있어야 한다고 주장한다.

③ 대표관료제의 장점은 사회의 인구 구성적 특징을 반영하는 소극적 측면의 확보를 통해서 관료들이 출신 집단의 이익을 위해 적극적으로 행동하는 적극적인 측면을 자동적으로 확보하는 데 있다.

④ 대표관료제는 할당제를 강요하는 결과를 초래해 현대 인사행정의 기본 원칙인 실적주의를 훼손하고 행정 능률을 저해할 수 있다는 비판을 받는다.

⑤ 우리나라의 양성평등채용목표제나 지역인재추천채용제는 관료제의 대표성을 제고하기 위해 도입된 제도로 볼 수 있다.

23 다음 〈보기〉 중 역량평가제에 대한 설명으로 옳은 것을 모두 고르면?

> **보기**
> ㄱ. 일종의 사전적 검증장치로 단순한 근무실적 수준을 넘어 공무원에게 요구되는 해당 업무 수행을 위한 충분한 능력을 보유하고 있는지에 대한 평가를 목적으로 한다.
> ㄴ. 근무실적과 직무수행능력을 대상으로 정기적으로 이루어지며, 그 결과는 승진과 성과급 지급, 보직관리 등에 활용된다.
> ㄷ. 조직 구성원으로 하여금 조직 내외의 모든 사람과 원활한 인간관계를 증진시키려는 강한 동기를 부여함으로써 업무 수행의 효율성을 제고할 수 있다.
> ㄹ. 다양한 평가기법을 활용하여 실제 업무와 유사한 모의상황에서 나타나는 평가 대상자의 행동 특성을 다수의 평가자가 평가하는 체계이다.
> ㅁ. 미래 행동에 대한 잠재력을 측정하는 것이며 성과에 대한 외부변수를 통제함으로써 객관적 평가가 가능하다.

① ㄱ, ㄴ, ㄷ   ② ㄱ, ㄹ, ㅁ

③ ㄴ, ㄷ, ㄹ   ④ ㄴ, ㄹ, ㅁ

⑤ ㄷ, ㄹ, ㅁ

24 다음 중 행정법상 행정작용에 대한 설명으로 옳지 않은 것은?

① 기속행위는 행정주체에 대하여 재량의 여지를 주지 않고 그 법규를 집행하도록 하는 행정행위를 말한다.

② 특정인에게 새로운 권리나 포괄적 법률관계를 설정해주는 특허는 형성적 행정행위이다.

③ 의사표시 이외의 정신작용 등의 표시를 요소로 하는 행위는 준법률행위적 행정행위이다.

④ 개인에게 일정한 작위의무를 부과하는 하명은 형성적 행정행위이다.

⑤ 특정한 사실 또는 법률관계의 존재를 공적으로 증명하는 공증은 준법률행위적 행정행위이다.

25 다음 중 동기부여이론에 대한 설명으로 옳지 않은 것은?

① 매슬로(Maslow)의 욕구계층론에 의하면 인간의 욕구는 생리적 욕구, 안전 욕구, 사회적 욕구, 존중 욕구, 자기실현 욕구의 5개로 나누어져 있으며, 하위계층의 욕구가 충족되어야 상위계층의 욕구가 나타난다.

② 허즈버그(Herzberg)의 동기 – 위생이론에 따르면 욕구가 충족되었다고 해서 모두 동기부여로 이어지는 것이 아니고, 어떤 욕구는 충족되어도 단순히 불만을 예방하는 효과 밖에 없다. 이러한 불만 예방효과만 가져오는 요인을 위생요인이라고 설명한다.

③ 애덤스(Adams)의 형평성이론에 의하면 인간은 자신의 투입에 대한 산출의 비율이 비교 대상의 투입에 대한 산출의 비율보다 크거나 작다고 지각하면 불형평성을 느끼게 되고, 이에 따른 심리적 불균형을 해소하기 위하여 형평성 추구의 행동을 작동시키는 동기가 유발된다고 본다.

④ 앨더퍼(Alderfer)는 매슬로(Maslow)의 욕구계층론을 받아들여 한 계층의 욕구가 만족되어야 다음 계층의 욕구를 중요시한다고 본다. 그리고 이에 더하여 한 계층의 욕구가 충분히 채워지지 않는 상태에서는 바로 하위 욕구의 중요성이 훨씬 커진다고 주장한다.

⑤ 브룸(Vroom)의 기대이론에 의하면 동기의 정도는 노력을 통해 얻게 될 중요한 산출물인 목표달성, 보상, 만족에 대한 주관적 믿음에 의하여 결정되는데, 특히 성과와 보상 간의 관계에 대한 인식인 기대치의 정도가 동기부여의 주요한 요인이다.

26 다음 글의 내용을 특징으로 하는 리더십의 유형으로 옳은 것은?

> • 추종자의 성숙단계에 따라 효율적인 리더십 스타일이 달라진다.
> • 리더십은 개인의 속성이나 행태뿐만 아니라 환경의 영향을 받는다.
> • 가장 유리하거나 가장 불리한 조건에서는 과업 중심적 리더십이 효과적이다.

① 변혁적 리더십   ② 거래적 리더십

③ 카리스마적 리더십   ④ 상황론적 리더십

⑤ 서번트 리더십

27 다음 중 성과주의 예산제도에 대한 설명으로 옳지 않은 것은?

① 정부가 무슨 일을 하느냐에 중점을 두는 제도이다.

② 기능별 예산제도 또는 활동별 예산제도라고 부르기도 한다.

③ 관리지향성을 지니며 예산관리를 포함하는 행정관리작용의 능률화를 지향한다.

④ 예산관리기능의 집권화를 추구한다.

⑤ 정부사업에 대한 회계책임을 묻는 데 유용하다.

28 다음 중 근무성적평정에 대한 설명으로 옳지 않은 것은?

① 정부의 근무성적평정방법은 다원화되어 있으며, 상황에 따라 신축적인 운영이 가능하다.

② 원칙적으로 5급 이상 공무원을 대상으로 하며 평가대상 공무원과 평가자가 체결한 성과계약에 따른 성과목표 달성도 등을 평가한다.

③ 행태기준척도법은 평정의 임의성과 주관성을 배제하기 위하여 도표식평정척도법에 중요사건기록법을 가미한 방식이다.

④ 다면평가는 보다 공정하고 객관적인 평정이 가능하게 하며, 평정결과에 대한 당사자들의 승복을 받아내기 쉽다.

⑤ 어느 하나의 평정요소에 대한 평정자의 판단이 다른 평정요소의 평정에 영향을 미치는 현상을 연쇄적 착오라 한다.

29 다음 중 헌법을 결단주의에 입각하여 국가의 근본상황에 대하여 헌법제정권자가 내린 근본적 결단이라고 한 사람은?

① 오펜하이머(Oppenheimer)   ② 칼 슈미트(C. Schmitt)

③ 안슈츠(Anschut)   ④ 시에예스(Sieyes)

⑤ 바르톨루스(Bartolus)

30 다음 중 외부환경의 불확실성에 대응하는 조직구조상의 특징에 따라 기계적 조직과 유기적 조직으로 구분할 때, 유기적 조직의 특성에 해당하는 것을 〈보기〉에서 모두 고르면?

보기

ㄱ. 넓은 직무범위	ㄴ. 분명한 책임관계
ㄷ. 명확한 조직목표	ㄹ. 복합적인 동기부여
ㅁ. 높은 공식화 수준	ㅂ. 모호한 책임관계

① ㄱ, ㄹ, ㅂ   ② ㄱ, ㅁ, ㅂ

③ ㄴ, ㄷ, ㅁ   ④ ㄴ, ㄹ, ㅁ

⑤ ㄷ, ㅁ, ㅂ

31 다음 중 공무원의 헌법상 지위에 대한 내용으로 옳은 것은?

① 공무원은 국민대표기관인 국회에 대하여 책임을 진다.

② 공무원에 대하여 근로자의 권리를 제한하는 것은 위헌이다.

③ 공무원은 특별한 경우에 한해 기본권 행사가 제한된다.

④ 공무원은 특정 정당에 대한 봉사자가 될 수 있다.

⑤ 국민 전체에 대한 봉사자라는 뜻은 국민주권의 원리에 입각하여 국민에 대한 책임을 진다는 것을 말한다.

32 다음 중 교육을 받을 권리에 대한 설명으로 옳지 않은 것을 〈보기〉에서 모두 고르면?(단, 다툼이 있는 경우 판례에 의한다)

보기

ㄱ. 대학수학능력시험을 한국교육방송공사(EBS) 수능 교재 및 강의와 연계하여 출제하기로 한 '2018학년도 대학수학능력시험 시행기본계획'은 헌법 제31조 제1항의 능력에 따라 균등하게 교육을 받을 권리를 직접 제한한다고 보기는 어렵다.

ㄴ. '부모의 자녀에 대한 교육권'은 비록 헌법에 명문으로 규정되어 있지는 않지만, 혼인과 가족생활을 보장하는 헌법 제36조 제1항, 교육을 받을 권리를 규정한 헌법 제31조 제1항에서 직접 도출되는 권리이다.

ㄷ. 교육을 받을 권리를 규정한 헌법 제31조 제1항은 헌법 제10조의 행복추구권에 대한 특별규정으로서, 교육의 영역에서 능력주의를 실현하고자 하는 것이다.

① ㄱ   ② ㄷ

③ ㄱ, ㄴ   ④ ㄴ, ㄷ

⑤ ㄱ, ㄴ, ㄷ

33 다음 글에 대한 설명으로 옳지 않은 것은?(단, 다툼이 있는 경우 판례에 의한다)

> 甲은 녹지지역의 용적률 제한을 충족하지 못한다는 점을 숨기고 마치 그 제한을 충족하는 것처럼 가장하여 관할 행정청 A에게 건축허가를 신청하였고, A는 사실관계에 대하여 명확한 확인을 하지 아니한채 甲에게 건축허가를 하였다. 그 후 A는 甲의 건축허가신청이 위와 같은 제한을 충족하지 못한다는 사실을 알게 되자 甲에 대한 건축허가를 직권으로 취소하였다.

① A의 건축허가취소는 강학상 철회가 아니라 직권취소에 해당한다.

② 甲이 건축허가에 관한 자신의 신뢰이익을 원용하는 것은 허용되지 아니한다.

③ 건축관계법령상 명문의 취소근거규정이 없다고 하더라도 그 점만을 이유로 A의 건축허가 취소가 위법하게 되는 것은 아니다.

④ 만약 甲으로부터 건축허가신청을 위임받은 乙이 건축허가를 신청한 경우라면, 사실은폐나 기타 사위의 방법에 의한 건축허가 신청행위가 있었는지 여부는 甲과 乙 모두를 기준으로 판단하여야 한다.

⑤ A는 甲의 신청내용에 구애받지 아니하고 조사 및 검토를 거쳐 관련 법령에 정한 기준에 따라 허가조건의 충족 여부를 제대로 따져 허가 여부를 결정하여야 함에도 불구하고 자신의 잘못으로 건축허가를 한 것이므로 A의 건축허가 취소는 위법하다.

34 다음 중 롤스(J. Rawls)의 사회정의의 원리와 거리가 먼 것은?

① 원초상태(Original Position)하에서 합의되는 일련의 법칙이 곧 사회정의의 원칙으로서 계약 당사자들의 사회협동체를 규제하게 된다.

② 정의의 제1원리는 기본적 자유의 평등원리로서, 모든 사람은 다른 사람의 유사한 자유와 상충되지 않는 한도 내에서 최대한의 기본적 자유에의 평등한 권리를 인정하는 것이다.

③ 정의의 제2원리의 하나인 '차등원리(Difference Principle)'는 가장 불우한 사람들의 편익을 최대화해야 한다는 원리이다.

④ 정의의 제2원리의 하나인 '기회균등의 원리'는 사회·경제적 불평등은 그 모체가 되는 모든 직무와 지위에 대한 기회 균등이 공정하게 이루어진 조건하에서 직무나 지위에 부수해 존재해야 한다는 원리이다.

⑤ 정의의 제1원리가 제2원리에 우선하고, 제2원리 중에서는 '차등의 원리'가 '기회균등의 원리'에 우선되어야 한다.

35 다음 중 행정학의 접근방법에 대한 설명으로 옳은 것은?

① 신공공관리론은 기업경영의 원리와 기법을 그대로 정부에 이식하려고 한다는 비판을 받는다.

② 신공공서비스론은 정부와 민간부문의 협력적 활동을 강조하며, 민영화와 민간위탁을 주장하였다.

③ 법률적·제도론적 접근방법은 공식적 제도나 법률에 기반을 두고 있기 때문에 제도 이면에 존재하는 행정의 동태적인 측면을 체계적으로 파악할 수 있다.

④ 행태론적 접근방법은 후진국의 행정현상을 설명하는 데 크게 기여했으며, 행정의 보편적 이론보다는 중범위이론의 구축에 자극을 주어 행정학의 과학화에 기여했다.

⑤ 합리적 선택 신제도주의는 방법론적 전체주의에, 사회학적 신제도주의는 방법론적 개체주의에 기반을 두고 있다.

36 다음 글의 빈칸에 공통으로 들어갈 용어로 옳은 것은?

> _____은/는 정부업무, 업무수행에 필요한 데이터, 업무를 지원하는 응용서비스 요소, 데이터와 응용시스템의 실행에 필요한 정보기술, 보안 등의 관계를 구조적으로 연계한 체계로서 정보자원관리의 핵심 수단이다.
> _____은/는 정부의 정보시스템 간의 상호 운용성 강화, 정보자원 중복투자 방지, 정보화 예산의 투자효율성 제고 등에 기여한다.

① 블록체인 네트워크   ② 정보기술 아키텍처
③ 제3의 플랫폼   ④ 클라우드 – 클라이언트 아키텍처
⑤ 스마트워크센터

37 다음 중 죄형법정주의에 대한 설명으로 옳지 않은 것은?(단, 다툼이 있는 경우 판례에 의한다)

① 행위 당시의 판례에 의하면 처벌대상이 되지 아니하는 것으로 해석되었던 행위를 판례의 변경에 따라 확인된 내용의 형법 조항에 근거하여 처벌하는 것은 형벌불소급의 원칙에 반한다.

② 보호관찰을 도입한 형법 개정 전의 행위에 대하여 재판시의 규정에 의해 보호관찰을 명하는 것은 형벌불소급의 원칙 내지 죄형법정주의에 위배되는 것이 아니다.

③ 성문법률주의란 범죄와 형벌은 성문의 법률로 규정되어야 한다는 원칙을 말하며, 여기서의 법률은 형식적 의미의 법률을 의미한다.

④ 특히 긴급한 필요가 있거나 미리 법률로써 자세히 정할 수 없는 부득이한 사정이 있는 경우에 한하여 수권법률(위임법률)이 구성요건의 점에서는 처벌대상인 행위가 어떠한 것인지 이를 예측할 수 있을 정도로 구체적으로 정하고, 형벌의 점에서는 형벌의 종류 및 그 상한과 폭을 명확히 규정하는 것을 전제로 위임입법이 허용된다.

⑤ 일반적으로 법률의 위임에 의하여 효력을 갖는 법규명령의 경우, 구법에 위임의 근거가 없어 무효였더라도 사후에 법 개정으로 위임의 근거가 부여되면 그 때부터는 유효한 법규명령이 된다.

38 다음 중 신체적 자유에 대한 설명으로 옳지 않은 것은?(단, 다툼이 있는 경우 판례에 의한다)

① 누구든지 압수 및 수색을 당한 때 적부의 심사를 법원에 청구할 헌법상의 권리를 가진다.
② 피구속자의 배우자는 구속의 이유, 일시 및 장소를 지체 없이 통지받아야 한다.
③ 비상계엄이 선포된 때에는 영장제도에 관하여 특별한 조치를 할 수 있다.
④ 법률과 적법한 절차에 의하지 아니하고는 강제노역을 받을 수 없다.
⑤ 정식재판에 있어서 피고인의 자백이 그에게 불리한 유일한 증거일 때에는 이를 유죄의 증거로 삼거나 이를 이유로 처벌할 수 없다.

39 다음 중 헌법재판소에서 관장하는 사항에 해당하는 것이 아닌 것은?

① 탄핵의 심판
② 지방자치단체 상호 간의 권한쟁의에 관한 심판
③ 조세심판
④ 정당의 해산 심판
⑤ 법원의 제청에 의한 법률의 위헌여부 심판

40 다음 중 행복추구권에 대한 설명으로 옳은 것을 〈보기〉에서 모두 고르면?(단, 다툼이 있는 경우 판례에 의한다)

보기
㉠ 계약자유의 원칙은 헌법 제10조의 행복추구권의 한 내용인 일반적 행동자유권으로부터 도출되는 헌법상의 기본원칙이다.
㉡ 행복추구권은 다른 기본권에 대한 보충적 기본권으로서의 성격을 가진다.
㉢ 행복추구권은 국민이 행복을 추구하기 위한 활동을 국가권력이 통제할 수 있다는 포괄적인 의미의 자유권으로서의 성격을 가진다.
㉣ 부모의 분묘를 가꾸고 봉제사를 하고자 하는 권리는 행복추구권의 내용이 되지 않는다.

① ㉠, ㉡
② ㉠, ㉢
③ ㉡, ㉢
④ ㉡, ㉣
⑤ ㉢, ㉣

01 다음 중 터널 안의 일산화탄소 및 질소탄화물의 농도를 낮추기 위해 환기 시설 구비 시 가능한 최대 풍속은?

① 10m/s   ② 15m/s

③ 20m/s   ④ 25m/s

⑤ 30m/s

02 점토지반으로부터 불교란 시료를 채취하였다. 이 시료는 직경 5cm, 길이 10cm이고, 습윤무게는 350g이고, 함수비가 40%일 때 이 시료의 건조단위무게는?

① 1.78g/cm^3 ② 1.43g/cm^3

③ 1.27g/cm^3 ④ 1.14g/cm^3

⑤ 1.04g/cm^3

03 흐트러지지 않은 시료를 이용하여 액성한계 40%, 소성한계 22.3%를 얻었다. Terzaghi와 Peck이 발표한 경험식에 의해 정규압밀 점토의 압축지수 C_c 값을 구하면?

① 0.25   ② 0.27

③ 0.30   ④ 0.35

⑤ 0.40

04 다음 중 강도설계법으로 휨부재를 해설할 때, 고정하중 모멘트 10kN·m, 활하중 모멘트 20kN·m가 생긴다면 계수 모멘트(M_u)는?

① 36kN·m   ② 38kN·m

③ 40kN·m   ④ 44kN·m

⑤ 48kN·m

05 다음 중 무게 1kg의 물체를 두 끈으로 늘어뜨렸을 때, 한 끈이 받는 힘의 크기가 큰 순서대로 나열한 것은?

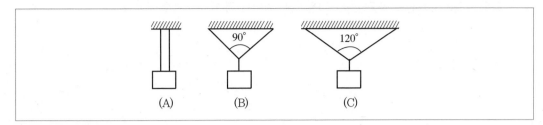

(A)　　　(B)　　　(C)

① (B) > (A) > (C)　　　② (C) > (A) > (B)

③ (A) > (B) > (C)　　　④ (C) > (B) > (A)

⑤ (A) > (C) > (B)

06 다음 그림에서 y축에 대한 단면 2차 모멘트의 값은?

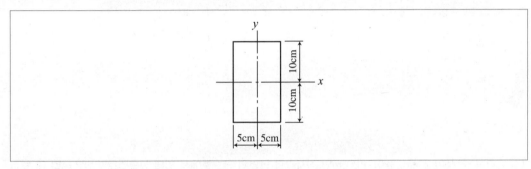

① 약 $1,416\text{cm}^4$　　　② 약 $1,667\text{cm}^4$

③ 약 $2,432\text{cm}^4$　　　④ 약 $3,333\text{cm}^4$

⑤ 약 $6,666\text{cm}^4$

07 다음 중 노선측량의 일반적인 작업 순서를 바르게 나열한 것은?

ㄱ. 종·횡단 측량	ㄴ. 중심선 측량
ㄷ. 공사 측량	ㄹ. 답사

① ㄱ - ㄴ - ㄹ - ㄷ　　　② ㄱ - ㄷ - ㄹ - ㄴ

③ ㄷ - ㄱ - ㄹ - ㄴ　　　④ ㄹ - ㄴ - ㄱ - ㄷ

⑤ ㄹ - ㄷ - ㄱ - ㄴ

08 단면 2차 모멘트가 I, 길이가 L인 균일한 단면의 직선상의 기둥이 있다. 지지상태가 1단 고정, 1단 자유인 경우 오일러(Euler)의 좌굴하중(P_{cr})은?[단, 기둥의 영(Young)계수는 E이다]

① $\dfrac{\pi^2 EI}{4L^2}$

② $\dfrac{\pi^2 EI}{L^2}$

③ $\dfrac{2\pi^2 EI}{L^2}$

④ $\dfrac{3\pi^2 EI}{L^2}$

⑤ $\dfrac{4\pi^2 EI}{L^2}$

09 다음 중 정사각형 단면에 인장하중 P가 작용할 때 가로 단면과 45°의 각을 이루는 경사면에 생기는 수직응력 σ_n과 전단응력 τ 사이에는 어느 관계가 성립되는가?

① $\sigma_n = \dfrac{\tau}{2}$

② $\sigma_n = \dfrac{\tau}{4}$

③ $\sigma_n = \tau$

④ $\sigma_n = 2\tau$

⑤ $\sigma_n = 4\tau$

10 다음 중 폭이 20cm, 높이가 30cm인 직사각형 단면의 단순보에서 최대 휨모멘트가 2t·m일 때 처짐곡선의 곡률반지름의 크기는?(단, $E = 100{,}000\text{kg/cm}^2$ 이다)

① 4,500m

② 450m

③ 2,250m

④ 225m

⑤ 22.5m

11 다음 중 교통섬에 대한 설명으로 옳지 않은 것은?

① 신호등, 표지판, 조명 등 노상시설의 설치장소를 제공한다.

② 보행자 보호를 위해 교통섬은 많을수록 좋다.

③ 차량 주행 제어 및 보행자 보호를 위해 차로 사이에 설정한 구역이다.

④ 급한 커브길 등 시야 확보가 원활하지 않은 곳에서는 설치하지 않는 것이 좋다.

⑤ 교통 흐름을 안전하게 유도한다.

12 평균지름 $d=1,200\text{mm}$, 벽두께 $t=6\text{mm}$를 갖는 긴 강제 수도관이 $P=10\text{kg/cm}^2$의 내압을 받고 있다. 이 관벽 속에 발생하는 원환응력 σ의 크기는?

① 16.6kg/cm^2 ② 450kg/cm^2

③ 900kg/cm^2 ④ $1,000\text{kg/cm}^2$

⑤ $1,200\text{kg/cm}^2$

13 다음 중 첨두시간계수에 대한 정의로 옳은 것은?

① 첨두시간에 관측된 교통량 중에서 가장 많은 15분 교통량을 1일 기준으로 환산한 교통량이다.

② 첨두시간에 관측된 교통량 중에서 가장 많은 15분 교통량을 1시간 기준으로 환산한 교통량이다.

③ 첨두시간에 관측된 교통량 중에서 가장 많은 1시간 교통량을 1일 기준으로 환산한 교통량이다.

④ 첨두시간에 관측된 1일 교통량을 15분 기준으로 환산한 교통량이다.

⑤ 첨두시간에 관측된 1일 교통량을 1시간 기준으로 환산한 교통량이다.

14 단순보의 A단에 작용하는 모멘트를 M_A라고 할 때, 다음 중 처짐각 θ_B는?(단, EI는 일정하다)

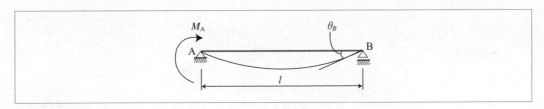

① $\dfrac{M_A l}{3EI}$ ② $\dfrac{M_A l}{4EI}$

③ $\dfrac{M_A l}{5EI}$ ④ $\dfrac{M_A l}{6EI}$

⑤ $\dfrac{M_A l}{7EI}$

15 다음 중 지름이 d인 원형 단면의 회전반경은?

① $\dfrac{d}{4}$ ② $\dfrac{d}{3}$

③ $\dfrac{d}{2}$ ④ $\dfrac{d}{8}$

⑤ $\dfrac{d}{6}$

16 다음 중 길이가 10m이고 단면이 25mm×45mm인 직사각형 단면을 가진 양단 고정인 장주의 중심축에 하중이 작용할 때, 좌굴응력은 약 얼마인가?(단, $E=2.1\times10^5$ 이다)

① 3.512MPa   ② 4.318MPa

③ 5.177MPa   ④ 6.722MPa

⑤ 7.284MPa

17 다음 중 탄성계수 $E=2.1\times10^6\,\text{kg/cm}^2$이고 푸아송비 $v=0.25$일 때, 전단 탄성계수의 값은 얼마인가?

① $8.4\times10^5\,\text{kg/cm}^2$ ② $10.5\times10^5\,\text{kg/cm}^2$

③ $16.8\times10^5\,\text{kg/cm}^2$ ④ $21.0\times10^5\,\text{kg/cm}^2$

⑤ $23.6\times10^5\,\text{kg/cm}^2$

18 다음과 같은 단순보에서 최대 휨모멘트가 발생하는 위치는?(단, A점을 기준으로 한다)

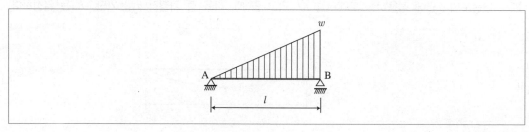

① $\dfrac{2}{3}l$ ② $\dfrac{1}{\sqrt{3}}l$

③ $\dfrac{1}{\sqrt{2}}l$ ④ $\dfrac{2}{\sqrt{5}}l$

⑤ $\dfrac{2}{\sqrt{2}}l$

19 다음은 게르버보의 GB 구간에 등분포 하중이 작용할 때의 전단력도이다. 등분포하중 w의 크기는?

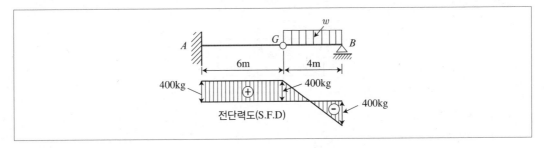

① 400kg/m   ② 200kg/m

③ 150kg/m   ④ 100kg/m

⑤ 50kg/m

20 다음 중 말뚝의 부마찰력(Negative Skin Friction)에 대한 설명으로 옳지 않은 것은?

① 말뚝의 허용지지력을 결정할 때 세심하게 고려해야 한다.

② 연약지반에 말뚝을 박은 후 그 위에 성토를 한 경우 일어나기 쉽다.

③ 연약한 점토에 있어서는 상대변위의 속도가 느릴수록 부마찰력은 크다.

④ 연약지반을 관통하여 견고한 지반까지 말뚝을 박은 경우 일어나기 쉽다.

⑤ 파일시공 전 연약지반 개량공법을 충분히 적용하여 방지할 수 있다.

21 다음 그림과 같은 보에서 A지점의 반력은?

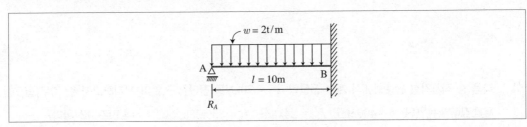

① 6.0t   ② 7.5t

③ 8.0t   ④ 9.5t

⑤ 10.0t

22 다음 그림과 같이 게르버보에 연행 하중이 이동할 때, 지점 B에서 최대 휨모멘트는?

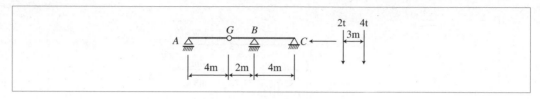

① $-8t \cdot m$

② $-9t \cdot m$

③ $-10t \cdot m$

④ $-11t \cdot m$

⑤ $-12t \cdot m$

23 다음 중 교통 포화도(Degree of Saturation)에 대한 관계로 옳은 것은?

① 첨두시간계수에 대한 AADT의 비

② K30에 대한 AADT의 비

③ 첨두시간 환산 교통량에 대한 용량의 비

④ 용량에 대한 통과 교통량의 비

⑤ K30에 대한 첨두시간계수의 비

24 축척 1 : 600인 지도상의 면적을 축척 1 : 500으로 계산하여 $38.675m^2$를 얻었다면, 실제 면적으로 옳은 것은?

① $26.858m^2$

② $32.229m^2$

③ $46.410m^2$

④ $55.692m^2$

⑤ $61.346m^2$

25 다음 중 직사각형 단순보에서 계수 전단력 $V_u = 70kN$을 전단철근 없이 지지하고자 할 경우 필요한 최소 유효깊이 d는?(단, $b=400mm$, $f_{ck}=24MPa$, $f_y=350MPa$, $\sqrt{24}=4.9$로 계산한다)

① 약 426mm

② 약 571mm

③ 약 611mm

④ 약 751mm

⑤ 약 826mm

26 다음 〈조건〉과 같은 조건의 경량콘크리트를 사용할 경우 경량 콘크리트계수(λ)는?

> **조건**
> - 콘크리트 설계기준 압축강도(f_{ck}) : 24MPa
> - 콘크리트 인장강도(f_{sp}) : 2.17MPa

① 약 0.72
② 약 0.75
③ 약 0.79
④ 약 0.85
⑤ 약 0.92

27 다음 중 기초폭이 4m인 연속기초에서 기초면에 작용하는 합력의 연직성분은 10t이고, 편심거리가 0.4m일 때, 기초지반에 작용하는 최대압축응력은?

① $2t/m^2$
② $4t/m^2$
③ $6t/m^2$
④ $8t/m^2$
⑤ $10t/m^2$

28 다음 중 철근 콘크리트 부재의 피복 두께에 대한 설명으로 옳지 않은 것은?

① 최소 피복 두께를 제한하는 이유는 철근의 부식 방지, 부착력의 증대, 내화성을 갖도록 하기 위해서이다.
② 콘크리트 표면과 그와 가장 가까이 배치된 철근 표면 사이의 콘크리트 두께를 피복 두께라 한다.
③ 현장치기 콘크리트로서, 옥외의 공기나 흙에 직접 접하지 않는 콘크리트의 최소 피복 두께는 기둥의 경우 40mm이다.
④ 현장치기 콘크리트로서, 흙에 접하거나 옥외의 공기에 직접 노출되는 콘크리트의 최소 피복 두께는 D16 이하의 철근의 경우 20mm이다.
⑤ 현장치기 콘크리트로서, 흙에 접하여 콘크리트를 친 후 영구히 흙에 묻혀 있는 콘크리트의 최소 피복 두께는 80mm이다.

29 다음의 그림과 같이 편심 하중 30t을 받는 단주에서 A점의 압축응력은?(단, 편심 거리 $e = 4$cm이다)

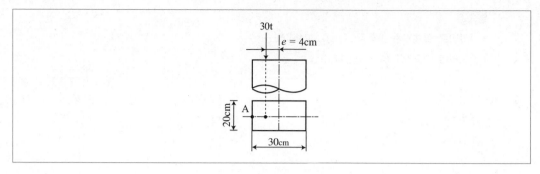

① 10kg/cm^2

② 25kg/cm^2

③ 45kg/cm^2

④ 90kg/cm^2

⑤ 120kg/cm^2

30 그림 (b)는 그림 (a)와 같은 단순보에 대한 전단력도(S.F.D; Shear Force Diagram)이다. 보 AB에는 어떠한 하중이 실려 있는가?

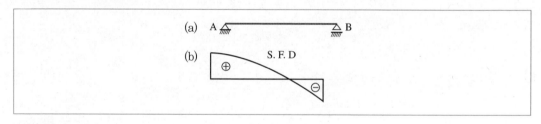

① 집중 하중

② 1차 함수분포 하중

③ 등변분포 하중

④ 모멘트 하중

⑤ 사다리꼴 하중

31 다음 중 GNSS 측량에 대한 설명으로 옳지 않은 것은?

① 다양한 항법위성을 이용한 3차원 측위방법으로, GPS, GLONASS, Galileo 등이 있다.

② VRS 측위는 수신기 1대를 이용한 절대측위 방법이다.

③ 지구질량 중심을 원점으로 하는 3차원 직교좌표체계를 사용한다.

④ 정지측량, 신속정치측량, 이동측량 등으로 측위방법을 구분할 수 있다.

⑤ 편도 거리 측정(One Way Ranging) 방식을 기본으로 사용한다.

32 다음 〈조건〉에 따른 군지수는?

조건

- 흙의 액성한계 : 49%
- 10번체 통과율 : 96%
- 200번체 통과율 : 70%
- 흙의 소성지수 : 25%
- 40번체 통과율 : 89%

① 9

② 12

③ 15

④ 18

⑤ 21

33 다음 중 $M_u = 170 \text{kN} \cdot \text{m}$의 계수 모멘트 하중을 지지하기 위한 단철근 직사각형 보의 필요한 철근량(A_s)을 구하면?(단, $b_w = 300\text{mm}$, $d = 450\text{mm}$, $f_{ck} = 28\text{MPa}$, $f_y = 350\text{MPa}$, $\phi = 0.85$이다)

① 약 $1,070\text{mm}^2$

② 약 $1,175\text{mm}^2$

③ 약 $1,280\text{mm}^2$

④ 약 $1,295\text{mm}^2$

⑤ 약 $1,372\text{mm}^2$

34 다음 중 노건조한 흙 시료의 부피가 $1,000\text{cm}^3$, 무게가 $1,700\text{g}$, 비중이 2.65일 때, 간극비는 얼마인가?

① 0.21

② 0.33

③ 0.45

④ 0.56

⑤ 0.82

35 다음 중 옹벽의 설계 및 해석에 대한 설명으로 옳지 않은 것은?

① 옹벽 저판의 설계는 슬래브의 설계방법 규정에 따라 수행해야 한다.

② 앞부벽식 옹벽에서 앞부벽은 직사각형보로 설계한다.

③ 부벽식 옹벽의 전면벽은 3변 지지된 2방향 슬래브로 설계할 수 있다.

④ 옹벽의 뒤채움 속에는 배수 구멍으로 물이 잘 모이도록 30cm 이상의 배수층을 만들어야 한다.

⑤ 옹벽은 상재하중, 뒷채움 흙의 중량, 옹벽의 자중 및 옹벽에 작용하는 토압, 필요에 따라서 수압에 견디도록 설계해야 한다.

36 다음 중 포화교통류율에 대한 설명으로 옳지 않은 것은?

① 실제조건에서 신호교차로 내 정지선을 통과할 수 있는 최대교통량이다.

② 용량에 대한 교통량의 비이다.

③ 주어진 도로 조건에서 15분 동안 최대로 통과할 수 있는 승용차 교통량을 1시간 단위로 환산한 값이다.

④ 1시간 관측 교통량 또는 중방향 설계시간 교통량을 첨두시간계수로 나눈 교통량이다.

⑤ 연평균 일교통량에 대한 설계시간 교통량의 비이다.

37 다음 중 옹벽의 안정 조건 중 전도에 의한 저항 모멘트는 횡토압에 의한 전도 모멘트의 최소 몇 배 이상이어야 하는가?

① 1.0배   ② 1.5배

③ 2.0배   ④ 2.5배

⑤ 3.0배

38 다음 중 교통안전표지에 대한 설명으로 옳지 않은 것은?

① 도로 이용자의 교통안전 및 원활한 흐름을 목적으로 한다.

② 도로 이용자에게 주의, 규제, 지시 등을 전달한다.

③ 설치 목적, 우선순위 등을 고려해야 한다.

④ 단독으로 설치할 수 있다.

⑤ 설치 시 알림을 목적으로 하므로 주변 교통환경은 고려하지 않아도 된다.

39 다음 중 고속국도, 자동차전용도로 등에서의 휴게시설의 배치 간격은 최대 몇 km인가?

① 10km   ② 25km

③ 40km   ④ 50km

⑤ 100km

40 다음 중 흙의 다짐시험에서 다짐에너지를 증가시킬 때 일어나는 결과는?

① 최적함수비는 감소하고, 최대건조 단위중량은 증가한다.

② 최적함수비는 증가하고, 최대건조 단위중량은 감소한다.

③ 최적함수비와 최대건조 단위중량이 모두 감소한다.

④ 최적함수비와 최대건조 단위중량이 모두 증가한다.

⑤ 최적함수비와 최대건조 단위중량이 모두 변화하지 않는다.

합격의공식
시대
에듀

www.sdedu.co.kr

답안채점 ● 성적분석 서비스

모바일 OMR

 → → → → → →

| 도서 내 모의고사 우측 상단에 위치한 QR코드 찍기 | 로그인 하기 | '시작하기' 클릭 | '응시하기' 클릭 | 나의 답안을 모바일 OMR 카드에 입력 | '성적분석 & 채점결과' 클릭 | 현재 내 실력 확인하기 |

도서에 수록된 모의고사에 대한
객관적인 결과(정답률, 순위)를
종합적으로 분석하여 제공합니다.

※OMR 답안채점 / 성적분석 서비스는 등록 후 30일간 사용 가능합니다.

시대에듀

공기업 취업을 위한 NCS
직업기초능력평가 시리즈

NCS부터 전공까지 완벽 학습 "통합서" 시리즈

공기업 취업의 기초부터 차근차근! 취업의 문을 여는 **Master Key!**

NCS 영역 및 유형별 체계적 학습 "집중학습" 시리즈

영역별 이론부터 유형별 모의고사까지! 단계별 학습을 통한 **Only Way!**

사이다 기출응용
모의고사 시리즈

사이다

사일 동안
이것만 풀면
다 합격!

한국도로공사
NCS+전공
4회분 | 정답 및 해설

모바일 OMR
답안채점 / 성적분석
서비스
—
NCS
핵심이론 및
대표유형 PDF
—
[합격시대]
온라인 모의고사
무료쿠폰
—
무료
NCS
특강

SDC는 시대에듀 데이터 센터의 약자로 약 30만 개의 NCS · 적성 문제
데이터를 바탕으로 최신 출제경향을 반영하여 문제를 출제합니다.

편저 | SDC(Sidae Data Center)

시대에듀

기출응용 모의고사
정답 및 해설

1일 차 기출응용 모의고사 정답 및 해설

01	02	03	04	05	06	07	08	09	10
④	④	③	①	①	④	④	①	①	④
11	12	13	14	15	16	17	18	19	20
②	③	④	④	③	④	②	③	④	①
21	22	23	24	25	26	27	28	29	30
④	①	③	①	④	②	①	③	④	②
31	32	33	34	35	36	37	38	39	40
②	①	②	①	②	①	③	②	④	②	③
41	42	43	44	45	46	47	48	49	50
③	③	④	①	③	④	②	③	②	②
51	52	53	54	55	56	57	58	59	60
④	④	①	④	③	④	④	②	①	③

01

정답 ④

제시문은 선택적 함묵증을 불안장애로 분류하고 있다. 따라서 (라) 불안장애에 대한 구체적인 설명 및 행동 – (가) 불안장애인 선택적 함묵증을 치료하기 위한 방안 – (다) 치료방법의 구체적 방안 중 하나인 '미술 치료' – (나) '미술 치료'가 선택적 함묵증의 증상을 보이는 아동에게 끼치는 영향 순으로 나열해야 한다.

02

정답 ④

마지막 문단에 따르면 한국도로공사뿐만 아니라 각 지방자치단체가 건설하고 관리하는 일반 유료도로도 있다.

03

정답 ③

㉠ 연임 : 원래 정해진 임기를 다 마친 뒤에 다시 계속하여 그 직위에 머무름
㉡ 부과 : 세금이나 부담금 따위를 매기어 부담하게 함
㉢ 임차 : 돈을 내고 남의 물건을 빌려 씀

04

정답 ①

ㄱ. 네 번째 문단에 따르면 한국도로공사가 발행한 이번 채권은 올해로 세 번째 발행된 해외 채권이므로 적절하지 않은 설명이다.
ㄴ. 두 번째 문단에 따르면 한국도로공사의 해외 채권 투자 수요 규모는 발행 목표를 초과하였으며, 금리 측면에서도 0.25%p 낮게 결정되었으므로 적절하지 않은 설명이다.

오답분석

ㄷ. 두 번째 문단에 따르면 정부의 채권발행이 외국인 투자자들에게 우호적인 영향을 주었고 이를 활용했기 때문에, 정부의 외국환평형기금채권이 한국도로공사의 이번 채권발행에 긍정적인 영향을 주었다고 볼 수 있다.
ㄹ. 세 번째 문단에 따르면 자산운용사의 비율이 62%이고, 보험사의 비율은 5%에 불과하므로 자산운용사의 수요가 더 많았다.

05

정답 ①

추천기간은 2025년 12월 31일까지고 공적기간은 같은 해 1월 1일부터이므로 2025년 2월에 선행을 한 B씨는 추천이 가능하다.

06

정답 ④

제36조 제1항 제1호에 따르면 총사업비가 1,000억 원 이상이면서, 당사 부담금액이 500억 원 이상인 신규 투자 및 출자사업은 투자심의위원회를 거쳐야 한다. ④의 경우 당사 부담금액이 500억 원 미만이므로 투자심의위원회의 심의를 거치지 않아도 된다.

오답분석

① 제20조 제1항에 따르면 예산운영계획안은 예산안과 동시에 수립한다.
② 제20조 제3항에 따르면 예산운영계획은 공정거래위원장이 아닌 산업통상자원부장관에게 보고해야 한다.

③ 제23조 제2항에 따르면 탄력적 예산운영을 위해 예산을 조정할 수 있는 곳은 예산운영부서가 아닌 예산관리부서이다.

07

간선도로는 평면 교차로의 수를 최소화하여 접근성을 제한하고, 인구가 많은 지역을 연결하여 차량 주행거리가 긴 장거리 통행에 적합하도록 이동성을 높인 도로이다.

08
정답 ①

제시문은 안전띠를 제대로 착용하지 않은 경우, 사고가 났을 때 일어날 수 있는 상해 가능성을 제시하며 안전띠의 중요성을 언급하고 있다. 따라서 기사의 제목으로 ①이 가장 적절하다.

09
정답 ①

오답분석
② 다릴 → 달일
③ 으시시 → 으스스
④ 치루고 → 치르고

10
정답 ④

(라)에서 인도네시아 왐푸수력발전소를 준공하였다는 내용을 확인할 수 있으나, 연간 순이익 377억 원 달성이라는 구체적인 내용은 확인할 수 없다. 따라서 ④는 (라)의 주제로 적절하지 않다.

11
정답 ②

제시문은 5060세대에 대해 설명하는 글로, 기존에는 5060세대들이 사회로부터 배척되었다면 최근에는 사회·경제적인 면에서 그 위상이 높아졌고, 이로 인해 마케팅 전략 또한 변화될 것이라고 보고 있다. 따라서 글의 제목으로는 ②가 가장 적절하다.

12
정답 ③

제시문은 최근 식도암 발병률이 늘고 있는데, D병원의 조사 결과를 근거로 식도암을 조기 발견하여 치료하면 치료 성공률을 높일 수 있다는 글이다. 따라서 (라) 최근 서구화된 식습관으로 식도암이 증가 - (가) 식도암은 조기에 발견하면 치료 성공률을 높일 수 있음 - (마) D병원이 조사한 결과 초기에 치료할 경우 생존율이 높게 나옴 - (나) 식도암은 조기에 발견할수록 치료 효과가 높았지만 실제로 초기에 치료받는 환자의 수는 적음 - (다) 식도암을 조기에 발견하기 위해서 50대 이상 남성은 정기적으로 검사를 받는 것이 중요함 순으로 나열해야 한다.

13
정답 ④

제시문은 인구가 줄어들면서 공공재원의 확보와 확충이 어려운 상황에서 공공재원의 효율적 활용 방안과 논의의 필요성에 대해 설명하는 글이다. 따라서 (나) 우리나라의 인구감소 시대 돌입 - (라) 공공재원 확보와 확충의 어려움 - (가) 공공재원의 효율적 활용 방안 - (다) 공공재원의 효율적 활용 등에 대한 논의 필요 순으로 나열해야 한다.

14
정답 ④

미생물을 끓는 물에 노출하면 영양세포나 진핵포자는 죽일 수 있으나, 세균의 내생포자는 사멸시키지 못한다. 멸균은 포자, 박테리아, 바이러스 등을 완전히 파괴하거나 제거하는 것이므로 물을 끓여서 하는 열처리 방식으로는 멸균이 불가능함을 알 수 있다. 따라서 빈칸에 들어갈 내용으로는 소독은 가능하지만, 멸균은 불가능하다는 ④가 가장 적절하다.

15
정답 ③

- 첫 번째 빈칸 : 앞 문장에서 '도로'라고 구체적으로 한정하고 있기 때문에, 빈칸에 들어갈 규범이 '약하다'라고 하려면, '도로'로 한정해야 한다. 따라서 ⓒ이 적절하다.
- 두 번째 빈칸 : 첫 번째 빈칸과 같은 방법을 적용하면 된다. 앞 문장에서 '도로의 교량'이라고 언급하고 있으므로, ㉠이 적절하다.
- 세 번째 빈칸 : 빈칸보다는 강하다고 할 수 없다고 했으므로, 앞 문장과 빈칸은 구체적으로 한정하고 있는 부분이 다르다. 따라서 ㉡이 적절하다.

16
정답 ④

전국에서 자전거전용도로의 비율은 $\frac{2,843}{21,176} \times 100 = 13.4\%$를 차지한다.

오답분석
① 제주특별자치도는 전국에서 여섯 번째로 자전거도로가 길다.
② 광주광역시의 전국 대비 자전거전용도로와 자전거보행자겸용도로의 비율을 구하면 다음과 같다.
- 자전거전용도로의 비율 : $\frac{109}{2,843} \times 100 = 3.8\%$
- 자전거보행자겸용도로의 비율 : $\frac{484}{16,331} \times 100 = 3\%$

따라서 자전거전용도로의 비율이 더 높다.
③ 경상남도의 전국 대비 자전거보행자겸용도로의 비율을 구하면 $\frac{1,186}{16,331} \times 100 = 7.3\%$이다.

1일 차 정답 및 해설 **3**

17

정답 ②

제시된 그래프는 구성비에 해당하므로 2024년에 전체 수송량이 증가하였다면 2024년 구성비가 감소하였어도 수송량은 증가하였을 수도 있다.

18

정답 ③

투자비중을 고려하여 각각의 투자원금과 투자수익을 구하면 다음과 같다.

• 상품별 투자원금
 − A(주식) : 2천만×0.4=800만 원
 − B(채권) : 2천만×0.3=600만 원
 − C(예금) : 2천만×0.3=600만 원
• 6개월 동안의 투자수익
 − A(주식) : $800 \times \left\{ 1 + \left(0.10 \times \dfrac{6}{12} \right) \right\} = 840$만 원
 − B(채권) : $600 \times \left\{ 1 + \left(0.04 \times \dfrac{6}{12} \right) \right\} = 612$만 원
 − C(예금) : $600 \times \left\{ 1 + \left(0.02 \times \dfrac{6}{12} \right) \right\} = 606$만 원

∴ 840만+612만+606만=2,058만 원

19

정답 ④

ㄷ. 출산율은 2023년까지 계속 증가하였으며, 2024년에는 감소하였다.
ㄹ. 출산율과 남성 사망률의 차이는 2020년부터 2024년까지 각각 18.2%, 20.8%, 22.5%, 23.7%, 21.5%로 2023년이 가장 크다.

오답분석
ㄱ. 2020년 대비 2024년의 전체 인구수의 증감률을 구하면 $\dfrac{12,808 - 12,381}{12,381} \times 100 ≒ 3.4\%$이다.
ㄴ. 가임기 여성의 비율과 출산율의 증감 추이는 서로 다르다.

20

정답 ①

여성 사망률이 가장 높았던 해는 7.8%인 2023년이다. 따라서 옳지 않은 것은 ㄹ로, 한 개이다.

21

정답 ④

환경오염 사고는 2024년에 전년 대비 $\dfrac{116 - 246}{246} \times 100 ≒ -52.8\%$, 즉 52.8%의 감소율을 보이므로 옳지 않은 설명이다.

오답분석
① 전기(감전) 사고는 2022년부터 2024년까지 매년 569건, 558건, 546건으로 감소하는 모습을 보이고 있다.
② 전체 사고 건수에서 화재 사고는 2018년부터 2024년까지 약 14.9%, 15.3%, 14.2%, 13.9%, 14.2%, 14.1%, 14.3%로 매년 13% 이상 차지하고 있다.
③ 해양 사고의 2018년 대비 2024년 증가율은 $\dfrac{2,839 - 1,627}{1,627} \times 100 ≒ 74.5\%$이므로 옳은 설명이다.

22

정답 ①

퍼낸 소금물의 양을 xg이라고 하면 다음과 같은 식이 성립한다.

$$\left(\frac{6}{100} \times 700 \right) - \frac{6}{100}x + \frac{13}{100}x = \frac{9}{100} \times 700$$

→ $4,200 - 6x + 13x = 6,300$
→ $7x = 2,100$
∴ $x = 300$

따라서 퍼낸 소금물의 양은 300g이다.

23

정답 ③

원의 둘레는 $2\pi r$이고, 각 롤러가 칠할 수 있는 면적은 (원의 둘레)×(너비)이다. A롤러의 반지름(r)은 5cm, B롤러의 반지름(r)은 1.5cm이므로 A롤러가 1회전 할 때 칠할 수 있는 면적은 $2\pi \times 5 \times$(너비), B롤러가 1회전 할 때 칠할 수 있는 면적은 $2\pi \times 1.5 \times$(너비)이다. π와 롤러의 너비는 같으므로 소거하면, A롤러는 10, B롤러는 3만큼의 면적을 칠한다. 즉, 처음으로 같은 면적을 칠하기 위해 A롤러는 3바퀴, B롤러는 10바퀴를 회전해야 한다. 따라서 A롤러와 B롤러가 회전한 수의 합은 10+3=13바퀴이다.

24

정답 ①

두 사람이 걸은 거리의 합은 24km이므로 세화가 걸은 거리의 길이를 $x$km이라고 하고, 성현이가 걸은 거리의 길이를 $y$km라고 하면 다음과 같은 식이 성립한다.

• $x + y = 24$ ··· ㉠
• $\dfrac{x}{5} = \dfrac{y}{3}$ ··· ㉡

㉠, ㉡을 연립하면 다음과 같다.
• $x + y = 24$ ··· ㉠
• $3x - 5y = 0$ ··· ㉡'
$3 \times ($㉠$-$㉡'$) = 8y = 72$이다.
따라서 $x = 15$, $y = 9$이므로 세화가 걸은 거리는 15km이다.

25

정답 ④

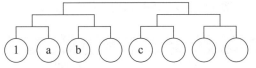

- 2반이 a자리에 배정될 확률 : $\frac{1}{7}$

- 2반이 b자리에 배정되고, 1반과 만날 확률

  : $\frac{1}{2} \times \frac{2}{7} \times \frac{1}{2} = \frac{1}{14}$

- 2반이 c자리에 배정되고, 1반과 만날 확률

  : $\left(\frac{1}{2}\right)^2 \times \frac{4}{7} \times \left(\frac{1}{2}\right)^2 = \frac{1}{28}$

따라서 1반과 2반이 축구 시합에서 만날 확률을 계산하면

$\frac{1}{7} + \frac{1}{14} + \frac{1}{28} = \frac{7}{28} = \frac{1}{4}$ 이다.

26

정답 ②

설문에 응한 총고객수를 x명이라 하면, 연비를 장점으로 선택한 260명의 고객은 전체의 13%이므로 다음과 같다.

$\frac{13}{100}x = 260$

$\therefore x = 260 \times \frac{100}{13} = 2,000$

따라서 설문에 응한 총고객수는 2,000명이다.

27

정답 ①

2020년 대비 2024년 국제소포 분야의 매출액 증가율은

$\frac{21,124 - 17,397}{17,397} \times 100 ≒ 21.4\%$이므로 옳지 않은 설명이다.

오답분석

② 자료의 합계를 통해 2024년 4/4분기 매출액이 2024년 다른 분기에 비해 가장 높은 것을 확인할 수 있다.

③ 분야별 2020년 대비 2024년 매출액 증가율은 다음과 같다.

- 국제통상 분야 : $\frac{34,012 - 16,595}{16,595} \times 100 ≒ 105.0\%$

- 국제소포 분야 : $\frac{21,124 - 17,397}{17,397} \times 100 ≒ 21.4\%$

- 국제특급 분야 : $\frac{269,674 - 163,767}{163,767} \times 100 ≒ 64.7\%$

  따라서 2020년 대비 2024년 매출액 증가율이 가장 큰 분야는 국제통상 분야의 매출액이다.

④ 2023년 전체에서 국제통상 분야의 매출액 비율은 $\frac{26,397}{290,052} \times$ $100 ≒ 9.1\%$이므로 10% 미만이다.

28

정답 ③

아시아주 전체 크루즈 이용객의 수는 미주 전체 크루즈 이용객의 수의 $\frac{1,548}{2,445} \times 100 ≒ 63\%$이다.

오답분석

① 여성 크루즈 이용객이 가장 많은 국적은 미국이며, 미국의 전체 크루즈 이용객 중 남성 이용객 비율은 50% 미만이다.

② 브라질 국적의 남성 이용객의 수는 인도네시아 국적의 남성 이용객 수의 $\frac{16}{89} \times 100 ≒ 18\%$이므로, 20% 미만이다.

④ 남성의 수가 여성의 수보다 많아 100%를 넘어가는 경우의 나라만 따져보면, 인도의 경우 남성 크루즈 이용객의 수가 여성 크루즈 이용객의 수의 20배인 $18 \times 20 = 360$명보다 더 많은 것을 알 수 있다. 다른 국가 중 남성 크루즈 이용객의 수가 여성 크루즈 이용객의 수의 20배를 초과하는 경우는 없으므로 여성 크루즈 이용객 대비 남성 크루즈 이용객의 비율이 가장 높은 국적은 인도임을 알 수 있다.

29

정답 ④

(공주거리)=(속도)×(공주시간)이고, 이를 대입하면 72km/h= $\frac{72,000}{3,600}$ m/s=20m/s이므로 시속 72km로 달리는 자동차의 공주거리는 20m/s×1s=20m이다.

따라서 자동차의 정지거리는 공주거리와 제동거리의 합이므로, 20+36=56m이다.

30

정답 ②

최초 투입한 원유의 양을 aL라 하면 다음과 같다.

- LPG를 생산하고 남은 원유의 양 : $(1-0.05a)=0.95a$L

- 휘발유를 생산하고 남은 원유의 양 : $0.95a(1-0.2)=0.76a$L

- 등유를 생산하고 남은 원유의 양 : $0.76a(1-0.5)=0.38a$L

- 경유를 생산하고 남은 원유의 양 : $0.38a(1-0.1)=0.342a$L

따라서 아스팔트의 생산량은 $0.342a \times 0.04 = 0.01368a$L이고, 아스팔트는 최초 투입한 원유량의 $0.01368 \times 100 = 1.368\%$ 생산된다.

31

정답 ②

사진과 함께 댓글로 구매평을 남길 경우 3,000원 할인 쿠폰이 지급되며, 이는 기존 원가인 30,000원에 10%인 가격과 일치한다.

32

모든 조건을 고려하면 A의 고향은 부산, B의 고향은 춘천, E의 고향은 대전이고, C, D의 고향은 각각 대구 또는 광주이다. 탑승자에 따라 열차의 경유지를 나타내면 다음과 같이 두 가지 경우가 나온다.

구분		대전	대구	부산	광주	춘천	탑승자
경우 1	열차 1	O	O	O			A, D, E
	열차 2	O		O		O	B
	열차 3	O			O		C
경우 2	열차 1	O		O	O		A, D, E
	열차 2	O		O		O	B
	열차 3	O	O				C

따라서 E의 고향은 대전이다.

33

정답 ②

열차 1이 광주를 경유하면 32번 해설표에 따라 '경우 2'에 해당한다. 따라서 열차 3에 타는 사람은 C이며, 목적지는 대구이다.

34

정답 ①

열차 2는 대전, 부산, 춘천을 경유하므로 대구와 광주가 고향인 C, D를 제외하면 열차 2를 탈 수 있는 사람은 A, B, E이다.

35

정답 ①

오답분석

② 서랍장의 가로 길이와 붙박이 수납장 문을 여는 데 필요한 간격과 폭을 더한 길이는 각각 1,100mm, 1,200mm(=550+650)이고, 사무실 문을 여닫는 데 필요한 1,000mm의 공간을 포함하면 총길이는 3,300mm이다. 따라서 사무실의 가로 길이인 3,000mm를 초과하므로 불가능한 배치이다.

③ 서랍장과 캐비닛의 가로 길이는 각각 1,100mm, 1,000mm이고, 사무실 문을 여닫는 데 필요한 1,000mm의 공간을 포함하면 총길이는 3,100mm이다. 따라서 사무실의 가로 길이인 3,000mm를 초과하므로 불가능한 배치이다.

④ 회의 탁자의 세로 길이와 서랍장의 가로 길이는 각각 2,110mm, 1,100mm이고, 붙박이 수납장 문을 여는 데 필요한 간격과 폭을 더한 길이인 1,200mm(=550+650)를 포함하면 총길이는 4,410mm이다. 따라서 사무실의 세로 길이인 3,400mm를 초과하므로 불가능한 배치이다.

36

정답 ③

각 임직원의 항목 평균점수를 구하면 다음과 같다.

(단위 : 점)

성명	조직기여	대외협력	기획	평균	순위
유시진	58	68	83	69.67	9
최은서	79	98	96	91	1
양현종	84	72	86	80.67	6
오선진	55	91	75	73.67	8
이진영	90	84	97	90.33	2
장수원	78	95	85	86	4
김태균	97	76	72	81.67	5
류현진	69	78	54	67	10
강백호	77	83	66	75.33	7
최재훈	80	94	92	88.67	3

따라서 상위 4명인 최은서, 이진영, 최재훈, 장수원이 해외연수 대상자로 선정된다.

37

정답 ②

평균점수의 내림차순으로 순위를 정리하면 다음과 같다.

(단위 : 점)

성명	조직기여	대외협력	기획	평균	순위
최은서	79	98	96	91	1
이진영	90	84	97	90.33	2
최재훈	80	94	92	88.67	3
장수원	78	95	85	86	4
김태균	97	76	72	81.67	5
양현종	84	72	86	80.67	6
강백호	77	83	66	75.33	7
오선진	55	91	75	73.67	8
유시진	58	68	83	69.67	9
류현진	69	78	54	67	10

따라서 8위인 오선진은 해외연수 대상자가 될 수 없다.

38

정답 ④

ㄴ. 민간의 자율주행기술 R&D를 지원하여 기술적 안정성을 높이는 전략은 위협을 최소화하는 내용은 포함하지 않고 약점만 보완하는 것이므로 ST전략으로 적절하지 않다.

ㄹ. 국내기업의 자율주행기술 투자가 부족한 약점을 국가기관의 주도로 극복하려는 것은 약점을 최소화하고 위협을 회피하려는 WT전략으로 적절하지 않다.

ㄱ. 높은 수준의 자율주행기술을 가진 외국 기업과의 기술이전협약 기회를 통해 국내외에서 우수한 평가를 받는 국내 자동차 기업의 수준을 향상시켜 국내 자율주행자동차 산업의 강점을 강화하는 전략은 SO전략으로 적절하다.

ㄷ. 국가가 지속적으로 자율주행차 R&D를 지원하는 법안이 본회의를 통과한 기회를 토대로 기술개발을 지원하여 국내 자율주행자동차 산업의 약점인 기술적 안전성을 확보하려는 전략은 WO전략으로 적절하다.

39 　　정답 ②

주어진 자료를 바탕으로 A ~ D연구원들의 성과금을 구하면 다음과 같다.

연구원	성과점수(점)	종합 기여도	성과급
A(석사)	$(75\times60\%)+(85\times40\%)$ $+(3\times2)-1=84$	B	84만 원
B(박사)	$(80\times60\%)+(80\times40\%)$ $+(3\times1)=83$	B	105만 원
C(석사)	$(65\times60\%)+(85\times40\%)$ $+2=75$	C	60만 원
D(학사)	$(90\times60\%)+(75\times40\%)=84$	B	70만 원

따라서 가장 많은 성과급을 지급받을 연구원은 B이다.

40 　　정답 ③

각각의 조건에서 해당되지 않는 쇼핑몰을 확인하여 선택지에서 하나씩 제거하는 방법으로 푸는 것이 좋다.
- 철수 : C, D, F는 포인트 적립이 안 되므로 해당 사항이 없다(②, ④ 제외).
- 영희 : 배송비를 고려하였으므로 A에는 해당 사항이 없다.
- 민수 : 주문 다음 날 취소가 되지 않았으므로 A, B, C에는 해당 사항이 없다(① 제외).
- 철호 : 환불 및 송금수수료, 배송비가 포함되었으므로 A, D, E, F에는 해당 사항이 없다.

41 　　정답 ③

- 두 번째 조건 : 홍보팀은 5실에 위치한다.
- 첫 번째 조건 : 홍보팀이 5실에 위치하므로, 마주보는 홀수실인 3실 또는 7실에 기획조정 1팀과 미래전략 2팀이 각각 위치한다.
- 네 번째 조건 : 보안팀은 남은 홀수실인 1실에 위치하고, 이에 따라 인사팀은 8실에 위치한다.
- 세 번째 조건 : 7실에 미래전략 2팀, 3실에 기획조정 1팀이 위치한다.

- 마지막 조건 : 2실에 기획조정 3팀, 4실에 기획조정 2팀이 위치하며, 6실에는 남은 팀인 미래전략 1팀이 위치한다.

주어진 조건에 따라 사무실을 배치하면 다음과 같다.

1실 보안팀	2실 기획조정 3팀	3실 기획조정 1팀	4실 기획조정 2팀

복도			

5실 홍보팀	6실 미래전략 1팀	7실 미래전략 2팀	8실 인사팀

따라서 기획조정 1팀(3실)은 기획조정 2팀(4실)과 3팀(2실) 사이에 위치한다.

42 　　정답 ③

주어진 조건을 정리해 보면 다음과 같다.

구분	A	B	C	D
경우 1	호밀식빵	우유식빵	밤식빵	옥수수식빵
경우 2	호밀식빵	밤식빵	우유식빵	옥수수식빵

따라서 항상 참인 것은 ③이다.

①·②·④ 주어진 조건만으로는 판단하기 어렵다.

43 　　정답 ④

C는 3층에 내렸으므로 다섯 번째 조건에 의해 B는 6층, F는 7층에 내린 것을 알 수 있다. 네 번째 조건에서 G는 C보다 늦게, B보다 빨리 내렸다고 하였으므로 G는 4층 또는 5층에 내렸다. 그리고 I는 D보다 늦게, G보다는 일찍 내렸으며, D는 A보다 늦게 내렸으므로 A는 1층, D는 2층, I는 4층이 된다. 그러므로 G는 5층에서 내렸다. 또한, 두 번째 조건에 의해 H는 홀수 층에서 내렸으므로 H는 9층, E는 8층에서 내렸다. 이를 표로 정리하면 다음과 같다.

1층	2층	3층	4층	5층	6층	7층	8층	9층
A	D	C	I	G	B	F	E	H

따라서 짝수 층에서 내리지 않은 사람은 G이다.

44 　　정답 ①

조건을 충족하는 경우를 표로 나타내보면 다음과 같다.

구분	첫 번째	두 번째	세 번째	네 번째	다섯 번째	여섯 번째
경우 1	교육	보건	농림	행정	국방	외교
경우 2	교육	보건	농림	국방	행정	외교
경우 3	보건	교육	농림	행정	국방	외교
경우 4	보건	교육	농림	국방	행정	외교

따라서 교육부는 항상 첫 번째 또는 두 번째에 감사를 시작한다.

45
정답 ③

A가 서브한 게임에서 기획팀이 득점하였으므로 이어지는 서브권은 A가 가지며, 총 4점을 득점한 상황이므로 팀 내에서 선수끼리 자리를 교체하여 A가 오른쪽에서 서브를 해야 한다. 그리고 서브를 받는 영업팀은 서브권이 넘어가지 않았기 때문에 선수끼리 코트 위치를 바꾸지 않는다. 따라서 서브 방향 및 선수 위치로 옳은 것은 ③이다.

46
정답 ④

1) 4 for factor 48 → Error Value=4
   35 for factor 67 → Error Value=1
   14 for factor 240 → Error Value=4
2) Error Value 4, 1, 4의 합인 9를 FEV로 지정
   FEV=009
3) Correcting Value=382B
   → FEV를 구성하는 숫자 0, 9가 Correcting Value 382B에 포함되지 않음

따라서 입력 코드는 shdnsys이다.

47
정답 ②

1) 7 for factor 52 → Error Value=1
   63 for factor 76 → Error Value=6
   42 for factor 28 → Error Value=2
2) Error Value 1, 6, 2 중 가장 큰 값인 6을 FEV로 지정
   FEV=006
3) Correcting Value=526H(문자 H는 없는 것으로 함)
   → FEV를 구성하는 숫자 0, 6 중 일부만("6") Correcting Value 526H에 포함됨

따라서 입력 코드는 cldn35이다.

48
정답 ③

for 반복문은 i값이 0부터 1씩 증가하면서 10보다 작을 때까지 수행하므로 i값은 각 배열의 인덱스(0 ~ 9)를 가리키게 되고, num에는 i가 가르키는 배열 요소 값의 합이 저장된다. arr 배열의 크기는 10이고 초기값들은 배열의 크기 10보다 작으므로 나머지 요소들은 0으로 초기화된다. 따라서 배열 arr는 {1, 2, 3, 4, 5, 0, 0, 0, 0, 0}으로 초기화되므로 이 요소들의 합 15와 num의 초기값 10에 대한 합은 25이다.

49
정답 ②

증감 연산자(++, --)는 피연산자를 1씩 증가시키거나 감소시킨다. 수식에서 증감 연산자가 피연산자의 후의에 사용되었을 때는 값을 먼저 리턴하고 증감시킨다.
temp=i++;은 temp에 i를 먼저 대입하고 난 뒤 i 값을 증가시키기 때문에 temp는 10, i는 11이 된다. temp=i--; 역시 temp에 먼저 i 값을 대입한 후 감소시키기 때문에 temp는 11, i는 10이 된다.

50
정답 ②

제시문에서 설명하는 용어는 '정보'이다.

오답분석
① 자료 : 정보 작성을 위하여 필요한 자료를 말하는 것으로, '아직 특정 목적에 대하여 평가되지 않은 상태의 숫자나 문자들의 단순한 나열'을 뜻한다.
③ 지식 : '어떤 특정의 목적을 달성하기 위해 과학적 또는 이론적으로 추상화되거나 정립되어 있는 일반화된 정보'를 뜻하는 것으로, 어떤 대상에 대하여 원리적·통일적으로 조직되어 객관적 타당성을 요구할 수 있는 판단의 체계를 제시한다.

51
정답 ④

저장매체에 저장된 자료는 시간이 지나도 언제든지 동일한 형태로 재생이 가능하므로 정적정보에 해당된다.

오답분석
① 정보는 원래 형태 그대로 활용하거나 분석, 정리 등 가공하여 활용할 수 있다.
② 정보를 가공하는 것뿐만 아니라 일정한 형태로 재표현하는 것도 가능하다.
③ 시의성이 사라지면 정보의 가치가 떨어지는 동적정보와 달리, 정적정보의 경우 이용 후에도 장래에 활용을 하기 위해 정리하여 보존하는 것이 좋다.

52
정답 ④

개인정보는 다양한 분야에서 사용할 수 있다. 개인정보는 일반정보, 가족정보, 교육 및 훈련정보, 병역정보, 부동산 및 동산 정보, 소득정보 등 다양하게 분류된다. ㄱ은 가족정보, ㄴ은 교육정보, ㄷ은 기타 수익정보, ㄹ은 법적정보에 속한다.

53

쿠키는 웹에 접속할 때 자동적으로 만들어지는 임시 파일로 이용자의 ID, 비밀번호 등의 정보가 담겨 있다. 특정 웹사이트에서는 사용자 컴퓨터의 정보 수집을 위해 사용되며, 해당 업체의 마케팅에 도움이 되기는 하지만 개인정보의 침해 소지가 있다. 따라서 주기적으로 삭제하는 것이 개인정보가 유출되지 않도록 하는 방법이다.

54

상품이 '하모니카'인 매출액의 평균을 구해야 하므로 AVERAGEIF 함수를 사용해야 한다. 「=AVERAGEIF(계산할 셀의 범위,평균을 구할 셀의 정의,평균을 구하는 셀)」로 표시되기 때문에 [E11] 셀에는 「=AVERAGEIF(B2:B9,"하모니카",E2:E9)」를 입력해야 한다.

55

'볼펜은 행사에 참석한 직원 1인당 1개씩 지급한다.'라고 되어 있고 퇴직자가 속한 부서의 팀원 수가 [C2:C11]에 나와 있으므로 옳은 설명이다.

오답분석

㉠ '퇴직하는 직원이 소속된 부서당 화분 1개가 필요하다.'라고 되어 있고 자료를 보면 각 퇴직자의 소속부서가 모두 다르기 때문에 화분은 총 10개가 필요하다.
㉡ '근속연수 20년 이상인 직원에게 명패를 준다.'라고 되어 있으므로 입사년도가 2006년 이하인 직원부터 해당된다. 퇴직자 중에서는 B씨, C씨, F씨, I씨 총 4명이지만 주어진 자료만 보고 행사에 참석하는 모든 직원의 입사연도를 알 수 없으므로 옳지 않은 설명이다.

56

UPPER 함수는 알파벳 소문자를 대문자로 변경하며, TRIM 함수는 불필요한 공백을 제거하므로 'MNG-002KR'이 결괏값으로 출력된다.

57

랜섬웨어(Ransom ware)에 감염되면 프로그램과 파일 복구가 어려우므로. 복구 프로그램을 활용하는 것은 주의사항으로 보기 어렵다.

58

악성코드(Malware)는 악의적인 목적을 위해 만들어져 실행되는 코드를 지칭한다. 자가복제 능력과 감염 유무에 따라 트로이 목마(Trojan Horse), 웜 바이러스(Computer Worm) 등으로 분류되며 외부에서 침입하는 프로그램이다.

59

고객 신상 정보의 경우 유출하거나 임의로 삭제하는 것 등의 행동은 안 되며, 거래처에서 빌린 컴퓨터 본체에 저장되어 있었기 때문에 거래처 담당자에게 되돌려주는 것이 가장 적절하다.

60

메모장에 그림, 차트, OLE 개체는 삽입할 수 없다.

오답분석
① 메모장의 [속성]에서 설정 가능하다.
② 〈F5〉를 활용하여 기록할 수 있다.
④ [편집] - [찾기] 기능을 통해 가능하다.

2일 차 기출응용 모의고사 정답 및 해설

01	02	03	04	05	06	07	08	09	10
④	①	④	③	④	①	③	④	④	①
11	12	13	14	15	16	17	18	19	20
③	④	④	④	③	③	②	③	④	①
21	22	23	24	25	26	27	28	29	30
①	④	①	④	④	③	④	④	①	④
31	32	33	34	35	36	37	38	39	40
④	④	④	③	③	①	④	①	③	③
41	42	43	44	45	46	47	48	49	50
②	②	②	③	③	③	③	②	④	③
51	52	53	54	55	56	57	58	59	60
③	③	④	④	①	①	①	①	④	②

01

정답 ④

제시문에서는 고속도로 노면 및 휴게소 청소, 터널 내 미세먼지 저감시설 설치 등 고속도로의 미세먼지를 줄이기 위한 한국도로공사의 다양한 대책들에 대해 설명하고 있다. 따라서 이러한 내용을 모두 포함할 수 있는 ④가 글의 제목으로 가장 적절하다.

오답분석
①・② 제시문에서 미세먼지의 발생 원인이나 문제점에 대한 내용은 찾아볼 수 없다.
③ 휴게소의 개선방안은 한국도로공사의 다양한 대책 중 하나이다. 따라서 전체 내용을 포괄하지 않으므로 글의 제목으로는 적절하지 않다.

02

정답 ①

오답분석
② 차량을 갓길로 이동시킨다고 2차 사고가 일어나지 않는 것이 아니다. 갓길에서도 2차 사고가 일어날 가능성이 크므로 빨리 견인조치를 해야 한다.

③ 도로에서 사고가 일어났을 경우 뒤따르는 차에 의해 2차 사고가 유발될 수 있으므로 신속하게 차량을 갓길로 이동시켜야 한다.
④ 돌발 상황 발견 시 비상등을 작동하여 후행차량에 알려야 한다.

03

정답 ④

'투영하다'는 '어떤 상황이나 자극에 대한 해석, 판단, 표현 따위에 심리 상태나 성격을 반영하다.'의 의미이다. 따라서 '투영하지'가 적절하다.

04

정답 ③

제시문의 '가리다'는 '보이거나 통하지 못하도록 막다.'라는 의미로 쓰였으며, 이와 같은 의미로 사용된 것은 ③이다.

오답분석
① 여럿 가운데서 하나를 구별하여 고르다.
② 낯선 사람을 대하기 싫어하다.
④ 잘잘못이나 좋은 것과 나쁜 것 따위를 따져서 분간하다.

05

정답 ④

도로명주소는 위치정보체계 도입을 위하여 도로에는 도로명을, 건물에는 건물번호를 부여하는 도로방식에 의한 주소체계로 국가 교통, 우편배달 및 생활편의시설 등의 위치정보 확인에 활용되고 있다. ④는 도로명주소의 활용 분야와 거리가 멀다.

06

정답 ①

• 첫 번째 빈칸 : 공간 정보가 정보 통신 기술의 발전으로 시간에 따른 변화를 반영할 수 있게 되었다는 빈칸 뒤의 내용을 통해 빈칸에는 시간에 따른 공간의 변화를 포함한 공간 정보를 이용할 수 있게 되면서 '최적의 경로 탐색'이 가능해졌다는 내용의 ㉠이 적절하다.
• 두 번째 빈칸 : ㉡은 빈칸 앞 문장의 '탑승할 버스 정류장의 위치, 다양한 버스 노선, 최단 시간 등을 분석하여 제공하는' 지리 정보시스템이 '더 나아가' 제공하는 정보에 관해 이야기한다. 따라서 빈칸에는 ㉡이 적절하다.

• 세 번째 빈칸 : 빈칸 뒤의 내용에서는 공간 정보가 활용되고 있는 다양한 분야와 앞으로 활용될 수 있는 분야를 이야기하고 있으므로 빈칸에는 공간 정보의 활용 범위가 계속 확대되고 있다는 ⓒ이 적절하다.

07
정답 ③

제시문은 코젤렉의 개념사에 대한 정의와 특징을 설명하고 있다. 따라서 (라) 개념에 대한 논란과 논쟁 속에서 등장한 코젤렉의 개념사 – (가) 코젤렉의 개념사와 개념에 대한 분석 – (나) 개념에 대한 추가적인 분석 – (마) 개념사에 대한 추가적인 분석 – (다) 개념사의 목적과 코젤렉의 주장의 순으로 나열해야 한다.

08
정답 ④

제시문은 건축 재료에 대한 기술적 탐구로 등장하게 된 프리스트레스트 콘크리트에 대해 설명하고 있다. 따라서 (마) 프리스트레스트 콘크리트의 등장 – (아) 프리스트레스트 콘크리트 첫 번째 제작 과정 – (가) 프리스트레스트 콘크리트 두 번째 제작 과정 – (나) 프리스트레스트 콘크리트가 사용된 킴벨 미술관 – (다) 프리스트레스트 콘크리트로 구현한 기둥 간격 – (사) 프리스트레스트 콘크리트 구조로 얻는 효과 – (바) 건축 미학의 원동력이 되는 새로운 건축 재료 – (라) 건축 재료와 건축 미학의 유기적 관계 순으로 나열해야 한다.

09
정답 ④

실란트는 만 18세 미만의 대상자에게만 건강보험이 적용된다.

① 스케일링의 지원 급여적용은 연 기준 매해 7월 1일부터 다음 해 6월 30일까지이므로 가능하다.
② 임산부의 건강보험 본인부담금은 10%이다.
③ 틀니의 건강보험은 만 65세 이상의 경우 적용된다.

10
정답 ①

제시된 기사는 여름 휴가철 원활한 교통편의 제공을 위해 특별 교통대책으로 갓길차로 운영, 실시간 교통정보 제공, 대중교통 수송력 확충, 졸음쉼터 그늘막 설치 등의 대책이 있음을 안내하고 있다. 따라서 이러한 내용을 모두 포함하는 ①이 기사의 제목으로 가장 적절하다.

11
정답 ③

세 번째 문단에서 자연권설에서는 기본권이 지니는 방어적·저항적 성격은 오늘날에도 여전히 부정할 수 없다고 보았다.

① 첫 번째 문단에 따르면 기본권은 인권 사상에서 유래되었다.
② 두 번째 문단에 따르면 개인이 기본권에 대하여 작위나 부작위를 요청할 수 있다.
④ 네 번째 문단에 따르면 결국 자유권도 헌법 또는 법률에 의하지 않고는 제한되지 않는 인간의 자유를 말한다.

12
정답 ④

자유에 대해서 직접적으로 언급한 것은 실정권설이다.

① 자연권설은 인간의 본성에 의거하여 인간이 가지는 권리임을 주장했다.
② 자연권설은 기본권을 인간이 인간으로서 가지는 당연한 권리로서 인식했다.
③ 실정권설은 국가의 테두리 안의 관점에서 자유권을 바라보았다.

13
정답 ④

생존권적 기본권은 천부적인 권리로서 주어진 자유적 기본권과 달리 법 테두리 안에서 실현되기 때문에 실정권으로 보는 것이 적절하다.

① 전자는 후자와 달리 실정권임을 인정한다고 하였으므로 적절하지 않다.
② 국가 권력에 앞서 존재하는 것은 자연권적 기본권이다.
③ 인간의 직접적인 본성과 연관되어 있는 것은 자유권적 기본권뿐이다.

14
정답 ④

빈칸 앞에서는 치매안심센터의 효과적인 운영을 위한 정부차원의 적극적인 지원의 필요성을 다루고, 빈칸 뒤에서는 치매케어의 전문적 수행을 위한 노력과 정책적 지원의 필요성을 다루고 있다. 따라서 빈칸에 들어갈 접속사는 '그 위에 더. 또는 거기에다 더'를 뜻하는 '또한'이 가장 적절하다.

15
정답 ③

상명하복을 중시해 온 공직 사회에서 완고한 거절은 오해를 불러일으키고 담당자의 오만함으로 비춰질 수도 있다. 이럴 때는 기존 관습을 따르는 것이 아니라 신뢰할 수 있는 조직문화를 형성하고 소통하는 것이 중요하며, 공직자는 사회적 감수성을 갖고 늘 성찰해야 한다.

16

정답 ③

출발지에서 목적지까지 거리를 $x$km라고 하면 다음과 같다.

- 목적지까지 가는 데 걸리는 시간 : $\dfrac{x}{80}$ 시간
- 목적지에서 돌아오는 데 걸리는 시간 : $\dfrac{x}{120}$ 시간

$\dfrac{x}{80} + \dfrac{x}{120} \leq 1$

$\rightarrow 5x \leq 240$

$\therefore x \leq 48$

따라서 최대 48km 떨어져 있어야 한다.

17

정답 ②

두 소금물을 합하면 소금물의 양은 800g이다. 이 소금물의 증발량을 xg이라고 하면 다음 식이 성립한다.

$\dfrac{(300 \times 0.07) + (500 \times 0.08)}{800 - x} \times 100 \geq 10$

$\rightarrow (21 + 40) \times 10 \geq 800 - x$

$\rightarrow x \geq 800 - 610$

$\therefore x \geq 190$

따라서 800g의 소금물에서 물 190g 이상을 증발시켜야 농도 10% 이상인 소금물을 얻을 수 있다.

18

정답 ③

- 9명의 신입사원을 3명씩 3조로 나누는 경우의 수

  $: {}_9C_3 \times {}_6C_3 \times {}_3C_3 \times \dfrac{1}{3!}$

  $= \dfrac{9 \times 8 \times 7}{3 \times 2 \times 1} \times \dfrac{6 \times 5 \times 4}{3 \times 2 \times 1} \times 1 \times \dfrac{1}{3 \times 2 \times 1} = 280$가지

- A, B, C에 한 조씩 배정하는 경우의 수 : $3! = 3 \times 2 \times 1 = 6$가지

따라서 가능한 모든 경우의 수는 $280 \times 6 = 1,680$가지이다.

19

정답 ②

작년 남학생 수와 여학생 수를 각각 x명, y명이라고 하면 다음 식이 성립한다.

$x + y = 1,200 \cdots \bigcirc$

$0.95x + 1.07y = 1,200 \cdots \bigcirc\!\!\bigcirc$

$\bigcirc$, $\bigcirc\!\!\bigcirc$을 연립하면 $x = 700$, $y = 500$이다.

따라서 작년 여학생 수는 500명이다.

20

정답 ①

뿔의 부피는 $\dfrac{1}{3} \times$ (밑면의 넓이) $\times$ (높이)로 구할 수 있고, 밑면은 정사각형이므로 넓이는 $6 \times 6 = 36\text{cm}^2$이다. 따라서 채워야 하는 물의 부피는 $\dfrac{1}{3} \times 36 \times 5 = 60\text{cm}^3$이다.

21

정답 ①

B팀이 2쿼터까지 얻은 점수를 x점이라 하면, A팀이 얻은 점수는 $(x+7)$점이다. B팀이 3쿼터와 4쿼터에 얻은 점수를 y점이라 하면, A팀이 얻은 점수는 $\dfrac{3}{5}y$점이다.

$x + 7 + \dfrac{3}{5}y = 75 \rightarrow 5x + 3y = 340 \cdots \bigcirc$

$x + y = 78 \cdots \bigcirc\!\!\bigcirc$

$\bigcirc\!\!\bigcirc - \bigcirc$을 하면 $x = 53$, $y = 25$이다.

따라서 A팀이 3쿼터와 4쿼터에 얻은 점수는 $\dfrac{3}{5} \times 25 = 15$점이다.

22

정답 ④

참여율이 4번째로 높은 해는 2021년이다. 2021년 참여율의 전년 대비 증가율은 $\dfrac{14.6 - 12.9}{12.9} \times 100 = 13.2\%$이다.

23

정답 ①

5년간 이륜자동차의 총 사고건수는 $12,400 + 12,900 + 12,000 + 11,500 + 11,200 = 60,000$건이고, 2021년과 2022년의 사고건수의 합은 $12,900 + 12,000 = 24,900$건이므로 2020 ~ 2024년 대비 2021 ~ 2022년 이륜자동차 총 사고건수의 비율은 41.5%이다.

오답분석

② 원동기장치 자전거의 사고건수는 2022년까지 증가하다가, 2023년에는 전년 대비 감소하였다.

③ 2021년부터 2024년까지 전동킥보드의 전년 대비 사고건수 비율을 구하면 다음과 같다.
- 2021년(12건) : 전년(8건) 대비 $12 \div 8 = 1.5$배
- 2022년(54건) : 전년(12건) 대비 $54 \div 12 = 4.5$배
- 2023년(81건) : 전년(54건) 대비 $81 \div 54 = 1.5$배
- 2024년(162건) : 전년(81건) 대비 $162 \div 81 = 2$배

따라서 증가율이 전년 대비 가장 높은 해는 2022년이다.

④ 2020년 대비 2024년 택시의 사고건수는 $\dfrac{177,856 - 158,800}{158,800} \times 100 = 12\%$ 증가하였고, 2020년 대비 2024년 버스의 사고건수는 $\dfrac{227,256 - 228,800}{222,800} \times 100 = 2\%$ 증가하였다. 따라서 택시의 증가율이 높다.

24
정답 ④

⊙ 5가지 교통수단 중 전동킥보드만 사고건수가 매년 증가하고 있으며 대책이 필요하다.

© 2021년 이륜자동차에 면허에 대한 법률이 개정되었고, 2022년부터 시행되었으며, 2022 ~ 2024년 전년 대비 이륜자동차의 사고건수가 매년 줄어들고 있으므로 옳은 판단이다.

② 택시의 2020년도부터 2024년까지의 사고건수는 '증가 – 감소 – 증가 – 증가'이고, 버스는 '감소 – 증가 – 감소 – 감소'이다.

오답분석

© 원동기장치 자전거의 사고건수가 가장 적은 해는 2020년이지만, 이륜자동차의 사고건수가 가장 많은 해는 2021년이다.

25
정답 ④

2024년 연령대별 전체 일자리 규모는 50대와 60세 이상을 제외한 연령대에서 2023년보다 감소한 것을 확인할 수 있다.

오답분석

① 전체 일자리 규모에서 20대가 차지하는 비중은 2023년 $\frac{332}{2,302}$ $\times 100 ≒ 14.4\%$, 2024년은 $\frac{331}{2,321}\times100≒14.3\%$이다. 따라서 약 0.1%p 감소했으므로 옳은 설명이다.

② 2024년 전체 일자리 규모 중 30대의 전체 일자리 규모 비중은 $\frac{529}{2,321}\times100≒22.8\%$이므로 옳은 설명이다.

③ 2023년 40대의 지속일자리규모는 458만 개, 신규채용일자리 규모는 165만 개이므로 $\frac{458만}{165만}≒2.8$배이므로 옳은 설명이다.

26
정답 ③

• 50대의 2023년 대비 2024년의 일자리 규모 증가 수
: $5,310,000-5,160,000=150,000$개

• 60대의 2023년 대비 2024년의 일자리 규모 증가 수
: $2,880,000-2,600,000=280,000$개

27
정답 ④

일반 체류자보다 시민권자가 많은 국가는 중국, 일본, 캐나다, 덴마크, 러시아, 스위스이며, 각 국가의 영주권자는 모두 300명 이상이다.

오답분석

① 영주권자가 없는 국가는 인도, 라오스, 몽골, 미얀마, 네팔, 태국, 터키, 베트남이며, 이 나라들의 일반 체류자 수의 총합은 $11,251+3,042+2,132+3,842+769+19,995+2,951+172,684=216,666$명으로 중국의 일반 체류자 수인 $300,332$명보다 작다.

② 일본의 일반 체류자 대비 시민권자 비율은 $\frac{736,326}{88,108}\times100≒835.7\%$이다.

③ 영주권자가 시민권자의 절반보다 많은 국가는 프랑스이며, 프랑스의 총 재외동포 수는 $8,961+6,541+13,665=29,167$명으로 3만 명보다 적다.

28
정답 ④

2024년 전년 대비 신규법인 수가 가장 많이 증가한 지역은 $2,397-2,322=75$개 증가한 아시아로, 2024년 전체 지역 중 투자금액이 가장 높다.

오답분석

① 전체 송금횟수 대비 북미와 중남미의 송금횟수 합의 비율은 2023년이 $\frac{2,621+813}{15,903}\times100≒21.6\%$이며, 2024년은 $\frac{2,638+865}{16,949}\times100≒20.7\%$이다. 따라서 2023년의 비율이 더 높으므로 옳은 설명이다.

② 2023년 아시아의 신고금액은 대양주, 중동, 아프리카 신고금액의 합보다 $15,355,762-(1,110,459+794,050+276,180)=15,355,762-2,180,689=13,175,073$천 달러 많다.

③ 유럽의 2023년 신고건수당 신고금액은 $\frac{8,523,533}{966}≒8,823.5$천 달러/건, 2024년에는 $\frac{14,348,891}{1,348}≒10,644.6$천 달러/건이므로 $10,644.6-8,823.5=1,821.1$천 달러 적다.

29
정답 ①

우정 8급 전체 인원 대비 경기도의 우정직 공무원 전체 인원은 $\frac{4,143}{5,384}\times100≒77.0\%$를 차지한다.

오답분석

② A는 $1,287-193-370-153-54-3=514$이고, B는 $989-166-244-120-32-7=420$이다. 따라서 A와 B의 합은 $514+420=934$이다.

③ 우정 4급 전체 인원에서 전체 광역시 우정직 공무원 인원의 비율은 $\frac{3+7+2+10+2}{107}\times100≒22.4\%$이다.

④ 강원도의 우정직 공무원 전체 인원은 990명이고, 전라북도 우정직 공무원 전체 인원은 1,009명이다. 따라서 강원도의 우정직 공무원 전체 인원수는 전라북도 우정직 공무원 전체 인원수보다 $1,009-990=19$명 적다.

30

ㄴ. 2024년 11월 운수업과 숙박 및 음식점업의 국내카드 승인액의 합은 159+1,031=1,190억 원으로, 도매 및 소매업의 국내카드 승인액의 40%인 3,261×0.4=1,304.4억 원 미만이다.

ㄹ. 2024년 9월 협회 및 단체, 수리 및 기타 개인 서비스업의 국내카드 승인액은 보건 및 사회복지 서비스업 국내카드 승인액의 $\frac{155}{337} \times 100 = 46.0\%$이다.

오답분석

ㄱ. 교육 서비스업의 2025년 1월 국내카드 승인액의 전월 대비 비율은 $\frac{122-145}{145} \times 100 = -15.9\%$로, 감소율이 25% 미만이다.

ㄷ. 2024년 10월부터 2025년 1월까지 사업시설관리 및 사업지원 서비스업의 국내카드 승인액의 전월 대비 증감추이는 '증가 – 감소 – 증가 – 증가'이고, 예술, 스포츠 및 여가관련 서비스업은 '증가 – 감소 – 감소 – 감소'이다.

31

'HS1245'는 2021년 9월에 생산된 엔진의 시리얼 번호를 의미한다.

32

DU6548 → 2017년 10월에 생산된 엔진이다.

오답분석

① FN4568 → 2019년 7월에 생산된 엔진이다.
② HH2314 → 2021년 4월에 생산된 엔진이다.
③ WS2356 → 2002년 9월에 생산된 엔진이다.

33

수진이는 주스를 좋아하므로 디자인 담당이 아니다. 또한, 편집 담당과 이웃해 있으므로 기획 담당이다. 편집 담당은 콜라를 좋아하고, 검은색 책상에 앉아 있다. 그런데 종석이는 갈색 책상에 앉아 있으므로 디자인 담당이며, 민아는 검은색 책상에 앉아 있고, 수진이는 흰색 책상에 앉아 있다. 이를 정리하면 다음과 같다.

수진	민아	종석
흰색 책상	검은색 책상	갈색 책상
기획	편집	디자인
주스	콜라	커피

오답분석

ㄷ. 수진이는 기획을 하고, 민아는 콜라를 좋아한다.
ㄹ. 민아는 편집 담당이므로 검은색 책상에 앉아 있다.

34

제시된 조건을 표로 정리하면 다음과 같다.

첫 번째	두 번째	세 번째	네 번째	다섯 번째
잡지	수험서	에세이	소설	만화

먼저, A는 수험서를 구매한 다음 바로 에세이를 구매했는데 만화와 소설보다 잡지를 먼저 구매했고 수험서는 가장 먼저 구매하지 않았다고 했으므로 잡지가 가장 첫 번째로 구매한 것이 되므로 순서는 잡지 – (만화, 소설) – 수험서 – 에세이 – (만화, 소설)이다. 이때, 에세이나 소설은 마지막에 구매하지 않았으므로 만화가 마지막으로 구매한 것이 되고, 에세이와 만화를 연달아 구매하지 않았으므로 소설이 네 번째로 구매한 책이 된다.

따라서 A가 책을 구매한 순서는 잡지 – 수험서 – 에세이 – 소설 – 만화이므로 세 번째로 구매한 책은 에세이이다.

35

우선 세 번째 조건에 따라 '윤지 – 영민 – 순영'의 순서가 되는데, 첫 번째 조건에서 윤지는 가장 먼저 출장을 가지 않는다고 하였으므로 윤지 앞에는 먼저 출장 가는 사람이 있어야 한다. 따라서 '재철 – 윤지 – 영민 – 순영'의 순서가 되고, 마지막으로 출장 가는 순영이의 출장지는 미국이 된다. 또한, 재철이는 영국이나 프랑스로 출장을 가야 하는데, 영국과 프랑스는 연달아 갈 수 없으므로 두 번째 출장지는 일본이며, 첫 번째와 세 번째 출장지는 영국 또는 프랑스로, 재철이나 영민이가 가게 된다.

구분	첫 번째	두 번째	세 번째	네 번째
출장자	재철	윤지	영민	순영
출장지	영국 또는 프랑스	일본	프랑스 또는 영국	미국

따라서 항상 참인 것은 ③이다.

오답분석

① 윤지는 일본으로 출장을 간다.
② 재철이는 영국으로 출장을 갈 수도 있고, 프랑스로 출장을 갈 수도 있다.
④ 순영이는 네 번째로 출장을 간다.

36

맑은 날에는 김갑돌 씨가 정상적으로 알아들으므로, 11월 1일과 11월 5일에는 각각 1101호, 301호에 천 묶음과 천백 원 봉투를 제대로 전달하였다. 이을동 씨는 날씨에 관계없이 제대로 알아들으므로, 11월 6일에는 301호에 삼백 원 봉투를 전달하였다. 11월 2일은 비가 온 날이므로, "삼 묶음을 1101호에 내일 전달해 주세요."라고 말하는 것을 김갑돌 씨는 "천 묶음을 301호에 내일 전달해 주세요."로 들었을 것이다. 따라서 7일간 301호에는 천 묶음, 천백 원 봉투, 삼백 원 봉투가 전달되었고, 1101호에는 천 묶음이 전달되었다.

37

정답 ④

고객의 민원이 기간 내에 처리하기 곤란하여 민원처리기간이 지연되었다. 우선 민원이 접수되면 규정상 주어진 처리기간은 24시간이다. 그 기간 내에 처리하기 곤란할 경우에는 민원인에게 중간답변을 한 후 처리기간을 24시간에서 48시간으로 연장할 수 있다. 연장한 기간 내에서도 처리하기 어려운 사항일 경우 1회에 한하여 본사 총괄부서장의 승인에 따라 48시간을 추가 연장할 수 있다. 따라서 해당 민원은 늦어도 48시간+48시간=96시간=4일 이내에 처리하여야 한다. 그러므로 7월 18일에 접수된 민원은 늦어도 7월 22일까지는 처리가 완료되어야 한다.

38

정답 ①

조건에 따라 주문한 결과를 정리하면 다음 표와 같다.

구분	K팀장	L과장	S대리	M대리	H사원	J사원
토마토 파스타	○			○		
토마토 리소토					○	
크림 파스타						○
크림 리소토		○	○			
콜라	○				○	
사이다				○		○
주스		○	○			

따라서 사원 중 주스를 주문한 사람은 없다.

39

정답 ③

38번 표에 따라 L과장과 S대리는 크림 리소토와 주스를 주문했다.

40

정답 ③

5월 3일에 트래킹을 시작한 총무처의 정보는 다음과 같다.

구분	이동경로	이동거리	소요시간	해발고도
5월 3일	A → D	1,061m	6시간	2,111m
5월 4일	D → G	237m	6시간	2,348m
5월 5일	G → I	154m	4시간	2,502m
5월 6일	I → K	139m	3시간	2,641m
5월 7일	K → L	192m	3시간	2,833m
5월 8일	L → M	179m	3시간	3,012m
5월 9일	M → H	545m	5.5시간	2,467m
5월 10일	H → B	829m	5.5시간	1,638m
5월 11일	B → A	588m	1.5시간	1,050m

하루에 가능한 트래킹의 최장시간은 6시간으로 셋째 날에 G지점에서 J지점까지 5시간이 소요되어 올라갈 수 있지만, 해발 2,500m를 통과한 순간부터 고산병 예방을 위해 해발고도를 전날 해발고도에 비해 200m 이상 높일 수 없으므로 셋째 날은 J지점이 아닌 I지점까지만 올라간다. 따라서 둘째 날의 트래킹 소요시간은 6시간, 셋째 날에는 4시간이다.

41

정답 ②

5월 7일에 트래킹을 시작한 인사처의 정보는 다음과 같다.

구분	이동경로	이동거리	소요시간	해발고도
5월 7일	A → D	1,061m	6시간	2,111m
5월 8일	D → G	237m	6시간	2,348m
5월 9일	G → I	154m	4시간	2,502m
5월 10일	I → K	139m	3시간	2,641m
5월 11일	K → L	192m	3시간	2,833m
5월 12일	L → M	179m	3시간	3,012m
5월 13일	M → H	545m	5.5시간	2,467m
5월 14일	H → B	829m	5.5시간	1,638m
5월 15일	B → A	588m	1.5시간	1,050m

40번의 정보로부터 총무처는 5월 8일에 정상에 도착하여 5월 9일에 H지점까지 내려온다. 이때, 인사처는 5월 8일에 G지점에서 비박을 하고 5월 9일에 I지점까지 올라간다. 따라서 총무처와 인사처는 5월 9일에 'G-I' 구간에서 만난다.

42

정답 ②

고급 포장과 스토리텔링은 모두 수제 초콜릿의 강점에 해당되므로 SWOT 분석에 의한 경영 전략으로 볼 수 없다. SO전략과 ST전략으로 보일 수 있으나, 기회를 포착하거나 위협을 회피하는 모습을 보이지 않으므로 적절하지 않다.

오답분석

① 수제 초콜릿의 스토리텔링(강점)을 포장에 명시하여 소비자들의 요구를 충족(기회)시키는 SO전략에 해당된다.
③ 값비싼 포장(약점)을 보완하여 좋은 식품에 대한 인기(기회)에 발맞춰 홍보하는 WO전략에 해당된다.
④ 수제 초콜릿의 존재를 모르는(약점) 점을 마케팅 강화를 통해 대기업과의 경쟁(위협)을 이겨내는 WT전략에 해당된다.

43

정답 ②

오답분석

① 지역난방 및 구역전기사업지구 전기요금은 가상카드만 가능하다.
③ 사용기간 경과 후 에너지 바우처 잔액은 2025년 4월분 전기요금에서 차감 후 정산되며, 5월분 이후부터는 차감 중단 및 에너지 바우처 잔액이 소멸된다.
④ 가구원 중 1명이 생계급여·의료급여 수급자이면서 노인, 영유아, 장애인을 포함하는 가구이면 신청이 가능하다.

44
정답 ③

에너지 바우처 사용기간인 12월부터 3월까지 사용한 가스요금과 전기요금을 모두 더한 370,000원을 에너지 바우처 잔액인 $102,000 \times 4 = 408,000$원에서 빼면 $408,000 - 370,000 = 38,000$원이다. 남은 잔액 38,000원 중 4월분 전기요금이 차감되고 남은 잔액은 5월에 소멸되므로, 소멸되는 잔액은 $38,000 - 19,000 = 19,000$원이다.

45
정답 ③

ⓒ 원전 운영 기술력은 강점에 해당되므로 WO전략으로 적절하지 않다.
ⓔ 위협 회피와 관련하여 정부의 탈원전 정책 기조를 고려하지 않았으므로 ST전략으로 적절하지 않다.

[오답분석]
ⓐ 강점인 기술력을 활용해 해외 시장에서 우위를 점하려는 SO전략으로 적절하다.
ⓓ 안전우려를 고려하여 안전점검을 강화하고, 정부의 탈원전 정책 기조에 협조하려는 것은 WT전략으로 적절하다.

46
정답 ③

프로세스(Process)는 자신의 임무를 모두 수행한 뒤 사라지는 것이 아니라 수많은 큐를 돌아다닌다. 이때 프로그램들이 제한된 프로세서를 서로 사용하려고 할 때, 스케줄러(Schedula)가 프로세스를 어느 순서대로 실행할지 판단하여 효율적으로 역할을 수행할 수 있게 만든다.

47
정답 ③

매크로의 바로가기 키는 영어로만 만들 수 있다.
• ⟨Ctrl⟩＋영어 소문자
• ⟨Ctrl⟩＋⟨Shift⟩＋영어 대문자

48
정답 ②

인쇄 중인 문서를 일시 정지시킬 수 있으며 일시 정지된 문서를 다시 이어서 출력할 수도 있지만, 다른 프린터로 출력하도록 할 수는 없다. 다른 프린터로 출력을 원할 경우 처음부터 해당 프린터로 출력해야 한다.

49
정답 ④

비교적 가까운 거리에 흩어져 있는 컴퓨터들을 서로 연결하여 여러 가지 서비스를 제공하는 네트워크는 근거리 통신망에 해당한다. 근거리 통신망의 작업 결과를 공유하기 위해서는 네트워크상의 작업 그룹명을 동일하게 해야 한다.

50
정답 ③

정보화 사회의 심화로 정보의 중요성이 높아지면, 그 필요성에 따라 정보에 대한 요구가 폭증한다. 또한 방대한 지식을 토대로 정보 생산 속도도 증가하므로 더 많은 정보가 생성된다. 따라서 이러한 정보들을 토대로 사회의 발전 속도는 더욱 증가하므로 정보의 변화 속도도 증가한다.

[오답분석]
① 개인 생활을 비롯하여 정치, 경제, 문화, 교육, 스포츠 등 거의 모든 분야의 사회생활에서 정보에 의존하는 경향이 점점 더 커지기 때문에 정보화 사회는 정보의 사회적 중요성이 가장 많이 요구된다.
② 정보화의 심화로 인해 정보 독점성이 더욱 중요한 이슈가 되어 국가 간 갈등이 발생할 수 있지만, 이보다는 실물 상품뿐만 아니라 노동, 자본, 기술 등의 생산 요소와 교육과 같은 서비스의 국제 교류가 활발해서 세계화가 진전된다.
④ 정보관리주체들이 존재하지만, 정보이동 경로가 다양화되는 만큼 개인들에게는 개인정보 보안, 효율적 정보 활용 등을 위해 정보관리의 필요성이 더욱 커진다.

51
정답 ③

ⓒ 데이터베이스를 이용하면 다량의 데이터를 정렬해 저장하게 되므로 검색 효율이 개선된다.
ⓔ 데이터가 중복되지 않고 한 곳에만 기록되어 있으므로, 오류 발견 시 그 부분만 수정하면 되기 때문에 데이터의 무결성을 높일 수 있다.

[오답분석]
ⓐ 대부분의 데이터베이스 관리 시스템은 사용자가 정보에 대한 보안등급을 정할 수 있다. 따라서 부서별로 읽기 권한, 읽기와 쓰기 권한 등을 구분해 부여하여 안정성을 높일 수 있다.
ⓓ 데이터베이스를 형성하여 중복된 데이터를 제거하면 데이터 유지비를 감축할 수 있다.

52
정답 ③

[오답분석]
① 오프라인 시스템 : 컴퓨터가 통신 회선 없이 사람을 통하여 자료를 처리하는 시스템이다.
② 일괄 처리 시스템 : 데이터를 일정량 또는 일정 기간 모아서 한꺼번에 처리하는 시스템이다.
④ 분산 시스템 : 여러 대의 컴퓨터를 통신망으로 연결하여 작업과 자원을 분산시켜 처리하는 시스템이다.

53
정답 ④

디스크 정리는 메모리(RAM) 용량 부족이 아닌 하드디스크 용량 부족의 해결방법이다.

54
정답 ④

분산처리 시스템은 네트워크를 통해 분산되어 있는 것들을 동시에 처리하는 것으로, 분산 시스템에 구성 요소를 추가하거나 삭제할 수 있다.

55
정답 ①

num1의 연산은 +이고, 문자열을 출력하는 ' '으로 표기가 되지 않는다. %d는 10진수를 출력하는 서식이므로 결괏값은 3이다.

56
정답 ①

i값이 50보다 작거나 같을 때까지 루프안의 명령을 반복 수행한다. 반복 수행 도중에 i값이 30보다 큰 조건을 만족하면 break문에 의해 루프를 종료하게 된다. 'i=i+i'에 의해 i의 값은 i의 값이 변화할 때마다 i의 값에 다시 누적되므로 i의 값은 i=1+1, i=2+2=4, … i=16+16으로 변화하게 된다. 따라서 i의 누적 값이 30보다 큰 경우인 32가 될 때, 조건문에 의해 루프를 종료하게 되고 최종 i의 값은 32가 된다.

57
정답 ①

먼저 AVERAGE 함수로 평균을 구하고 천의 자릿수 올림은 「ROUNDUP(수,자릿수)」로 구할 수 있다. 이때 자릿수는 소수점 이하 숫자를 기준으로 하여 일의 자릿수는 0, 십의 자릿수는 −1, 백의 자릿수는 −2, 천의 자릿수는 −3으로 표시한다.
따라서 「=ROUNDUP(AVERAGE(B2:C8),−3)」를 입력해야 한다.

58
정답 ①

SUMIFS 함수는 주어진 조건에 의해 지정된 셀들의 합을 구하는 함수로 「=SUMIFS(합계범위,조건범위,조건값)」로 구성된다. 이때 '조건값'으로 숫자가 아닌 텍스트를 직접 입력할 경우에는 반드시 큰 따옴표를 이용해야 한다. 따라서 「=SUMIFS(F2:F9,D2:D9, "남")」로 입력해야 한다.

59
정답 ④

ⓒ 직책은 부장, 차장, 대리, 사원 순으로 사용자 지정 목록을 이용하여 정렬되었다.
ⓒ 부서를 우선 기준으로 하며, 다음은 직책순으로 정렬되었다.

[오답분석]
㉠ 부서를 기준으로 오름차순으로 정렬되었다.
㉣ 성명을 기준으로 정렬되지 않았다.

60
정답 ②

합계를 구할 범위는 [D2:D6]이며, [A2:A6]에서 "연필"인 데이터와 [B2:B6]에서 "서울"인 데이터는 [D4] 셀과 [D6] 셀이다. 따라서 결괏값은 300+200=500이다.

3일 차 기출응용 모의고사 정답 및 해설

| 01 | 행정(경영)

01	02	03	04	05	06	07	08	09	10
④	①	③	④	①	①	⑤	⑤	③	④
11	12	13	14	15	16	17	18	19	20
②	③	⑤	④	④	①	②	③	②	①
21	22	23	24	25	26	27	28	29	30
④	②	②	②	④	⑤	②	③	②	②
31	32	33	34	35	36	37	38	39	40
③	③	②	①	③	②	③	①	②	⑤

01 정답 ④

성공요인은 기업의 경영 전략을 평가하고 이를 통해 정의하는 것으로, 평가 관점에 해당하지 않는다.

> **균형성과평가제도(BSC; Balanced Score Card)**
> 조직의 목표 실현을 위해 기존 전략에 대해 재무, 고객, 내부 프로세스, 학습 및 성장 관점으로 평가하고, 이를 통해 전략 목표 달성을 위한 성공요인을 정의하는 성과관리시스템이다.

02 정답 ①

오답분석
② 순투자 : 기업이 고정자산을 구매하거나, 유효수명이 당회계연도를 초과하는 기존의 고정자산 투자에 돈을 사용할 때 발생한다.
③ 재고투자 : 기업의 투자활동 중 재고품을 증가시키는 투자활동 또는 증가분을 말한다.
④ 민간투자 : 사기업에 의해서 이루어지는 투자로 사적투자라고도 한다.
⑤ 공동투자 : 복수의 기업이 공동 목적을 위해 투자하는 것을 말한다.

03 정답 ③

명성가격은 가격이 높아질수록 품질이 좋다고 인식되고, 소비자들은 제품의 가격과 자신의 권위가 비례하다 생각한다. 따라서 이런 제품의 경우 가격이 떨어지면 초기 매출은 증가하겠지만 나중으로 갈수록 오히려 감소하게 된다.

04 정답 ④

시장이 명확하게 세분화되어 이질적인 시장, 쇠퇴기로 접어드는 제품, 다양성이 높은 제품 등에는 차별적 마케팅 전략이 적절하다.

오답분석
① 경영자원이 부족하여 시장지배가 어려운 기업에는 집중적 마케팅 전략이 적절하다.
②·③·⑤ 소비자의 욕구, 선호도 등이 동질적인 시장, 도입기 또는 성장기에 접어드는 제품, 대량생산 및 유통이 가능한 제품 등에는 비차별적 마케팅 전략이 적절하다.

05 정답 ①

주제품과 함께 사용되어야 하는 종속제품을 높은 가격으로 책정하여 마진을 보장하는 전략을 종속제품 가격결정이라고 한다.

오답분석
② 묶음 가격결정 : 몇 개의 제품들을 하나로 묶어서 할인된 가격으로 판매하는 전략이다.
③ 단수 가격결정 : 제품 가격의 끝자리를 단수로 표시하여 소비자들이 제품의 가격이 저렴하다고 느껴 구매하도록 하는 가격 전략이다.
④ 침투 가격결정 : 빠른 시일 내에 시장에 깊숙이 침투하기 위해, 신제품의 최초가격을 낮게 설정하는 전략이다.
⑤ 스키밍 가격결정 : 신제품이 시장에 진출할 때 가격을 높게 책정한 후 점차적으로 그 가격을 내리는 전략이다.

06

정답 ①

지수평활법은 가장 최근 데이터에 가장 큰 가중치가 주어지고 시간이 지남에 따라 가중치가 기하학적으로 감소되는 가중치 이동평균 예측기법으로, 평활상수가 클수록 최근 자료에 더 높은 가중치를 부여한다.

오답분석

② 회귀분석법은 실제치와 예측치의 오차를 자승한 값의 총 합계가 최소화되도록 회귀계수를 추정한다.
③ 수요예측과정에서 발생하는 예측오차들의 합은 영(Zero)에 수렴하는 것이 바람직하다.
④ 이동평균법에서 과거자료 개수를 증가시키면 예측치를 평활하는 효과는 크지만, 예측의 민감도는 떨어뜨려서 수요예측의 정확도는 오히려 낮아진다.
⑤ 회귀분석법은 인과관계 분석법에 해당한다.

07

정답 ⑤

고관여와 저관여

고관여	저관여
• 복잡한 구매행동 • 제품지식에 근거한 주관적 신념의 형성 • 제품에 대한 호불호의 태도 형성 • 합리적인 선택지 모색 • 부조화 감소 구매행동 • 구매 후 불만사항을 발견하거나 구입하지 않은 제품에 대한 호의적인 정보를 얻으면 부조화를 경험 • 소비자들이 구매 후 확신을 갖게 하는 촉진활동 전개가 효과적	• 습관적 구매행동 • 소비자들이 어떤 상표에 대한 확신이 없음 • 가격할인, 판촉의 효과적 작용 • 다양성 추구 구매행동 • 제품의 상표 간 차이가 명확한 경우, 다양성 추구 구매를 하기 위해서 잦은 상표전환

08

정답 ⑤

시장세분화 전략은 마케팅 전략 중 하나이다. 따라서 일반적인 경영 전략 유형에 해당하지 않는다.

일반적인 경영 전략 유형
• 성장 전략 : 기업의 규모를 키워 현재의 영업범위를 확대하는 전략을 의미하며, 시장의 성장가능성이 높고 기업의 점유율이 높거나 투자가치가 있을 경우 이러한 전략을 채택한다. 성장 전략은 기업의 장기적 생존을 위해서는 필수적이며 이를 통해 수익창출 및 점유율 확보, 기업 규모 확대가 가능하다.
• 축소 전략 : 기업의 효율성이나 성과를 향상시키기 위해 규모를 축소하는 전략을 의미하며, 시장이 더이상 성장하지 않고 기업이 해당 시장에서의 경쟁능력이 없을 경우 다운사이징, 구조조정, 분사 및 청산 등의 방법을 통해 축소 전략을 구사한다.
• 안정화 전략 : 현재 상태에서 큰 변화 없이 현재 상태를 유지하고자 노력하는 전략을 의미하며, 시장 성장률이 높지 않지만, 시장 내 기업의 점유율이 높을 경우(캐시카우) 해당 사업을 통해 다른 사업을 확장하는 데 필요한 자본을 조달하는 방식의 전략이다.
• 협력 전략 : 전략적 제휴라고도 하는데, 둘 이상의 기업이 공동의 목표를 위해 서로 협력하는 전략을 의미한다. 이때 각 기업들은 각자의 독립성을 유지하면서 서로의 약점을 보완하고 경쟁우위를 강화하고자 추구하는 전략이다.

09

정답 ③

동기부여이론

내용이론	과정이론
• 매슬로우의 욕구단계설 • 앨더퍼의 ERG이론 • 허즈버그의 2요인 이론 • 맥그리거의 X이론 – Y이론 • 맥클랜드의 성취동기 이론	• 브룸의 기대이론 • 포터와 로울러의 기대이론 • 애덤스의 공정성이론

10

정답 ④

회계감사의 감사의견 종류에는 적정 의견, 한정 의견, 부적정 의견, 의견 거절 4가지가 있다.

11

정답 ②

프로그램의 최고 단계 훈련을 마치고, 프로젝트 팀 지도를 전담하는 직원은 블랙벨트이다. 마스터블랙벨트는 식스 시그마 최고과정에 이른 사람으로 블랙벨트가 수행하는 프로젝트를 전문적으로 관리한다.

12

정답 ③

(필요 광고예산)＝(전체 신문의 평균 CPR)×(도달률)
• 전체 신문의 평균 CPR : 500만 원
• 도달률 : 20%(A신문 전체 열독률)＋14%(B신문 전체 열독률)
 －4%(중복)＝30%
∴ 500만 원×30＝1억 5,000만 원

13

Q − 비율이 1보다 크다는 것은 시장에서 평가되는 기업의 가치가 자본량을 늘리는 데 드는 비용보다 더 큼을 의미하므로 투자를 하는 것이 바람직하고, 1보다 작을 경우에는 기업의 가치가 자본재의 대체비용에 미달함을 의미하므로 투자를 감소하는 것이 바람직하다. 또한 이자율이 상승하면 주가가 하락하여 Q − 비율 또한 하락하므로 투자를 감소시키는 것이 바람직하다. 토빈의 Q − 비율은 주식시장에서 평가된 기업의 시장가치(분자)를 기업의 실물자본의 대체비용(분모)으로 나눠서 도출할 수 있다.

14

정답 ④

항상성장모형은 기업의 이익과 배당이 매년 $g\%$만큼 일정하게 성장한다고 가정할 경우 주식의 이론적 가치를 나타내는 모형이다.

$$V_0 = \frac{D_1}{k - g}$$

- V_0 : 당기 1주당 현재가치(주가)
- D_1 : 차기주당배당금
- k : 요구수익률
- g : 성장률

위 식에 문제에서 제시한 배당금과 요구수익률, 성장률을 대입해 보면 $V_0 = \dfrac{1,100}{0.15 - 0.10} = 22,000$원이다. 따라서 항상성장모형에 의한 A주식의 1주당 현재가치는 22,000원이다.

15

정답 ④

결합레버리지도는 (영업레버리지도)×(재무레버리지도)이므로 2×1.5=3이다.

16

정답 ①

순할인채의 듀레이션은 만기와 일치한다. 따라서 순할인채의 듀레이션은 5년이다.

17

정답 ②

수익성 지수는 여러 투자안이 있을 때 어느 투자안이 경제성이 있는지 판단하기 위해 쓰인다.

18

정답 ③

자본자산가격결정모형(CAPM)이란 자산의 균형가격이 어떻게 결정되어야 하는지를 설명하는 이론이다. 구체적으로 자본시장이 균형상태가 되면 위험과 기대수익률 사이에 어떤 관계가 성립하는지 설명하는 이론으로 세금과 거래비용이 발생하지 않는 완전자본시장을 가정하고 있다.

자본자산가격결정모형(CAPM)의 가정

- 모든 투자자는 위험회피형이며, 기대효용을 극대화할 수 있도록 투자한다.
- 모든 투자자는 평균 − 분산 기준에 따라 투자한다.
- 모든 투자자의 투자기간은 단일기간이다.
- 자신의 미래 수익률분포에 대하여 모든 투자자가 동질적으로 기대한다.
- 무위험자산이 존재하며, 모든 투자자는 무위험이자율로 제한없이 차입, 대출이 가능하다.
- 세금, 거래비용과 같은 마찰적 요인이 없는 완전자본시장을 가정한다.

19

정답 ②

오답분석

① 주식공개매수는 불특정 다수인으로부터 주식을 장외에서 매수하는 형태이다.
③ 주식공개매수를 추진하는 인수기업은 대상기업의 주식 수, 매수기간, 매수가격 및 방법 등을 공개하고, 이에 허락하는 주주에 한해 대상회사의 주식을 취득하게 된다.
④ 공개매수에서 매수가격은 현재의 시장가격보다 대부분 높게 요구되는 것이 특징이다.
⑤ 대상기업의 기업지배권이 부실하고 경영도 제대로 되지 않아 주식이 하락한 대상기업의 경우, 인수기업은 직접 대상기업의 주주들로부터 주식을 인수하는 적대적인 방법을 이용하게 된다. 반대로 경영진의 기업지배권이 강하고 주가가 높은 대상기업의 경우 적대적 M&A가 쉽지 않다. 따라서 인수기업은 대상기업과 우호적인 방식으로 주식공개매수를 협상한다.

20

정답 ①

오답분석

② 케인스학파와 통화주의학파 모두 적응적 기대를 수용한다.
③ 케인스학파는 구축효과가 크지 않으므로 재정정책이 효과적이라고 보는 데 비해 통화주의학파는 구축효과가 매우 크기 때문에 재정정책의 효과가 별로 없다고 본다. 또한, 케인스학파는 재량적인 안정화정책을 주장하는 데 비해 통화주의학파는 준칙에 입각한 정책이 보다 바람직하다고 본다.
④·⑤ 케인스학파와 통화주의학파는 모두 단기 총공급곡선은 우상향하고 장기 총공급곡선은 수직선이라고 보며, 단기 필립스곡선은 우하향하고 장기 필립스곡선은 자연실업률 수준에서 수직선이라고 본다.

21

정답 ④

화폐의 기능 중 가치 저장 기능은 발생한 소득을 바로 쓰지 않고 나중에 지출할 수 있도록 해준다는 것이다.

---

① 금과 같은 상품화폐의 내재적 가치는 변동한다.
② 광의통화(M2)에는 요구불 예금과 저축성 예금이 포함된다.
③ 불태환화폐(Flat Money)는 상품화폐와 달리 내재적 가치를 갖지 않는다.
⑤ 다른 용도로 사용될 수 있더라도 교환의 매개 수단으로 활용될 수 있다.

22
정답 ②

대변에 선급보험료 ₩300이 수정(감소)되었기 때문에 수정전시산표의 선급보험료가 기말 재무상태표의 선급보험료보다 ₩300 많은 것을 선택하면 된다. 따라서 ②가 정답이다.

23
정답 ④

ㄱ. 건물을 계속 사용할 경우 : 두 종류 이상의 자산을 일괄구입가격으로 동시에 취득하는 경우, 개별자산의 원가는 개별자산의 상대적 공정가치의 비율로 배분한다.
- (토지 취득원가)$=₩10,100 \times \dfrac{6,000}{12,000}=₩5,050$
- (건물 취득원가)$=₩10,100 \times \dfrac{6,000}{12,000}=₩5,050$

ㄴ. 건물을 신축할 경우 : 토지와 건물의 원가를 포함하여 인식한다.
- (토지 취득원가)
  $=₩10,000+₩100+₩500-₩100$(폐자재 수입)
  $=₩10,500$

24
정답 ④

1차 연도 이후부터 매년 1,000개씩 생산량이 감소하므로 추정 총생산량은 10,000개(1차 연도)+9,000개(2차 연도)+8,000개(3차 연도)+7,000개(4차 연도)+6,000개(5차 연도)=40,000개이다.

$$(생산량비례법)=\dfrac{(취득원가)-(잔존가치)}{(추정\ 총생산량)}$$
$$=\dfrac{2,000,000-200,000}{40,000}=45이다.$$

따라서 1차 연도의 감가상각비는 ₩450,000이다.

25
정답 ①

- (매출원가)=(기초재고액)+(당기매입액)-(기말재고액)
  → ₩45,000=₩9,000+₩42,000-₩6,000

재고자산			
기초재고액	₩9,000	매출원가	₩45,000
순매입액	₩42,000	기말재고액(기말장부)	
			₩6,000

- ₩6,000(기말장부)-₩4,000(기말순실현가능가치)
  =₩2,000(평가손실)

26
정답 ⑤

물가예상에 대한 기대가 합리적으로 형성되고 통화량 감소가 미리 예측되면 단기에도 실질GDP에 영향을 줄 수 없으며 물가수준만 즉시 하락하게 된다. 즉, 합리적 기대하에서 예상된 긴축통화정책이 시행될 경우 총수요곡선이 왼쪽으로 이동($AD_0 \rightarrow AD_1$)하고 단기총공급곡선이 오른쪽으로 이동($AS_0 \rightarrow AS_1$)하여 물가는 즉시 감소($P_0 \rightarrow P_1$)하고 실질GDP는 원래 수준(Y_N)을 유지한다.

27
정답 ②

정률법은 매년 감가하는 자산의 잔존가격에 일정률을 곱하여 매년의 감가액을 계산하는 방법이다.

① 정액법 : 고정자산의 내용연수의 기간 중 매기 동일액을 상각해 가는 방법이다.
③ 선입선출법 : 매입순법이라고도 하며, 가장 먼저 취득된 것부터 순차로 불출하는 방법이다.
④ 후입선출법 : 나중에 사들인 상품 또는 원재료로 만든 물품부터 팔렸다고 보고 남은 상품, 원재료를 평가하는 방법이다.
⑤ 저가법 : 재고자산의 가액을 결정함에 있어서 원가법이나 시가법에 따르지 않고 원가와 시가 중 낮은 가액을 계산가액으로 하는 방법이다.

28
정답 ③

예측하지 못한 인플레이션은 부의 재분배 효과를 가져온다. 즉, 예상한 인플레이션보다 실제 물가가 더 많이 상승하면 화폐의 실질 가치가 하락하게 되므로 채권자는 손해를 보고 채무자는 이득을 본다. 국채를 발행한 정부와 장기 임금 계약을 맺은 회사는 채무자로 볼 수 있다. 따라서 ㄴ, ㄷ, ㅁ은 이득을 본다.

29
정답 ②

- ₩100,000(영업에서 창출된 현금)=(법인세비용차감전순이익)+₩1,500(감가상각비)+₩2,700(이자비용)-₩700(사채상환이익)-₩4,800(매출채권 증가)+₩2,500(재고자산 감소)+₩3,500(매입채무 증가)
  → (법인세비용차감전순이익)=₩95,300
- (이자지급액)=₩2,700-₩1,000=₩1,700
- (법인세지급액)=₩4,000+₩2,000=₩6,000
- (영업활동순현금흐름)=₩100,000(영업에서 창출된 현금)-₩1,700(이자지급액)-₩6,000(법인세지급액)=₩92,300

30

정답 ②

① 목적적합성과 충실한 표현은 근본적 질적 특성이다.
③ 정보이용자들이 미래 결과를 예측하기 위해 사용하는 절차의 투입요소로 재무정보가 사용될 수 있다면, 그 재무정보는 예측 가치를 갖는다. 재무정보가 예측가치를 갖기 위해서 그 자체가 예측치 또는 예상치일 필요는 없다. 예측가치를 갖는 재무정보는 이용자 자신이 예측하는 데 사용된다.
④ 재무정보가 과거 평가를 확인하거나 변경시킨다면 확인가치를 갖는다.
⑤ 재무정보의 제공자와는 달리 이용자의 경우에는 제공된 정보를 분석하고 해석하는 데 원가가 발생한다.

31

정답 ③

시장지향적 마케팅이란 고객지향적 마케팅의 장점을 포함하면서 그 한계점을 극복하기 위한 포괄적 마케팅 노력이며 기업이 최종 고객들과 원활한 교환을 통하여 최상의 가치를 제공해 주기 위해 기업 내외의 모든 구성요소들 간 상호작용을 관리하는 총체적 노력이 수반되기도 한다. 그에 따른 노력 중에는 외부사업이나 이익 기회들을 확인하고 다양한 시장 구성요소들이 완만하게 상호작용 하도록 관리하며, 외부 사업시장의 기회에 대해 적시에 정확하게 대응한다. 때에 따라 기존 사업시장을 포기하며 전혀 다른 사업부분으로 진출하기도 한다.

32

정답 ③

마케팅 활동은 본원적 활동에 해당한다.

① 기업은 본원적 활동 및 지원 활동을 통하여 이윤을 창출한다.
② 물류 투입, 운영, 산출, 마케팅 및 서비스 활동은 모두 본원적 활동에 해당한다.
④ 인적자원관리, 기술 개발, 구매, 조달 활동 등은 지원 활동에 해당한다.
⑤ 가치사슬모형은 기업의 내부적 핵심 역량을 파악하는 모형으로서, 지원 활동에 해당하는 항목도 핵심 역량이 될 수 있다.

33

정답 ②

평등주의 사회후생함수는 저소득층에는 높은 가중치를, 고소득층에게는 낮은 가중치를 부여한다. 모든 사회 구성원들에게 동일한 가중치를 두는 것은 공리주의 사회후생함수이다.

34

정답 ①

가격차별(Price Discrimination)은 동일한 상품에 대해 구입자 혹은 구입량에 따라 다른 가격을 받는 행위를 의미한다. 노인이나 청소년 대상 할인, 수출품과 내수품의 다른 가격 책정 등은 구입자에 따라 가격을 차별하는 대표적인 사례이다. 한편, 물건 대량 구매 시 할인해 주거나 전력 사용량에 따른 다른 가격을 적용하는 것은 구입량에 따른 가격차별이다.
반면, 전월세 상한제나 대출 최고 이자율을 제한하는 제도는 가격의 법정 최고치를 제한하는 가격상한제(Price Ceiling)에 해당하는 사례로, 가격 차별에 해당하지 않는다.

35

정답 ③

만 15세 이상 인구는 생산가능인구를 뜻하므로 경제활동참가율 공식에 대입하여 경제활동인구를 구할 수 있다.

- [경제활동참가율(%)] $= \dfrac{(경제활동인구)}{(생산가능인구)} \times 100$
- (경제활동인구) $=$ (생산가능인구) $\times$ (경제활동참가율) $\div 100$
  $= 2,600만 \times 0.55 = 1,430만$ 명

경제활동인구는 취업자 수와 실업자 수의 합이며, 실업률은 경제활동인구 중에서 실업자가 차지하는 비중을 말한다. 실업률이 30%이므로 실업자 수는 $1,430만 \times 0.3 = 429만$ 명이고, 취업자 수는 경제활동인구에서 실업자 수를 뺀 값이므로 $1,430만 - 429$만 $= 1,001만$ 명이다. 따라서 D국가의 취업자 수는 1,001만 명, 실업자 수는 429만 명이다.

36

정답 ②

역선택이란 감추어진 특성의 상황에서 정보 수준이 낮은 측이 사전적으로 바람직하지 않은 상대방을 만날 가능성이 높아지는 현상을 의미한다. 반면, 도덕적 해이는 감추어진 행동의 상황에서 어떤 거래 이후에 정보를 가진 측이 바람직하지 않은 행동을 하는 현상을 의미한다. 따라서 나, 라가 역선택에, 가, 다, 마가 도덕적 해이에 해당한다.

37

정답 ③

조세정책을 시행하는 곳은 기획재정부이며, 한국은행은 통화신용 정책을 시행한다.

① 조세정책은 재정지출이나 소득재분배 등 중요한 역할을 담당한다.
② 소득세, 법인세 감면은 기업의 고용 및 투자를 촉진하는 대표적인 정부정책이다.
④ 지하경제 양성화, 역외탈세 근절 등은 조세정의뿐만 아니라 국가재정 확보에도 매우 중요한 문제이다.
⑤ 래퍼 곡선에 대한 설명이다.

38
정답 ①

공동소유 목초지와 같은 공동자원은 한 사람이 소비하면 다른 사람이 소비할 수 없으므로 경합성은 있으나 다른 사람이 소비하는 것을 막을 수는 없으므로 배제성은 없다. 유료도로는 통행료를 내지 않은 차량은 배제가 가능하므로 공유자원이 아니다. 반면 막히는 무료도로는 누구나 이용할 수 있으나 소비가 경합적이므로 공유자원으로 볼 수 있다. 공유자원의 이용을 개인의 자율에 맡길 경우 서로의 이익을 극대화함에 따라 자원이 남용되거나 고갈되는 공유지의 비극이 발생할 수 있다.

39
정답 ②

케인스학파는 생산물시장과 화폐시장을 동시에 고려하는 IS-LM모형으로 재정정책과 통화정책의 효과를 분석했다. 케인스학파에 의하면 투자의 이자율탄력성이 작기 때문에 IS곡선은 대체로 급경사이고, 화폐수요의 이자율탄력성이 크므로 LM곡선은 매우 완만한 형태이다. 따라서 재정정책은 매우 효과적이나, 통화정책은 별로 효과가 없다는 입장이다.

40
정답 ⑤

오답분석
① 새케인스학파는 비용인상 인플레이션을 긍정하였다.
② 예상하지 못한 인플레이션 발생의 불확실성이 커지면 단기계약이 활성화되고 장기계약이 위축된다.
③ 예상한 것보다 높은 인플레이션이 발생했을 경우에는 그만큼 실질이자율이 하락하게 되어 채무자가 이득을 보고 채권자가 손해를 보게 된다.
④ 예상치 못한 인플레이션이 발생했을 경우 실질임금이 하락하므로 노동자는 불리해지며, 고정된 임금을 지급하는 기업은 유리해진다.

|02| 행정(법정)

01	02	03	04	05	06	07	08	09	10
①	③	③	③	①	③	②	③	⑤	④
11	12	13	14	15	16	17	18	19	20
④	④	⑤	④	①	③	③	⑤	②	②
21	22	23	24	25	26	27	28	29	30
②	⑤	④	③	③	④	④	④	③	⑤
31	32	33	34	35	36	37	38	39	40
②	④	⑤	④	①	④	④	②	②	②

01
정답 ①

이념적·논리적으로는 헌법규범 상호 간의 가치의 우열을 인정할 수 있을 것이다. 그러나 이때 인정되는 헌법규범 상호 간의 우열은 추상적 가치규범의 구체화에 따른 것으로서 헌법의 통일적 해석을 위하여 유용한 정도를 넘어 헌법의 어느 특정규정이 다른 규정의 효력을 전면 부인할 수 있는 정도의 효력상의 차등을 의미하는 것이라고는 볼 수 없다(94헌바20).

02
정답 ③

민주주의의 적에게는 자유를 인정할 수 없다는 방어적 민주주의가 구체화된 것이다.

03
정답 ③

작성요령은 법률의 위임을 받은 것이기는 하나 법인세의 부과징수라는 행정적 편의를 도모하기 위한 절차적 규정으로서 단순히 행정규칙의 성질을 가지는 데 불과하여 과세관청이나 일반국민을 기속하는 것이 아니다(대판 2003.9.5., 2001두403).

오답분석
① 국회는 법률에 저촉되지 아니하는 범위 안에서 의사와 내부규율에 관한 규칙을 제정할 수 있다(헌법 제64조 제1항).
② 대통령령은 총리령 및 부령보다 우월한 효력을 가진다. 대통령령은 시행령, 총리령과 부령은 시행규칙의 형식으로 제정된다.
④ '학교장·교사 초빙제 실시'는 학교장·교사 초빙제의 실시에 따른 구체적 시행을 위해 제정한 내부의 사무처리지침으로서 "행정규칙"이라고 할 것이다(헌재결 2001.5.31., 99헌마413).
⑤ 심사지침인 '방광내압 및 요누출압 측정 시 검사방법'은 불필요한 수술 등을 하게 되는 경우가 있어 이를 방지하고 적정진료를 하도록 유도할 목적으로, 법령에서 정한 요양급여의 인정기준을 구체적 진료행위에 적용하도록 마련한 건강보험심사평가원의 내부적 업무처리 기준으로서 행정규칙에 불과하다(대판 2017.7.11., 2015두2864).

04

외국인에게 인정 불가능한 권리는 참정권, 생존권 등이고, 제한되는 권리는 평등권, 재산권, 직업선택의 자유, 거주·이전의 자유(출입국의 자유), 국가배상청구권(국가배상법 제7조의 상호보증주의) 등이다. 외국인에게도 내국인과 같이 인정되는 권리는 형사보상청구권, 인간의 존엄과 가치, 신체의 자유, 양심의 자유, 종교의 자유 등이다.

05
정답 ①

국무회의의 의장은 대통령이 되며, 국무총리는 국무회의 부의장이 된다(헌법 제88조 제3항).

오답분석
② 헌법 제87조 제1항에 해당한다.
③ 헌법 제88조 제3항에 해당한다.
④ 헌법 제86조 제2항에 해당한다.
⑤ 헌법 제87조 제3항에 해당한다.

06
정답 ③

법은 외면성을 갖지만 도덕은 내면성을 갖는다.

법과 도덕의 비교

구분	법(法)	도덕(道德)
목적	정의(Justice)의 실현	선(Good)의 실현
규율대상	평균인의 현실적 행위·결과	평균인이 내면적 의사·동기·양심
규율주체	국가	자기 자신
준수근거	타율성	자율성
표현양식	법률·명령형식의 문자로 표시	표현양식이 다양함
특징	외면성 : 인간의 외부적 행위·결과 중시	내면성 : 인간의 내면적 양심과 동기를 중시
	강제성 : 위반 시 국가권력에 의해 처벌받음	비강제성 : 규범의 유지·제재에 강제가 없음
	양면성 : 의무에 대응하는 권리가 있음	일면성(편면성) : 의무에 대응하는 권리가 없음

07
정답 ②

루소는 개인이익이 국가이익보다 우선하며, 법의 목적은 개인의 자유와 평등의 확보 및 발전이라고 보았다.

08
정답 ③

대판 1995.12.22., 94다42129

오답분석
① 인지청구권은 본인의 일신전속적인 신분관계상의 권리로서 포기할 수도 없으며 포기하였더라도 그 효력이 발생할 수 없는 것이고, 이와 같이 인지청구권의 포기가 허용되지 않는 이상 거기에 실효의 법리가 적용될 여지도 없다(대판 2001.11.27., 2001므1353).
② 강행법규에 위반하여 무효인 수익보장약정이 투자신탁회사가 먼저 고객에게 제의를 함으로써 체결된 것이라고 하더라도, 이러한 경우에 강행법규를 위반한 투자신탁회사 스스로가 그 약정의 무효를 주장함이 신의칙에 위반되는 권리의 행사라는 이유로 그 주장을 배척한다면, 이는 오히려 강행법규에 의하여 배제하려는 결과를 실현시키는 셈이 되어 입법취지를 완전히 몰각하게 되므로, 달리 특별한 사정이 없는 한 위와 같은 주장이 신의성실의 원칙에 반하는 것이라고 할 수 없다(대판 1999.3.23., 99다4405).
④ 취득시효완성 후에 그 사실을 모르고 당해 토지에 관하여 어떠한 권리도 주장하지 않기로 하였다 하더라도 이에 반하여 시효주장을 하는 것은 특별한 사정이 없는 한 신의칙상 허용되지 않는다(대판 1998.5.22., 96다24101).
⑤ 임대차계약에 있어서 차임불증액의 특약이 있더라도 그 약정 후 그 특약을 그대로 유지시키는 것이 신의칙에 반한다고 인정될 정도의 사정변경이 있다고 보여지는 경우에는 형평의 원칙상 임대인에게 차임증액청구를 인정하여야 한다(대판 1996.11.12., 96다34061).

09
정답 ⑤

정당의 목적이나 활동이 민주적 기본질서에 위배될 때 정부는 헌법재판소에 그 해산을 제소할 수 있고, 정당은 헌법재판소의 심판에 의하여 해산된다(헌법 제8조 제4항).

오답분석
① 헌법 제8조 제1항에 해당한다.
②·③ 헌법 제8조 제2항에 해당한다.
④ 헌법 제8조 제3항에 해당한다.

10
정답 ④

준법률행위적 행정행위에는 공증, 수리, 통지, 확인 등이 있고, 법률행위적 행정행위에는 명령적 행정행위(하명, 허가, 면제)와 형성적 행정행위(특허, 인가, 공법상 대리)가 있다.

11 　정답 ④

배분정책은 공적 재원으로 불특정 다수에게 재화나 서비스를 배분하는 정책으로 수혜자와 비용부담자 간의 갈등이 없어서 추진하기 용이한 정책이다.

로위(Lowi)의 정책유형

배분정책	특정 개인 또는 집단에 재화 및 서비스를 배분하는 정책
구성정책	정부기관의 신설과 선거구 조정 등과 같이 정부기구의 구성 및 조정과 관련된 정책으로, 대외적 가치배분에는 큰 영향이 없음
규제정책	특정 개인이나 집단에 대한 선택의 자유를 제한하는 유형의 정책
재분배정책	고소득층의 부를 저소득층에게 이전하는 정책으로 계급대립적 성격을 띰

12 　정답 ④

유효한 행정행위가 존재하는 이상 모든 국가기관은 그 존재를 존중하고 스스로의 판단에 대한 기초로 삼아야 한다는 것으로 구성요건적 효력을 말한다.

행정행위의 효력

구성요건적 효력		유효한 행정행위가 존재하는 이상 모든 국가기관은 그 존재를 존중하고 스스로의 판단에 대한 기초로 삼아야 한다는 효력을 말한다.
공정력		비록 행정행위에 하자가 있는 경우에도 그 하자가 중대하고 명백하여 당연무효인 경우를 제외하고는, 권한 있는 기관에 의해 취소될 때까지는 일응 적법 또는 유효한 것으로 보아 누구든지(상대방은 물론 제3의 국가기관도) 그 효력을 부인하지 못하는 효력을 말한다.
(내용상) 구속력		행정행위가 그 내용에 따라 관계행정청, 상대방 및 관계인에 대하여 일정한 법적 효과를 발생하는 힘으로, 모든 행정행위에 당연히 인정되는 실체법적 효력을 말한다.
존속력	불가쟁력 (형식적)	행정행위에 대한 쟁송제기기간이 경과하거나 쟁송수단을 다 거친 경우에는 상대방 또는 이해관계인은 더 이상 그 행정행위의 효력을 다툴 수 없게 되는 효력을 말한다.
	불가변력 (실질적)	일정한 경우 행정행위를 발한 행정청 자신도 행정행위의 하자 등을 이유로 직권으로 취소·변경·철회할 수 없는 제한을 받게 되는 효력을 말한다.
강제력	제재력	행정법상 의무위반자에게 처벌을 가할 수 있는 힘을 말한다.
	자력 집행력	행정법상 의무불이행자에게 의무의 이행을 강제할 수 있는 힘을 말한다.

13 　정답 ⑤

ㄷ. 공증은 확인·통지·수리와 함께 준법률행위적 행정행위에 속한다.
ㄹ. 공법상 계약은 비권력적 공법행위이다.

14 　정답 ④

직무평가란 직무의 각 분야가 기업 내에서 차지하는 상대적 가치의 결정으로, 크게 비계량적 평가 방법과 계량적 평가 방법으로 나눌 수 있다. 비계량적 평가 방법에는 서열법과 분류법이 있으며, 계량적 평가 방법에는 점수법과 요소비교법이 있다.

직무평가 방법

구분		설명
계량적	점수법	직무를 구성 요소별로 나누고, 각 요소에 점수를 매겨 평가하는 방법
	요소비교법	직무를 몇 개의 중요 요소로 나누고, 이들 요소를 기준직위의 평가 요소와 비교하여 평가하는 방법
비계량적	서열법	직원들의 근무 성적을 평정함에 있어 평정 대상자(직원)들을 서로 비교하여 서열을 정하는 방법
	분류법	미리 작성한 등급기준표에 따라 평가하고자 하는 직위의 직무를 어떤 등급에 배치할 것인가를 결정하는 방법

15 　정답 ①

합리적 요소와 초합리적 요소의 조화를 강조하는 모형은 드로어의 최적 모형(Optical Model)이다. 최적 모형은 양적 분석을 기본으로 하고 그 위에 질적 분석을 가미한 모형으로, 경제적 합리성뿐만 아니라 합리 모형에서 놓칠 수 있는 결정자의 직관·영감 등의 초합리적인 요인도 중요시하였다.

16 　정답 ③

우리나라의 고위공무원단 제도는 노무현 정부 시기인 2006년 7월 1일에 도입되었다.

17
정답 ③

(가)는 비례의 원칙, (나)는 자기구속의 원칙, (다)는 신뢰보호의 원칙, (라)는 부당결부금지의 원칙이다.
행정청의 행위에 대하여 신뢰보호의 원칙이 적용되기 위한 요건 중 공적견해의 표명이라는 요건 등 일부 요건이 충족된 경우라고 하더라도, 행정청이 앞서 표명한 공적인 견해에 반하는 행정처분을 함으로써 달성하려는 공익이 행정청의 공적견해표명을 신뢰한 개인이 그 행정처분으로 인하여 입게 되는 이익의 침해를 정당화할 수 있을 정도로 강한 경우에는 신뢰보호의 원칙을 들어 그 행정처분이 위법하다고 할 수는 없다(대판 2008.4.24., 2007두25060).

[오답분석]
① 자동차 등을 이용하여 범죄행위를 하기만 하면 그 범죄행위가 얼마나 중한 것인지, 그러한 범죄행위를 행함에 있어 자동차 등이 당해 범죄 행위에 어느 정도로 기여했는지 등에 대한 아무런 고려 없이 무조건 운전면허를 취소하도록 하고 있으므로 비난의 정도가 극히 미약한 경우까지도 운전면허를 취소할 수밖에 없도록 하는 것으로 최소침해성의 원칙에 위반된다고 할 것이다(헌재결 2005.11.24., 2004헌가28).
② 평등의 원칙은 본질적으로 같은 것을 자의적으로 다르게 취급함을 금지하는 것이고, 위법한 행정처분이 수차례에 걸쳐 반복적으로 행하여졌다 하더라도 그러한 처분이 위법한 것인 때에는 행정청에 대하여 자기구속력을 갖게 된다고 할 수 없다(대판 2009.6.25., 2008두13132).
④ 대판 2009.2.12., 2005다65500
⑤ 고속국도의 유지관리 및 도로확장 등의 사유로 접도구역에 매설한 송유시설의 이설이 불가피할 경우 그 이설 비용을 부담하도록 한 것은, 고속국도 관리청이 접도구역의 송유관 매설에 대한 허가를 할 것을 전제로 한 것으로, 상대방은 공작물설치자로서 특별한 관계가 있다고 볼 수 있고, 관리청인 원고로부터 접도구역의 송유관 매설에 관한 허가를 얻게 됨으로써 접도구역이 아닌 사유지를 이용하여 매설하는 경우에 비하여는 공사절차 등의 면에서 이익을 얻는다고 할 수 있으며 처음부터 이러한 경제적 이해관계를 고려하여 이 사건 협약을 체결한 것이라고 할 것이므로 부당결부금지원칙에 위반된 것이라고 할 수는 없다(대판 2009.2.12., 2005다65500).

18
정답 ⑤

기관위임사무는 지방자치단체장이 국가 또는 상급 지자체사무를 위임받아 수행하는 것이다. 따라서 기관위임사무의 소요 경비는 전액 위임기관의 예산으로 부담한다.

19
정답 ②

정지조건부 행정행위는 조건의 성취가 있어야만 행정효력이 발생한다.
• 부관 : 행정행위의 효과를 제한하기 위하여 주된 의사표시에 부가된 종된 의사표시이다.

• 기한 : 효과의 발생, 소멸, 계속을 시간적으로 정한 부관이다.
• 조건 : 행정행위의 효과의 발생 또는 소멸을 장래의 불확실한 사실에 의존시키는 부관이다.
• 부담 : 행정행위의 주된 내용에 부가하여 그 상대방에게 작위, 부작위, 급부, 수인 등의 의무를 부과하는 것이다.

20
정답 ②

판단적 미래예측 기법은 경험적 자료나 이론이 없을 때 전문가나 경험자들의 주관적인 견해에 의존하는 질적·판단적 예측이다.

21
정답 ②

파킨슨의 법칙은 정부 인력이 업무량과 관계없이 과도하게 팽창한다는 법칙이다. 파킨슨(Parkinson)은 직원의 수가 증가하는 근거로 '부하배증의 법칙'과 '업무배증의 법칙' 두 가지를 제시하였다. 부하배증의 법칙은 공무원이 일이 많을 때 동료와 일을 나누기보다는 부하를 더 뽑고 싶어한다는 법칙으로, 승진에 있어서 경쟁자인 동료와 일을 나누는 것을 꺼리게 되고 부하가 많아지면 상급공무원으로의 출세에도 유리하기 때문이다. 또한 업무배증의 법칙은 부하가 늘어나면 부하에게 업무를 지시하고, 감독하고, 보고받고, 결재하는 등의 업무가 새롭게 생겨나는 법칙을 의미한다.

[오답분석]
① 보몰의 효과(Baumol's Effect) : 공공부문 서비스의 노동집약적 성격으로 인해 민간부문에 비해 공공부문의 생산성 증가가 느리고, 낮은 공공부문의 생산성이 정부지출을 증가시켜 사회 전체적으로 경쟁력을 저하시키는 현상이다.
③ 와그너의 법칙(Wagner's Law) : 국민소득이 증가할 때, 공공재 수요가 갖는 소득탄력성 특성으로 국민경제에서 차지하는 공공부문의 상대적 크기가 지속적으로 증대되는 현상이다.
④ 전위효과(Displacement Effect) : 전쟁 등 위기상황 발생 시 공공지출이 상향조정되어 위기상황 해소 후에도 공공지출의 크기가 감소하지 않는 현상이다.
⑤ 합리적 무지(Rational Ignorance) : 특정 정보를 입수해서 얻는 혜택보다 정보를 얻기 위해 지출하는 비용이 더 큰 경우에 개인은 합리적인 판단을 통해 특정 정보를 얻으려고 하지 않고 차라리 무시하는 경향이 있어 공공서비스 확대에 저항하는 현상이다.

22
정답 ⑤

점증주의란 기존 정책을 토대로 하여 그보다 약간 수정된 정책을 추구하는 방식의 의사결정모형이다. 정책목표를 하위 수준으로 나누어 그것을 최적화시키면 전체인 상위목표는 최적화된다. 이러한 점증주의는 민주적 다원주의를 전제로 하기 때문에 사회가 안정되고 다원화되어 있는 선진사회에 적용이 용이하다.

23

공공선택론은 뷰캐넌(J. Buchanan)이 창시하고 오스트롬(V. Ostrom)이 발전시킨 이론이며, 경제학적인 분석도구를 중시한다.

공공선택론의 의의와 한계

의의	• 공공부문에 경제학적인 관점을 도입하여 현대 행정 개혁의 바탕이 됨 – 고객중심주의, 소비자중심주의, 분권화와 자율성제고 등 • 정부실패의 원인을 분석하여 대안을 제시함
한계	• 시장실패의 위험이 있음 • 시장 경제 체제의 극대화만을 중시하여 국가의 역할을 경시함

24
정답 ①

측정도구를 구성하는 측정지표(측정문항) 간의 일관성은 신뢰도를 의미한다. 내적 타당성은 실험 처리와 결과 간의 인과적 결론의 적합성 정도로, 내적 타당성을 어렵게 하는 요소에는 외재적 요소와 내재적 요소 등이 있다.

25
정답 ③

ⓒ 직위분류제는 계급제(폐쇄형)와 다르게 개방형 충원체제이다.
ⓒ 직위분류제는 계급제(신분보장 강함)와 다르게 신분보장이 약하다.
ⓒ 직위분류제는 계급제(동일계급 동일보수)와 다르게 동일직무·동일보수를 지급한다.

오답분석
ㄱ 직렬이란 직무 종류가 유사하나 난이도와 책임도가 다른 직급의 군을 의미한다.
ㄹ 직위분류제를 실시하기 위해서는 직무조사를 통한 직무기술서가 가장 먼저 작성되어야 한다.

26
정답 ③

오답분석
① 공익의 과정설에 대한 설명이다.
② 만장일치와 계층제는 가외성의 장치가 아니다.
④ 장애인들에게 특별한 세금감면 혜택을 부여하는 것은 사회적 형평성에 부합한다.
⑤ 행정의 민주성에는 대내적으로 행정조직 내부 관리 및 운영의 대내적 민주성도 포함된다.

27
정답 ④

건축법상의 이행강제금은 시정명령의 불이행이라는 과거의 위반행위에 대한 제재가 아니라, 의무자에게 시정명령을 받은 의무의 이행을 명하고 그 이행기간 안에 의무를 이행하지 않으면 이행강제금이 부과된다는 사실을 고지함으로써 의무자에게 심리적 압박을 주어 의무의 이행을 간접적으로 강제하는 행정상의 간접강제 수단에 해당한다(대판 2018.1.25., 2015두35116).

오답분석
① 대판 2017.4.28., 2016다213916
② 이행강제금과 대집행은 서로 다른 성질의 제도이므로, 이행강제금을 부과하였더라도 대집행을 집행할 수 있다.
③ 한국자산공사가 당해 부동산을 인터넷을 통하여 재공매(입찰)하기로 한 결정 자체는 내부적인 의사결정에 불과하여 항고소송의 대상이 되는 행정처분이라고 볼 수 없고, 또한 한국자산공사가 공매통지는 공매의 요건이 아니라 공매사실 자체를 체납자에게 알려주는 데 불과한 것으로서, 통지의 상대방의 법적 지위나 권리·의무에 직접 영향을 주는 것이 아니라고 할 것이므로 이것 역시 행정처분에 해당한다고 할 수 없다(대판 2007.7.27., 2006두8464).
⑤ 제1차로 철거명령 및 계고처분을 한 데 이어 제2차로 계고서를 송달하였음에도 불응함에 따라 대집행을 일부 실행한 후 제3차로 철거명령 및 대집행계고를 한 경우, 행정대집행법상의 철거의무는 제1차 철거명령 및 계고 처분으로써 발생하였다고 할 것이고, 제3차 철거명령 및 대집행계고는 새로운 철거의무를 부과하는 것이라고는 볼 수 없으며, 단지 종전의 계고처분에 의한 건물철거를 독촉하거나 그 대집행기한을 연기한다는 통지에 불과하므로 취소소송의 대상이 되는 독립한 행정처분이라고 할 수 없다(대판 2000.2.22., 98두4665).

28
정답 ④

행정주체는 국가나 지방자치단체, 공공조합, 공재단, 영조물법인 등의 공공단체와 공무수탁사인을 말하며, 경찰청장은 행정관청에 해당한다.

29
정답 ③

오답분석
① 점증주의적 패러다임은 지식과 정보의 불완전성과 미래예측의 불확실성을 전제로 한다.
② 체제모형, 제도모형, 집단모형은 점증주의적 패러다임의 범주에 포함되는 정책결정모형의 예이다.
④ 기술평가·예측모형은 합리주의적 패러다임의 범주에 포함된다.
⑤ 전략적 계획 패러다임이 정책결정을 전략적 계획의 틀에 맞추어 이해한다.

30

정답 ⑤

오답분석

① 조직의 규모가 커질수록 복잡성도 증가한다.
② 환경의 불확실성이 높아질수록 조직의 공식화 수준은 낮아질 것이다.
③ 조직의 규모가 커짐에 따라 조직의 공식화 수준은 높아질 것이다.
④ 일상적 기술일수록 분화의 필요성이 낮아져서 조직의 복잡성이 낮아진다.

31

정답 ②

법을 적용하기 위한 사실의 확정에서 확정의 대상인 사실은 자연적으로 인식한 현상 자체가 아닌 법적으로 가치 있는 구체적 사실이어야 한다.

사실의 확정 방법

구분	내용
입증	사실의 인정을 위하여 증거를 주장하는 것을 입증이라 하며, 이 입증책임(거증책임)은 그 사실의 존부를 주장하는 자가 부담한다. 사실을 주장하는 데 필요한 증거는 첫째로 증거로 채택될 수 있는 자격, 즉 증거능력이 있어야 하고 둘째로 증거의 실질적 가치, 즉 증명력이 있어야 한다. 만일 이것이 용이하지 않을 경우를 위해 추정과 간주를 두고 있다.
추정	편의상 사실을 가정하는 것으로, "~한 것으로 추정한다."라고 하며, 반증을 들어서 부정할 수 있다. 예를 들면 "처가 혼인 중에 포태한 자는 부의 자로 추정한다."라고 규정하고 있어 친생자관계를 인정하고 있으나, 부는 그 자가 친생자임을 부인하는 소를 제기할 수 있다고 하여 법률상의 사실은 반증을 들어 이를 부정할 수 있다.
간주	일정한 사실을 확정하는 것으로, '~한 것으로 간주한다, ~한 것으로 본다.'라고 하며, 반증을 들어서 이를 부정할 수 없다. 예를 들어 "대리인이 본인을 위한 것임을 표시하지 아니한 때에는 그 의사표시는 자기를 위한 것으로 본다."고 규정한 것은 '사실의 의제'의 예라 할 수 있다.

32

정답 ④

오답분석

ㄴ. 차관물자대(借款物資貸)의 경우 전년도 인출 예정분의 부득이한 이월 또는 환율 및 금리의 변동으로 인하여 세입이 그 세입예산을 초과하게 되는 때에는 그 세출예산을 초과하여 지출할 수 있다(국가재정법 제53조 제3항).

차관물자대(借款物資貸)
외국의 실물자본을 일정기간 사용하거나 대금결제를 유예하면서 도입하는 것이다. 차관물자대를 예산에 계상하도록 하되, 전년도 인출예정분의 부득이한 이월 또는 환율 및 금리의 변동으로 인하여 세입이 그 세입예산을 초과하게 되는 때에는 그 세출예산을 초과하여 지출할 수 있도록 하고 있다.

33

정답 ⑤

최고관리자의 관료에 대한 지나친 통제가 조직의 경직성을 초래하여 관료제의 병리현상이 나타난다고 주장한 학자는 머튼(Merton)이다.

34

정답 ①

행정대집행법 제2조에 의하면 행정상 강제집행 수단 중 대체적 작위의무의 불이행에 대하여 행정청이 의무자가 행할 작위를 스스로 행하거나 제3자로 하여금 이를 행하게 하고 그 비용을 의무자로부터 징수하는 것은 행정대집행이다.

행정작용의 실효성 확보 수단
• 행정상 강제집행 : 행정법상 의무의 불이행에 대하여 행정권이 의무자의 신체 또는 재산에 직접 실력을 가하여 그 의무를 이행시키거나 이행된 것과 동일한 상태를 실현시키는 작용이다.
• 행정벌 : 행정의 상대방인 국민이 행정법상 의무를 위반하는 경우에 일반통치권에 의하여 그 의무위반자에게 과해지는 제재로서의 처벌을 의미한다. 행정벌의 종류에는 행정형벌과 행정질서벌이 있다.
• 직접강제 : 의무자가 의무를 이행하지 아니하는 경우에 직접적으로 의무자의 신체 또는 재산에 실력을 가함으로써 행정상 필요한 상태를 실현하는 작용이다(예 해군 작전구역 내에 정박하는 선박의 작전수역 외로 강제이동).
• 행정상 즉시강제 : 행정상 장해가 존재하거나 장해의 발생이 목전에 급박한 경우에 성질상 개인에게 의무를 명해서는 공행정 목적을 달성할 수 없거나 또는 미리 의무를 명할 시간적 여유가 없는 경우에 개인에게 의무를 명함이 없이 행정기관이 직접 개인의 신체나 재산에 실력을 가해 행정상 필요한 상태의 실현을 목적으로 하는 작용이다(예 마약중독자의 강제수용, 감염병 환자의 강제입원, 위험의 방지를 위한 출입 등).

35

정답 ①

손해배상은 위법한 침해이고, 손실보상은 적법한 침해에 대한 보상이다.

> **손실보상제도**
> 국가나 지방자치단체가 공공의 필요에 의한 적법한 권력행사를 통하여 사인의 재산권에 특별한 희생을 가한 경우(예 정부나 지방자치단체의 청사 건설을 위하여 사인의 토지를 수용하는 경우)에 재산권의 보장과 공적 부담 앞의 평등이라는 견지에서 사인에게 적절한 보상을 해주는 제도를 말한다.
>
> **손해배상제도**
> 국가나 지방자치단체의 위법한 행위로 인하여 사인이 손해를 입은 경우에 그 사인이 국가에 대하여 손해의 배상을 청구할 수 있는 제도를 말한다.

36

정답 ④

근무성적평정은 과거의 실적과 능력에 대한 평가이며, 미래 잠재력까지 측정한다고 볼 수 없다. 미래 행동에 대한 잠재력 측정이 가능한 평가는 역량평가이다.

37

정답 ④

㉠ 내부수익률법 : 편익의 총현재가치와 비용의 총현재가치를 일치시키는 할인율을 의미하며, 순현재가치를 0으로 만드는 할인율이다.
㉡ 순현재가치법 : 편익의 총현재가치에서 비용의 총현재가치를 차감하여 순현재가치를 구하여 0보다 큰 경우에는 사업의 타당성이 있다고 보는 기법으로, 다양한 정책대안 중 순현재가치의 값이 가장 큰 대안을 최선의 대안으로 선정한다.

오답분석
• 자본회수기간법 : 투자비용을 회수하는 데 소요되는 기간을 기준으로 대안을 선택하는 기법으로, 자본회수기간이 제일 짧은 대안을 최선의 대안으로 선정한다.

38

정답 ②

조직군생태론은 종단적 조직분석을 통하여 조직의 동형화를 주로 연구한다. 종단적 조직분석은 시간의 흐름에 따라 조사대상이나 상황의 변화를 측정하는 것으로, 일정한 시간 간격을 두고 동일한 내용을 반복적으로 측정하여 자료를 수집하거나 조사한다. 반면 횡단적 조직분석은 일정시점에서 서로 다른 특성을 지닌 광범위한 표본 집단을 대상으로 하며, 대표적으로 표본조사처럼 한 번의 조사로 끝난다.

39

정답 ②

법률 용어로서의 선의는 어떤 사실을 알지 못하는 것을 의미하며, 반면 악의는 어떤 사실을 알고 있는 것을 뜻한다.

오답분석
① 문리해석과 논리해석은 학리해석의 범주에 속한다.
③・④ 추정은 불명확한 사실을 일단 인정하는 것으로 정하여 법률효과를 발생시키되 나중에 반증이 있을 경우 그 효과를 발생시키지 않는 것을 말한다. 간주는 법에서 '간주한다=본다=의제한다'로 쓰이며, 추정과는 달리 나중에 반증이 나타나도 이미 발생된 효과를 뒤집을 수 없는 것을 말한다. 예를 들어 어음법 제29조 제1항에서 '말소는 어음의 반환 전에 한 것으로 추정한다.'라는 규정이 있는데, 만약, 어음의 반환 이후에 말소했다는 증거가 나오면 어음의 반환 전에 했던 것은 없었던 걸로 하고, 어음의 반환 이후에 한 것으로 인정한다. 그러나, 만약에 '말소는 어음의 반환 전에 한 것으로 본다.'라고 했다면 나중에 반환 후에 했다는 증거를 제시해도 그 효력이 뒤집어지지 않는다.
⑤ 유추해석에 관한 설명이다.

40

정답 ②

ㄱ. 분배정책은 정부가 가지고 있는 권익이나 서비스 등 자원을 배분하는 정책이다. 수혜자들은 서비스와 편익을 더 많이 취하기 위해서 다투게 되므로 로그롤링, 포크배럴과 같은 정치적 현상이 발생하기도 한다.
ㄷ. 재분배정책은 누진소득세, 임대주택 건설사업 등이 대표적이다.

오답분석
ㄴ. 재분배정책에 대한 설명이다. 분배정책은 갈등이나 반발이 별로 없기 때문에 가장 집행이 용이한 정책이다.
ㄹ. 분배정책이 재분배정책보다 안정적 정책을 위한 루틴화의 가능성이 높고 집행을 둘러싼 논란이 적어 집행이 용이하다.

분배정책과 재분배정책의 비교

구분	분배정책	재분배정책
재원	조세(공적 재원)	고소득층 소득
성격과 갈등 정도	없음 (Non – zero sum)	많음 (Zero sum)
정책	사회간접자본 건설	누진세, 임대주택 건설
이념	능률성, 효과성, 공익성	형평성
집행	용이	곤란
수혜자	모든 국민	저소득층
관련 논점	로그롤링, 포크배럴	이념상, 계급 간 대립

| 03 | 토목(일반)

01	02	03	04	05	06	07	08	09	10
②	③	②	③	②	③	①	②	③	②
11	12	13	14	15	16	17	18	19	20
②	④	③	①	②	②	①	④	②	②
21	22	23	24	25	26	27	28	29	30
②	⑤	④	①	②	③	④	④	④	②
31	32	33	34	35	36	37	38	39	40
②	③	①	②	②	①	③	①	③	②

01 　　　정답 ②

첨두시간 교통류율은 분석시간대 내 첨두 15분 교통량을 1시간 교통량으로 나타낸 것으로, 시간당 교통량을 첨두시간계수로 나눈 값이다.

02 　　　정답 ③

$A_b = \rho_b b_w d = \dfrac{0.85 f_{ck} \beta_1}{f_y}\left(\dfrac{600}{600+f_y}\right) b_w d$일 때,

$\beta_1 = 0.85 - 0.007(f_{ck} - 28)$
$\quad = 0.85 - 0.007(35 - 28) = 0.801$이므로

$A_b = \dfrac{0.85 \times 35 \times 0.801}{400}\left(\dfrac{600}{600+1000}\right) \times 400 \times 500$
$\quad = 7,148.93 \text{mm}^2 ≒ 7,149 \text{mm}^2$이다.

따라서 균형철근량은 약 $7,149 \text{mm}^2$이다.

03 　　　정답 ②

연속 휨부재의 부모멘트 재분배

- 근사해법에 의해 휨모멘트를 계산한 경우를 제외하고 어떠한 가정의 하중을 적용하여 탄성이론에 의하여 산정한 연속 휨 부재 받침부의 부모멘트는 20% 이내에서 $1,000\epsilon_t$ 퍼센트만큼 증가 또는 감소시킬 수 있다.
- 경간 내의 단면에 대한 휨 모멘트의 계산은 수정된 부모멘트를 사용하여야 한다.
- 부모멘트의 재분배는 휨 모멘트를 감소시킬 단면에서 최외단 인장철근의 순인장 변형률 $\epsilon_t = 0.0075$ 이상인 경우에만 가능하다.

04 　　　정답 ③

플레이트 보의 경제적인 높이는 $h = 1.1\sqrt{\dfrac{M}{f_a t_w}}$ 식에서 휨모멘트에 의해 구할 수 있음을 알 수 있다.

05 　　　정답 ②

(1), (2), (3) 중에 가장 작은 값이 플랜지 유효폭이 된다.

(1) $16t_f + b_w = (16 \times 150) + (500) = 2,900 \text{mm}$

(2) 양쪽 슬래브 중심간 거리 = $2,200 \text{mm}$

(3) 보 경간의 1/4 = $(12 \times 10^3) \times \dfrac{1}{4} = 3,000 \text{mm}$

따라서 플랜지 유효폭은 $2,200 \text{mm}$이다.

06 　　　정답 ③

부재축에 직각인 스터럽(수직스터럽)

(1) RC 부재일 경우 : $\dfrac{d}{2}$ 이하

(2) PSC 부재일 경우 : $0.75h$ 이하

(3) 어느 경우이든 600mm 이하

위의 경우 중 (1)에 해당되기 때문에 간격은 $s = \dfrac{d}{2} = \dfrac{450}{2} = 225 \text{mm}$이다.

07 　　　정답 ①

아스팔트 포장과 콘크리트 포장의 비교

구분	아스팔트 포장	콘크리트 포장
내구성	무거운 하중에 대한 내구성이 약함	무거운 하중에 대한 내구성이 강함
적용대상	신설도로 및 확장도로, 구조물이 많은 교량 등에 적절	신설도로 및 무거운 차량의 통행이 잦은 도로에 적절
수명	10 ~ 20년	20 ~ 40년
마찰력	콘크리트에 비해 낮음	초기에는 아스팔트에 비해 큼
공사기간	짧음	상대적으로 김
유지보수	잦은 유지보수가 필요하므로 유지비가 많이 소모됨	유지보수비가 적게 필요함
보수작업 용이성	국부파손 시 보수작업 용이	아스팔트에 비해 까다로움

08
정답 ②

$K_{cr} = 210$

$s = 500 \times \dfrac{K_{cr}}{\left(\dfrac{2}{3} \times 500\right)} = 500 \times \dfrac{210}{333.333} \fallingdotseq 315\text{mm}$

09
정답 ③

보통골재를 사용하는 경우, 탄성계수 구하기

$f_{ck} \leq 40MPa$, $\triangle f = 4\text{MPa}$

$E_e = 8,500 \times \sqrt[3]{f_{ck}}$ 의 식을 사용하여 계산하면 다음과 같다.

$E_e = 8,500 \times \sqrt[3]{(38+4)} \fallingdotseq 29,546.226\text{MPa}$

$\quad = 2.9546 \times 10^4 \text{MPa}$

10
정답 ②

처짐을 계산하지 않는 양단 연속보의 최소두께 일반식인

$t_{min} = \dfrac{l}{21}\left(0.43 + \dfrac{f_y}{700}\right)(1.65 - 0.00031 m_c \geq 1.09)$에서

보통중량 콘크리트이고, $f_y = 400\text{MPa}$인 표준상태이므로

$t_{min} = \dfrac{l}{21} = \dfrac{7,000}{21} \fallingdotseq 334\text{mm}$이다.

11
정답 ②

강재와 시스 사이의 마찰은 프리텐션 방식에서는 나타나지 않으므로 포스트텐션 방식에서 크게 나타나는 손실로 볼 수 있다.

12
정답 ④

상대밀도 $D_r = \dfrac{e_{max} - e}{e_{max} - e_{min}} \times 100$에서 간극비가 e_{min} 이므로

$e = e_{min}$을 대입하면 다음과 같다.

$D_r = \dfrac{e_{max} - e_{min}}{e_{max} - e_{min}} \times 100 = 100$

즉, 간극비가 e_{min} 이면, 가장 촘촘한 상태이므로 상대밀도는 100%이다.

13
정답 ③

전단철근의 전단강도 검토

$\dfrac{1}{3}\lambda\sqrt{f_{ck}}\,b_w d = \dfrac{1}{3} \times 1.0 \times \sqrt{21} \times 300 \times 500 \fallingdotseq 229,128.78\text{N}$

$\qquad \fallingdotseq 229.13\text{KN}$

$V_s = 400\text{KN}$일 때, $V_s \leq \dfrac{1}{3}\lambda\sqrt{f_{ck}}\,b_w d$

전단철근의 간격 : (1), (2), (3) 중 작은 값

(1) $\dfrac{d}{2} = \dfrac{500}{2} = 250\text{mm}$

(2) 600mm

(3) $s = \dfrac{f_{yt} \times A_v \times d}{V_s} = \dfrac{400 \times 750 \times 500}{400 \times 10^3} = 375\text{mm}$

따라서 전단철근의 간격은 250mm이다.

14
정답 ①

$\lambda = \dfrac{f_{sp}}{0.56\sqrt{f_{ck}}} = \dfrac{2.4}{0.56\sqrt{25}} \fallingdotseq 0.85714 \leq 1.0$

따라서 경량콘크리트계수는 약 0.857이다.

15
정답 ②

물체의 중심선으로 회전시켜 모멘트의 값이 클 때의 짧은 폭은 S이고, 긴 폭은 L이다.

$w_{ab} = \dfrac{L^4}{S^4 + L^4} \times w = \dfrac{L^4}{(0.5L)^4 + L^4} \times w = 0.941w$

따라서 AB방향에 분배되는 하중은 $0.941w$이다.

16
정답 ②

다차로도로는 고속도로와 함께 지역간 간선도로 기능을 담당하는 양방향 4차로 이상의 도로로서, 고속도로와 도시 및 교외 간선도로의 도로 및 교통 특성을 함께 갖고 있으며, 확장 또는 신설된 일반국도가 주로 이에 해당된다.

17
정답 ①

$u = u_f\left(1 - \dfrac{k}{k_j}\right) = 90 \times \left(1 - \dfrac{100}{180}\right) = 90 \times \dfrac{4}{9} = 40\text{km/h}$

따라서 추정 가능한 현재 교통 흐름 속도는 40km/h이다.

18
정답 ④

압밀 진행 중인 흙의 성질(압밀계수, 투수계수, 체적변화계수)은 변하지 않는다.

19
정답 ②

수동토압계수 $K_p = \tan^2\left(45 + \dfrac{\phi}{2}\right)$ 의 공식을 사용하여 계산하면

$K_p = \tan^2\left(45 + \dfrac{\phi}{2}\right) = \tan^2\left(45 + \dfrac{30}{2}\right) = 3$ 이다.

이때, 일축압축강도 $q_u = 2c\tan\left(45 + \dfrac{\phi}{2}\right) = 2c\sqrt{K_p}$ 가 되고,

한계고 공식은 $H_c = \dfrac{4c}{\gamma}\sqrt{K_p} = \dfrac{2q_u}{\gamma} = \dfrac{2 \times 13.5}{1.6} = 16.875$ 이다.

따라서 안전율은 $F_s = \dfrac{H_c}{H} = \dfrac{16.875}{9} = 1.875$ 이다.

20
정답 ②

현재 노면 배수를 위한 간이포장도로에서의 횡단경사는 2 ~ 4%로 규정하고 있다.

21
정답 ②

지능형교통체계(ITS; Intelligent Transport Systems)
교통수단 및 교통시설에 대하여 전자·제어 및 통신 등의 첨단 교통기술 및 교통정보를 개발·활용함으로써 교통체계의 운영 및 관리를 자동화하고 교통의 효율성 및 안전성을 향상시키는 교통체계이다.

22
정답 ⑤

A점의 반력 : $\mathrm{wL} \times \dfrac{\left(\dfrac{3}{2}\right)}{2} = \dfrac{3}{4}\mathrm{wL}$

반력 : $V = \dfrac{3wL}{4} - (w \times x) = 0$

$[w \times x = (등분포 하중) \times (하중이 가해진 거리)]$

휨모멘트 $M = \left(\dfrac{3wL}{4} \times \dfrac{3L}{4}\right) - \left(w \times \dfrac{3L}{4}\right) \times \dfrac{\left(\dfrac{3L}{4}\right)}{2}$

$= 0.28125\mathrm{wL}^2 = 약\ 0.281\mathrm{wL}^2$

$\left[w \times \dfrac{3}{4}L = (등분포하중) \times (하중이 가해진 중앙에서 E점까지의 거리) \right]$

따라서 최대 휨모멘트는 약 $0.281\mathrm{wL}^2$ 이다.

23
정답 ④

일단고정 일단힌지의 경우의 좌굴하중(P_{cr})

$P_{cr} = \dfrac{\pi^2 EI}{(KL)^2} = \dfrac{\pi^2 \times 20,000 \times \dfrac{150 \times 350^3}{12}}{(0.7 \times 5000)^2}$

$= 8,635,903,851\mathrm{N} = 863,590\mathrm{kN}$

24
정답 ①

철근의 탄성계수(E)

$E = \dfrac{\sigma \times L}{\delta} = \dfrac{300\mathrm{MPa} \times (10 \times 10^3)\mathrm{mm}}{15\mathrm{mm}} = 2.0 \times 10^5\,\mathrm{MPa}$

25
정답 ②

직사각형의 단면이고 양단힌지이기 때문에, 좌굴의 강성도는

$n = \dfrac{1}{K^2} = 1$, 좌굴길이는 $KL = 1.0\mathrm{L}$이다.

$\lambda = \dfrac{1.0 \times 8.0}{\sqrt{\dfrac{\dfrac{0.25 \times 0.40^3}{12}}{0.25 \times 0.40}}} = 69.2820 = 69.3$

따라서 기둥의 세장비(λ)는 약 69.30이다.

26
정답 ③

주어진 그림에서는 중첩의 원리를 사용하면 된다.

중첩의 원리 공식은 $M_C = \dfrac{PL}{4} + \dfrac{wL^2}{8}$ 이고, 이는 중앙점의 휨모멘트와 같다.

27
정답 ④

$\sigma_{\max} = \dfrac{M_{\max}}{Z} = \dfrac{\dfrac{PL}{4}}{\dfrac{bh^2}{6}} = \dfrac{6PL}{4bh^2} = \dfrac{6 \times (25 \times 10^3) \times (4 \times 10^3)}{4 \times 250 \times (300)^2}$

$= 6.67\mathrm{MPa}$

따라서 최대 휨응력은 6.7MPa이다.

28
정답 ④

$M_{중앙} = \dfrac{wl^2}{8} - Pa = \dfrac{wl^2}{8} - 2wla = 0$

$\dfrac{wl^2}{8} = 2wla$

$\therefore\ \dfrac{a}{l} = \dfrac{1}{16}$

29 정답 ④

도로 용량은 주어진 도로 조건에서 15분 동안 최대로 통과할 수 있는 승용차 교통량을 1시간 단위로 환산한 값으로 정의한다.

30 정답 ②

힌지 지점의 모멘트는 고정단에 $\dfrac{1}{2}$ 이 전달된다.

$$M_A = \dfrac{M}{2}(\curvearrowright)$$

$$\therefore \theta_A = \dfrac{L}{6EI}(2M_A + M_B) = \dfrac{L}{6EI}\left(2M_1 - \dfrac{M_1}{2}\right)$$

$$= \dfrac{M_1 L}{4EI} \text{ (시계방향)}$$

$\sum M_B = 0$ 에서

$$-R_A \times L + M_1 + \dfrac{M_1}{2} = 0$$

$$\therefore R_A = \dfrac{3M_1}{2L}(\downarrow)$$

31 정답 ②

1) 단위환산 : 측정시간 2분 = $2 \times 60 = 120$초
2) 정수위 투수시험에 의한 투수계수(K)

$$K = \dfrac{Q \cdot L}{A \cdot h \cdot t} = \dfrac{150 \times 10}{20 \times 15 \times 120} \fallingdotseq 0.042\text{cm/sec}$$

3) 동수경사(i)

$$i = \dfrac{h}{L} = \dfrac{15}{10}$$

4) 평균유속(유출유속, v)

$$v = K \cdot i = 0.042 \times \left(\dfrac{15}{10}\right) = 0.063\text{cm/sec}$$

5) 시료의 부피(V)

$$V = A \cdot L = 20 \times 10 = 200\text{cm}^3$$

6) 건조단위중량(γ_d)

$$\gamma_d = \dfrac{W_s}{V} = \dfrac{420}{200} = 2.1\text{g/cm}^3$$

7) 간극비(e)

$$e = \dfrac{G_s \cdot \gamma_w}{\gamma_d} - 1 = \dfrac{2.67 \times 1}{2.1} - 1 \fallingdotseq 0.27$$

8) 간극률(n)

$$n = \dfrac{e}{1+e} \times 100 = \dfrac{0.27}{1+0.27} \times 100 \fallingdotseq 21.26\%$$

9) 침투유속(v_s)

$$v_s = \dfrac{v}{\dfrac{n}{100}} = \dfrac{0.063}{\dfrac{21.26}{100}} \fallingdotseq 0.296\text{cm/sec}$$

32 정답 ③

축강성이 일정하므로 분담하중은 부재길이에 반비례한다.

이를 식으로 정리하면 $R_A = \dfrac{2}{5}P$, $R_B = \dfrac{3}{5}P$ 이다.

따라서 C점에서의 수평변위는 $\delta_C = \dfrac{PL}{EA} = \dfrac{\dfrac{2}{5}P \times 3L}{EA} = \dfrac{6PL}{5EA}$

이다.

33 정답 ①

일직선상이 아니고 크기가 같으며, 방향이 서로 평행으로 반대인 두 힘을 우력이라 한다. 우력은 두 힘이 작용하는 평면으로 수직인 축 둘레에 회전시키는 작용을 한다. 두 힘의 작용선 사이의 거리 a(우력의 팔의 길이)와 각 힘의 크기 F의 곱 aF를 우력의 모멘트라 한다.

34 정답 ②

합력 $3P - P = 2P$

$2PX - PL = 0$

$$\therefore X = \dfrac{1}{2}L$$

35 정답 ②

$$\delta_s = n\delta_c, \quad n = \dfrac{E_s}{E_c} = 9, \quad P = \delta_c(A_c + nA_s)$$

$$120\delta_c = [900 + (9 \times 27)]$$

$$\therefore \delta_c = \dfrac{120 \times 10^3}{1,143} \fallingdotseq 105\text{kgf/cm}^2$$

$$\therefore \delta_s = n\delta_c = 9 \times 105 = 945\text{kgf/cm}^2$$

36 정답 ①

$$M_C = -\dfrac{M}{2} = -\dfrac{42}{2} = -21\text{tf} \cdot \text{m}$$

따라서 A점의 휨모멘트 값은 -21이다.

37 정답 ③

세장비 $\lambda = \dfrac{l_k}{r_{\min}}$

$$r_{\min} = \sqrt{\dfrac{I_{\min}}{A}} = \sqrt{\dfrac{1,600}{100}} = 4\text{cm}$$

$$\therefore \lambda = \dfrac{400}{4} = 100$$

38

$\sum M_A = 0$에서

$(-P \times l) + (3P \times x) - (4P \times 2l) + \left(2P \times \frac{3}{2} \times 2l\right) = 0$

$\therefore x = l$

39

$\sum M_B = 0$에서 $R_A \times L - \frac{wL}{2} \times \frac{3}{2} \times \frac{L}{2} = 0$이므로 $R_A = \frac{3}{8}wL$

이다. 전단력이 0인 위치에서 최대 휨모멘트는 다음과 같다.

$S_x = R_A - wx_A = \frac{3}{8}wL - wx_A = 0$

$\therefore x_A = \frac{3}{8}L$

따라서 A점에서 중앙 쪽으로 $\frac{3}{8}L$ 떨어진 곳에 위치한다.

40

$\sigma_{\max} = \frac{M}{Z} = \frac{M}{\frac{\pi D^3}{32}} = \frac{32M}{\pi D^3} = \frac{32M}{\pi (2r)^3} = \frac{4M}{\pi r^3}$

따라서 이 보에 작용하는 최대 휨응력은 $\frac{4M}{\pi r^3}$이다.

4일 차 기출응용 모의고사 정답 및 해설

| 01 | 행정(경영)

01	02	03	04	05	06	07	08	09	10
①	④	①	②	②	③	⑤	⑤	①	③
11	12	13	14	15	16	17	18	19	20
④	⑤	④	④	④	④	②	②	①	④
21	22	23	24	25	26	27	28	29	30
③	②	③	③	④	②	③	①	③	①
31	32	33	34	35	36	37	38	39	40
①	③	③	④	②	①	⑤	①	③	⑤

01 [정답] ①

집약적 유통은 포괄되는 시장의 범위를 확대시키려는 전략으로, 소비자는 제품 구매를 위해 많은 노력을 기울이지 않기 때문에 주로 편의품이 이에 해당한다.

02 [정답] ④

노조가입의 강제성의 정도에 따른 것이므로 '클로즈드 숍 – 유니언 숍 – 오픈 숍' 순서이다.

03 [정답] ①

기능 조직(Functional Structure)은 기능별 전문화의 원칙에 따라 공통의 전문지식과 기능을 지닌 부서단위로 묶는 조직 구조를 의미한다.

04 [정답] ②

제품 – 시장 매트릭스

구분	기존제품	신제품
기존시장	시장침투 전략	신제품개발 전략
신시장	시장개발 전략	다각화 전략

05 [정답] ②

메인터넌스 숍은 조합원이 되면 일정기간 동안 조합원의 신분을 유지하게 하는 제도를 말한다. 조합원이 아닌 종업원에게도 노동조합비를 징수하는 제도는 에이전시 숍이다.

06 [정답] ③

[오답분석]
① 아웃소싱 : 일부의 자재, 부품, 노동, 서비스를 외주업체에 이전해 전문성과 비용 효율성을 높이는 것을 말한다.
② 합작투자 : 2개 이상의 기업이 공동으로 투자하여 새로운 기업을 설립하는 것을 말한다.
④ 턴키프로젝트 : 공장이나 여타 생산설비를 가동 직전까지 준비한 후 인도해 주는 방식을 말한다.
⑤ 그린필드투자 : 해외 진출 기업이 투자 대상국에 생산시설이나 법인을 직접 설립하여 투자하는 방식으로, 외국인직접투자(FDI)의 한 유형이다.

07 [정답] ⑤

제시된 기사는 기업의 규모를 축소하여 비용절감과 기회도모를 목표로 하는 '다운사이징(Downsizing)'에 대한 내용이다. D마트는 대대적인 오프라인 매장감축을 실행하여 다운사이징을 통한 비용절감을 실현하였다.

[오답분석]
① 다각화(Diversification) : 기존사업의 운영기반 이외에 별도로 다른 사업(산업)에 신규 참여하는 것을 말하는데, 기존사업 관련 다각화(Related Diversification)와 비관련 다각화(Unrelated Diversification)로 나누어 볼 수 있다.
② 시스템화(System) : 조직내부의 업무효율을 혁신하고, 조직의 고기능화를 촉진시키기 위해서는 가장 중요한 전략이다.
③ 전략도메인(Domain) : 인상적인 도메인 등으로 이미지 메이킹 등을 하는 전략이다.
④ 현지화(Localization) : 사업을 수행하는 국가와 지역의 사회, 문화, 관습과 언어, 관행들을 잘 아는 현지에 동화되는 경영방법이다.

08

정답 ⑤

상대평가란 피평가자들 간 비교를 통하여 평가하는 방법으로, 피평가자들의 선별에 초점을 두는 인사평가이다. 평가기법으로 서열법, 쌍대비교법, 강제할당법 등이 있다. 서열법은 피평가자의 능력·업적 등을 통틀어 그 가치에 따라 서열을 매기는 기법이고, 쌍대비교법은 두 사람씩 쌍을 지어 비교하면서 서열을 정하는 기법이다. 강제할당법은 사전에 범위와 수를 결정해 놓고 피평가자를 일정한 비율에 맞추어 강제로 할당하는 기법이다.

> **절대평가**
> 피평가자의 실제 업무수행 사실에 기초하여 피평가자의 육성에 초점을 둔 평가방법이다. 평가기법으로 평정척도법, 체크리스트법, 중요사건기술법 등이 있다.
> • 평정척도법 : 피평가자의 성과, 적성, 잠재능력, 작업행동을 평가하기 위해 평가요소들을 제시하고 이에 따라 단계별 차등을 두어 평가하는 기법
> • 체크리스트법 : 직무상 행동들을 구체적으로 제시하고 평가자가 해당 서술문을 체크하는 기법
> • 중요사건기술법 : 피평가자의 직무와 관련된 효과적이거나 비효과적인 행동을 관찰하여 기록에 남긴 후 평가하는 기법

09

정답 ①

평가센터법은 주로 관리자들의 선발(Selection), 개발(Development), 적성·능력 등의 진단(Inventory)을 위하여 실시한다. 일반적으로 2~3일 동안 외부와 차단된 별도의 교육장소에서 다수의 평가자(인사 분야 전문가, 교수, 실무 담당자 등)가 일정한 기준을 가지고 평가를 실시하며, 평가를 실행함에 있어 시간과 비용이 크기 때문에 한 번에 다수의 피평가자들이 참여하며 다수의 평가자들이 평가한다.

10

정답 ③

채찍효과란 고객의 수요가 상부단계 방향으로 전달될수록 단계별 수요의 변동성이 증가하는 현상으로, 발생원인으로는 자사 주문량에 근거하는 예측, 일괄주문처리, 가격 변동, 결품 예방 경쟁 등이 있다. 전자 자료 교환(EDI)의 시행은 리드타임을 단축시킴으로써 채찍효과를 제거할 수 있는 방안에 해당한다.

11

정답 ④

순현재가치법이란 대상사업의 경제성 평가에서 현금흐름의 순현재가치의 크기를 기준으로 판단하여 의사결정을 하는 방법이다. 2개 이상의 투자안에 동시에 투자할 때의 순현재가치는 각 투자안의 현재가치를 합한 것과 같다고 하는 가치의 가산원리가 적용된다.

오답분석

① 회계적이익률법이란 투자안의 평균이익률을 산출하여 이를 투자안의 평가기준으로 삼는 방법이다. 회계적이익률법은 연평균순수익을 연평균투자액으로 나눈 것이므로 화폐의 시간적 가치를 고려한 것은 아니다.

② 회수기간법이란 대상사업에 투자한 금액에 대한 회수기간을 미리 정한 후 이 기간 안에 회수할 수 있는 투자안을 선택하는 방법을 말한다. 회수기간 내의 현금흐름에 초점이 맞춰져 있다.

③ 내부수익률법이란 어떤 투자안의 순현재가치가 0이 되게 내부수익률을 구해서 시장에서 평가된 자본비용(할인율)보다 크면 투자안을 채택하고 그렇지 않으면 기각하는 방법이다. 평균이익률법이라고 하는 것은 회계적이익률법을 말한다.

⑤ 수익성지수법은 현금유입의 현재가치를 현금유출의 현재가치로 나누어서 나온 수익성지수를 통해 의사결정을 하는 방법이다. 수익성지수가 1보다 커야 경제성이 있다.

12

정답 ⑤

의류 생산공장은 자본집약도가 상대적으로 낮으며 노동집약적인 산업으로, 경쟁산업으로 많은 노동량이 투여되었는데도 낮은 가격으로 팔리는 '저부가가치 상품'을 생산한다. 선진국이 아닐 경우 노동집약적 산업이 지배적이다.

오답분석

① · ② · ③ · ④ 노동력 또는 생산량에 비해서 자본의 투입비율이 상대적으로 높은 기술이 생산요소로 채용되고 있는 산업이다. 생산요소의 결합상태가 상이한 점에 중점을 두고 산업을 분류할 경우 노동자 1인당 설비투자액, 즉 노동의 자본장비율이 높다.

13

정답 ④

장기이자율이 단기이자율보다 높으면 우상향곡선의 형태를 취한다.

14

정답 ④

• 2025년 초 부채요소의 장부금액 : 93,934+3,087(전환권조정상각액)=₩97,021
• 2025년 전환사채 행사 시 증가하는 주식발행초과금 : 97,021×60%-(자본금)+(전환권대가대체액)=58,213-(60주×500)+6,066×60%=₩31,853

15

정답 ④

• (당기법인세)=[490,000(회계이익)+125,000(감가상각비한도초과액)+60,000(접대비한도초과액)-25,000(미수이자)]×20%=130,000원

- (이연법인세자산)=125,000(감가상각비한도초과액)×20%= 25,000원
- (이연법인세부채)=25,000(미수이자)×20%=5,000원
- (법인세비용)=130,000+5,000−25,000=110,000원

16
정답 ④

콥-더글라스 생산함수는 $Q=AL^\alpha K^\beta$(단, A>0, 0<α<1)인 형태로, $\alpha+\beta=1$인 경우에만 규모에 대한 수익이 불변이다. 또한 콥-더글라스 생산함수는 CES(Constant Elasticity of Substitution)함수에서 대체탄력성이 1인 특수한 경우이다.

17
정답 ②

항상소득가설에 의하면 항상소득의 증가는 소비의 증가에 크게 영향을 미치지만, 일시소득이 증가하는 것은 소비에 거의 영향을 미치지 않는다. 따라서 항상소득의 한계소비성향은 일시소득의 한계소비성향보다 크다.

18
정답 ②

두 상품이 완전대체재인 경우의 효용함수는 $U(X, Y)=aX+bY$의 형태를 갖는다. 따라서 무차별곡선의 형태는 MRS가 일정한 직선의 형태를 갖는다.

19
정답 ①

오답분석
② 주당순가산가치는 자기자본을 발행주식수로 나누어 계산한다.
③ 주가순자산비율은 성장성이 아닌 안정성을 보여주는 지표이다.
④ 주가순비율은 기업 청산 시 채권자가 아닌 주주가 배당받을 수 있는 자산의 가치를 의미한다.
⑤ 추가순자산비율은 순자산보다 주가가 높게 형성되어 고평가되었다고 판단한다.

20
정답 ④

공매도를 통한 기대수익은 자산가격(100%) 미만으로 제한되나, 기대손실은 무한대로 커질 수 있다.

오답분석
① 공매도는 주식을 빌려서 매도하고 나중에 갚는 것이기 때문에 주가상승 시 채무불이행 리스크가 존재한다.
② 매도의견이 시장에 적극 반영되어 활발한 거래를 일으킬 수 있다.
③ 자산 가격이 하락할 것으로 예상되는 경우, 공매도를 통해 수익을 기대할 수 있다.
⑤ 공매도의 가능 여부는 효율적 시장가설의 핵심전제 중 하나이다.

21
정답 ③

기업의 다양한 경제 활동 중에서 재무상태의 변화를 수반하는 활동을 회계상 거래라고 한다. 회계상 거래는 재무상태표의 구성요소인 자산, 부채, 자본와 손익계산서의 구성요소인 수익, 비용에 변화를 가져오는 활동이다. 따라서 100억 원 상당의 매출계약을 체결하는 것은 회계상 거래가 아니다.

22
정답 ②

부채는 유동부채와 비유동부채로 구분되며, 그중 비유동부채는 장기차입금, 임대보증금, 퇴직급여충당부채, 장기미지급금 등이 있다. 따라서 비유동부채에 해당하는 것은 ㄹ, ㅁ, ㅈ으로 총 3개이다.

23
정답 ③

오답분석
ㄴ. 구매력 평가설에 의하면 빅맥 1개의 가격은 미국에서 5달러, 한국에서는 4,400원이므로, 원화의 대미 달러 환율은 880원이다.
ㄷ. (실질환율)=$\dfrac{(명목환율)\times(외국물가)}{(자국물가)}=\dfrac{1,100\times5,500}{4,400}$
    $=1,375$원이다.

24
정답 ③

무형자산이란 물리적 실체는 없지만 미래에 경제적 효익을 기대할 수 있는 자산으로, 유형자산과 마찬가지로 취득일 이후 사용 가능한 시점부터 내용연수에 걸쳐 상각방법에 따라 배분하여야 한다.

오답분석
① 내용연수가 비한정인 무형자산은 상각하지 않는다.
② 제조과정에서 사용된 무형자산의 상각액은 재고자산의 장부금액에 포함한다.
④ 최초비용으로 인식한 무형항목에 대한 지출은 그 이후에 무형자산의 원가로 인식할 수 없다.
⑤ 내용연수가 비한정인 무형자산의 내용연수를 유한 내용연수로 변경하는 것은 회계추정의 변경으로 회계처리한다.

25
정답 ④

- (무형자산상각비)=(₩50,000+₩100,000)÷10=₩15,000
- (개발비 손상차손)=₩150,000−₩15,000−₩80,000
    =₩55,000

26

ㄱ. 갑국은 실제실업률이 자연실업률보다 낮으므로 확장 갭이 발생하는 상태이다. 따라서 갑국에서는 실제GDP가 잠재GDP를 초과할 것이므로 갑국의 잠재GDP는 1,600조 원보다 작을 것이다.

ㄴ. 을국은 실제실업률과 자연실업률이 일치하므로 실제GDP와 잠재GDP가 일치한다. 그러므로 을국의 잠재GDP는 1,500조 원이다.

ㅁ. 병국은 실제실업률이 자연실업률보다 높으므로 침체 갭이 발생하는 상태이다. 따라서 병국은 실제GDP가 잠재GDP에 미달할 것이므로 병국의 잠재GDP는 800조 원보다 클 것이다.

27 정답 ③

$$(재고자산감모손실) = (장부상 재고) - (실사재고)$$
$$= ₩250,000 - [(800개 × ₩100) + (250개 × ₩180)$$
$$+ (400개 × ₩250)] = ₩25,000$$

28 정답 ①

• (제조간접비 배부율) = 600,000 ÷ 20,000시간 = 30
• (과소배부액) = 650,000 - (18,000시간 × 30) = ₩110,000
• (매출총이익) = 400,000 - 110,000 = ₩290,000

29 정답 ③

㉠ 계속기록법(Perpetual Inventory System) : 상품을 구입할 때마다 상품계정에 기록하며, 상품을 판매하는 경우에 판매시점마다 매출액만큼을 수익으로 기록하고, 동시에 상품원가를 매출원가로 기록하는 방법이다.

㉡ 실지재고조사법(Periodic Inventory System) : 기말실사를 통해 기말재고수량을 파악하고, 판매가능수량[(기초재고수량)+(당기매입수량)]에서 실사를 통해 파악된 기말재고수량을 차감하여 매출수량을 결정하는 방법이다.

30 정답 ①

현금흐름표는 한 회계기간 동안의 현금흐름을 영업활동과 투자활동, 그리고 재무활동으로 나누어 보고한다.

오답분석
② 재화의 판매, 구입 등 기업의 주요 수익활동에 해당하는 항목들은 영업활동으로 분류된다.
③ 유형자산의 취득, 처분 및 투자자산의 취득, 처분 등은 투자활동으로 분류된다.
④ 한국채택국제회계기준에서는 직접법과 간접법 모두 인정한다.
⑤ 직접법으로 표기하는 방식은 정보이용자가 이해하기 쉽고, 미래 현금흐름을 추정하는 데 유용한 정보를 제공한다.

31 정답 ①

오답분석
② 최고가격제란 소비자 보호를 위해 최고가격을 시장 균형가격보다 낮은 수준에서 책정하여야 한다는 것이다. 이 경우 초과수요가 발생하기 때문에 암시장이 나타날 수 있다.
③·④ 최저임금제는 정부가 노동시장에 개입하여 임금의 최저수준을 정하는 가격하한제의 한 예이다. 가격하한제란 시장가격보다 높은 수준에서 최저가격을 설정하는 가격규제 방법이다. 최저임금이 시장균형 임금보다 높은 수준에서 책정되면 노동시장에서 초과공급이 발생하고 그만큼의 비자발적 실업이 발생하게 된다. 이 경우 이미 고용된 노동자들은 혜택을 받을 수 있지만 취업 준비생들은 계속 실업자로 남을 가능성이 크다.
⑤ 최저가격제란 공급자를 보호하기 위한 규제로 수요가 탄력적일수록 효과가 미흡해진다.

32 정답 ③

독점적 경쟁시장의 장기균형에서는 $P > SMC$가 성립한다.

오답분석
①·② 독점적 경쟁시장의 장기균형은 수요곡선과 단기평균비용곡선, 장기평균비용곡선이 접하는 점에서 달성된다.
④ 균형생산량은 단기평균비용의 최소점보다 왼쪽에서 달성된다.
⑤ 가격과 평균비용이 같은 지점에서 균형이 결정되므로, 장기 초과이윤은 0이다.

33 정답 ③

공공재란 재화와 서비스에 대한 비용을 지불하지 않더라도 모든 사람이 공동으로 이용할 수 있는 재화 또는 서비스를 말한다. 공공재는 비경합성과 비배제성을 동시에 가지고 있다. 공공재의 비배제성 성질에 따르면 재화와 서비스에 대한 비용을 지불하지 않더라도 공공재의 이익을 얻을 수 있는 '무임승차의 문제'가 발생한다. 한편, 공공재라도 민간이 생산, 공급할 수 있다.

34 정답 ④

오답분석
가. 여가, 자원봉사 등의 활동은 생산활동이 아니므로 GDP에 포함되지 않는다.
다. GDP는 마약밀수 등의 지하경제를 반영하지 못하는 한계점이 있다.

35

정답 ②

제시문은 양적완화에 대한 내용이다. 양적완화란 금리중시 통화정책을 시행하는 중앙은행이 정책금리가 0%에 근접하거나, 다른 이유로 시장경제의 흐름을 정책금리로 제어할 수 없는 이른바 유동성 저하 상황에서 유동성을 충분히 공급함으로써 중앙은행의 거래량을 확대하는 정책이다. 수출 증대의 효과가 있는 반면 인플레이션을 초래할 수도 있다. 자국의 경제에는 소기의 목적을 달성하더라도 타국의 경제에 영향을 미쳐 자산 가격을 급등시킬 수도 있다.

36

정답 ①

오답분석
② IS – LM 곡선에 의해 실질이자율이 결정된다.
③ 유동성선호이론은 케인스의 화폐수요이론이다.
④ 실물시장과 화폐시장이 분리된다(화폐의 중립성).
⑤ 실물시장에서 대부자금공급곡선과 대부자금수요곡선이 만나는 균형점에서 실질이자율이 결정된다(대부자금설).

37

정답 ⑤

외부불경제가 발생할 경우 사회적 한계비용(SMC)은 사적 한계비용(PMC)에 외부 한계비용(EMC)을 합한 값으로 계산하므로 PMC는 $4Q+20$이고, EMC는 10이므로 SMC는 $4Q+30$이다. 사회적 최적생산량은 사회적 한계비용과 수요곡선이 교차하는 지점에서 형성되므로 $P=SMC$이고 시장수요 $P=60-Q$이므로 $4Q+30=60-Q \rightarrow 5Q=30 \rightarrow Q=6$이다. 따라서 사회적 최적생산량은 6이다.

38

정답 ①

오답분석
ㄷ. 정부의 지속적인 교육투자정책으로 인적자본축적이 이루어지면 규모에 대한 수확체증이 발생하여 지속적인 성장이 가능하다고 한다.
ㄹ. 내생적 성장이론에서는 금융시장이 발달하면 저축이 증가하고 투자의 효율성이 개선되어 지속적인 경제성장이 가능하므로 국가 간 소득수준의 수렴현상이 나타나지 않는다고 본다.

39

정답 ②

구축효과란 정부의 재정적자 또는 재정확대 정책으로 이자율이 상승하여 민간 소비와 투자활동을 위축하는 효과로, 정부가 재정적자를 국채의 발행으로 조달할 경우 국채의 발행이 채권가격의 하락으로 이어져, 시장이자율이 상승하여 투자에 부정적인 영향을 준다.

> **채권가격 변화에 의한 구축효과의 경로**
> 정부의 국공채 발행 → 채권의 공급 증가 → 채권가격 하락
> → 이자율 상승(채권가격과 이자율과는 음의 관계) → 투자
> 감소

40

정답 ⑤

오답분석
① 기펜재는 열등재에 속하는 것으로 수요의 소득탄력성은 음(−)의 값을 갖는다.
② 두 재화가 서로 대체재의 관계에 있다면 수요의 교차탄력성은 양(+)의 값을 갖는다.
③ 우하향하는 직선의 수요곡선상에 위치한 점에서 수요의 가격탄력성은 다르다. 가격하락 시 소비자 총지출액이 증가하는 점에서는 수요의 가격탄력성이 1보다 크고, 소비자 총지출액이 극대화가 되는 점에서는 수요의 가격탄력성이 1, 가격하락 시 소비자 총지출액이 감소하는 점에서는 수요의 가격탄력성은 1보다 작다.
④ 수요의 가격탄력성이 1이면 판매자의 총수입이 극대화되는 점이며, 가격변화에 따라 판매액이 증가하는 구간은 수요의 가격탄력성이 1보다 클 때이다.

| 02 | 행정(법정)

01	02	03	04	05	06	07	08	09	10
①	④	④	③	②	③	①	③	③	②
11	12	13	14	15	16	17	18	19	20
①	③	④	②	⑤	①	⑤	③	⑤	③
21	22	23	24	25	26	27	28	29	30
②	③	②	⑤	④	⑤	⑤	②	②	①
31	32	33	34	35	36	37	38	39	40
⑤	④	⑤	⑤	①	②	①	①	③	①

01
정답 ①

모든 제도를 정당화시키는 최고의 헌법원리는 국민주권의 원리이다.

02
정답 ④

마그나 카르타(1215년) → 영국의 권리장전(1689년) → 미국의 독립선언(1776년) → 프랑스의 인권선언(1789년) 순이다.

03
정답 ④

온 – 나라시스템은 정부 내부의 업무처리에서 종이 없는 행정의 실현을 추구하는 G2G(Government to Government)에 해당한다.

오답분석

① · ② G2C(Government to Customer)로, 정부가 국민에게 서비스하는 것을 말한다.
③ · ⑤ G2B(Government to Business)이며, 정부와 기업 간의 업무처리의 효율성을 높이기 위한 것이다.

04
정답 ③

헌법전문의 법적 효력에 대해서는 학설 대립으로 논란의 여지가 있어 전문이 본문과 같은 법적 성질을 '당연히' 내포한다고 단정지을 수는 없다.

05
정답 ②

오답분석

① 당해 행정청은 취소할 수 있는 행정행위에 관하여 법적근거 없이도 직권취소할 수 있다는 법적 근거불요설이 다수설 · 판례(대판 1995.9.15., 95누6311)의 입장이다. 따라서 관할 행정청 A는 甲에 대해 법적 근거 없이도 공장등록을 직권취소할 수 있다.

③ 행정절차법상 불이익처분 시에는 사전통지 및 의견제출 절차를 거쳐야 한다(행정절차법 제21조 · 제22조). 따라서 甲에 대한 공장등록 취소는 불이익처분에 해당하므로 관할 행정청 A는 행정절차법상 사전통지 및 의견제출 절차를 거쳐야 된다.

④ 제시문은 주류적 판례의 입장에서 일반적으로 맞는 제시문으로 출제되지만, 주류적 판례의 입장에 대하여 일부 판례의 입장으로 예외적으로 출제된 옳지 않은 제시문이다. 대법원의 주류적 판례는 행정행위의 취소의 취소에 관해 소극설(부정설)의 입장에서 원행정행위를 소생시킬 수 없다고 하였다(대판 1995.3.10., 94누7027). 그러나 일부 판례는 처음의 취소처분을 한 후 새로운 이해관계인이 생기기 전까지는 다시 직권취소하여 행정행위의 효력을 회복시킬 수 있다(대판 1967.10.23., 67누126)는 적극설(긍정설)의 입장이 있다. 따라서 일부 판례에 의하면 甲에 대한 공장등록을 취소하여 공장등록이 확정적으로 효력을 상실하게 되었다 하더라도, 새로운 이해관계인이 생기기 전까지는 공장등록 취소처분이 위법함을 이유로 그 취소처분을 직권취소하여 공장등록의 효력을 다시 발생시킬 수 있다.

⑤ 행정행위의 존속력으로서의 불가쟁력과 불가변력은 각각 독립한 효력이다. 불가쟁력은 상대방 및 이해관계인을 구속하는 효력이며, 불가변력은 행정기관(행정청)을 구속하는 효력이다. 따라서 불가쟁력이 발생하였으나 불가변력이 발생하지 않는 경우에는 행정기관은 직권취소할 수 있고, 불가변력이 발생하였으나 불가쟁력이 발생하지 않은 경우에는 상대방 및 이해관계인은 쟁송취소를 제기할 수 있다. 그러므로 甲의 공장등록을 취소하는 처분에 대해 제소기간이 경과하여 불가쟁력이 발생한 이후에도 관할 행정청 A는 그 취소처분을 직권취소할 수 있다.

06
정답 ③

헌법적 의미의 재산권이란 사적유용성 및 그에 대한 원칙적 처분권을 포함하는 모든 재산가치가 있는 구체적 권리를 의미한다. 의료급여수급권은 공공부조의 일종으로서 순수하게 사회정책적 목적에서 주어지는 권리이므로 개인의 노력과 금전적 기여를 통하여 취득되는 재산권의 보호대상에 포함된다고 보기 어려워, 이 사건 시행령 조항 및 시행규칙 조항이 청구인들의 재산권을 침해한다고 할 수 없다(헌재 2007헌마1092).

07
정답 ①

과잉금지원칙은 국가의 권력은 무제한적으로 행사되어서는 안 되고 국민의 기본권을 제한하는 법률은 목적의 정당성 · 방법의 적절성 · 침해의 최소성 · 법익의 균형성을 갖추어야 한다는 원칙이다. 헌법 제37조 제2항은 과잉금지의 원칙을 '필요한 경우에 한하여' 법률로써 기본권을 제한할 수 있다고 표현하고 있다.

② 헌법유보원칙 : 헌법에서 직접 기본권 제한에 대한 내용을 규정하는 것으로 헌법은 정당의 목적과 활동(헌법 제8조 제4항), 언론·출판의 자유(헌법 제21조 제4항), 군인·공무원·경찰공무원 등의 국가배상청구권(헌법 제29조 제2항), 공무원의 근로 3권(헌법 제33조 제2항) 등에 대하여 규정하고 있다.

③ 의회유보원칙 : 국민의 권리와 의무에 관련된 영역에서 그 본질적인 사항은 입법자로서 국민 스스로 결정해야 한다는 원칙이다. 단, 헌법상의 국민의 자유와 권리를 제한할 때는 그 본질적인 사항에 대해 법률로 규율해야 할 것이다. 우리 헌법은 국가안전보장·질서유지·공공복리를 위하여 필요한 경우에 '법률'로써 제한할 수 있다고 규정하고 있다(헌법 제37조 제2항).

④ 포괄위임입법금지원칙 : 법률에서 구체적으로 범위를 정하지 않고 일반적·포괄적으로 위임하는 것을 금지하는 원칙이다.

⑤ 법률불소급원칙 : 법은 그 시행 이후에 성립하는 사실에 대하여만 효력을 발하고, 과거의 사실에 대하여는 소급적용될 수 없다는 원칙이다.

08 정답 ③

개방형 인사관리는 인사권자에게 재량권을 주어 정치적 리더십을 강화하고 조직의 장악력을 높여준다.

개방형 인사관리의 장단점

장점	• 행정의 대응성 제고 • 조직의 신진대사 촉진 • 정치적 리더십 확립을 통한 개혁 추진 • 세력 형성 및 조직 장악력 강화 • 행정에 전문가주의적 요소 강화 • 권위주의적 행정문화 타파 • 우수인재의 유치 • 행정의 질적 수준 증대 • 공직침체 및 관료화의 방지 • 재직공무원의 자기개발 노력 촉진
단점	• 조직의 응집성 약화 • 직업공무원제와 충돌 • 정실임용의 가능성 • 구성원 간의 불신 • 공공성 저해 가능성 • 민·관 유착 가능성 • 승진기회 축소로 재직공무원의 사기 저하 • 빈번한 교체근무로 행정의 책임성 저하 • 복잡한 임용절차로 임용비용 증가

09 정답 ③

품목별 분류는 지출대상별 분류이기 때문에 사업의 성과와 결과에 대한 측정이 곤란하다.

① 기능별 분류는 시민을 위한 분류라고도 하며, 행정수반의 재정정책을 수립하는 데 도움을 준다.

② 조직별 분류는 부처 예산의 전모를 파악할 수 있지만 사업의 우선순위 파악이나 예산의 성과 파악이 어렵다.

④ 경제 성질별 분류는 국민소득, 자본형성 등에 관한 정부활동의 효과를 파악하는 데 유리하다.

⑤ 품목별 분류는 예산집행기관의 신축성을 저해한다.

10 정답 ②

무의사결정은 기득권 세력이 기존의 이익배분 상태에 대한 변동을 요구하는 것을 억압하는 것이다.

무의사결정론

• Bachrach와 Baratz의 주장으로 전개되었다.
• 기득권 세력이 자신들의 이익에 도전해오는 주장들을 의도적으로 방치하거나 기각하여 정책의제로 채택되지 못하도록 하여 잠재적이거나 현재적 도전을 억압하거나 좌절시키는 결정이다.
• R.Dahl의 모든 사회문제는 자동으로 정책의제화된다는 주장에 대한 반발로 등장하였다.
• 주로 의제를 채택하는 과정에서 나타나지만 넓게는 정책의 전반적인 과정에서 나타났다.

11 정답 ①

새로운 정책문제보다는 선례가 존재하는 일상화된 정책문제가 쉽게 정책의제화된다.

정책의제설정에 영향을 미치는 요인

문제의 중요성	중요하고 심각한 문제일수록 의제화 가능성이 크다.
집단의 영향력	집단의 규모·영향력이 클수록 의제화 가능성이 크다.
선례의 유무	선례가 존재하는 일상화된 문제일수록 의제화 가능성이 크다.
극적 사건	극적 사건일수록 의제화 가능성이 크다.
해결가능성	해결책이 있을수록 의제화 가능성이 크다.
쟁점화 정도	쟁점화된 것일수록 의제화 가능성이 크다.

12 정답 ③

중첩성은 동일한 기능을 여러 기관들이 혼합적인 상태에서 협력적으로 수행하는 것을 의미한다. 동일한 기능을 여러 기관들이 독자적인 상태에서 수행하는 것은 중복성(반복성)이다.

13

정보비대칭을 줄이기 위해서는 주인인 주민이 직접 참여하거나, 내부고발자 보호제도와 같은 감시·통제장치를 마련하거나, 입법예고 등을 통해 정보비대칭을 해소하거나, 인센티브를 제공하는 방안이 있다.

오답분석

① 역선택이 아닌 도덕적 해이의 사례이다.
② 대리인이 주인보다 정보를 많이 보유하고 있으므로 주인은 대리인의 책임성을 확보할 수 있는 방안을 주로 외부통제에서 찾는다.
③ 시장의 경쟁요소를 도입함으로써 공기업의 방만한 경영을 막고자 하는 것은 도덕적 해이를 방지하고자 하는 노력의 일환이다.
⑤ 역선택에 대한 설명이다.

14

정답 ②

수입대체경비란 국가가 용역 또는 시설을 제공하여 발생하는 수입과 관련되는 경비를 의미한다. 여권발급 수수료나 공무원시험 응시료와 같이 공공 서비스 제공에 따라 직접적인 수입이 발생하는 경우 해당 용역과 시설의 생산·관리에 소요되는 비용을 수입대체경비로 지정하고, 그 수입의 범위 내에서 초과지출을 예산 외로 운용할 수 있다(통일성·완전성 원칙의 예외).

오답분석

수입금마련지출 제도는 정부기업예산법상의 제도로서 특정 사업을 합리적으로 운영하기 위해 예산초과수입이 발생하거나 예산초과수입이 예상되는 경우 이 수입에 직접적으로 관련하여 발생하는 비용에 지출하도록 하는 제도로서 수입대체경비와는 구별된다.

15

정답 ⑤

신공공관리론은 폭넓은 행정재량권을 중시하고, 신공공서비스론은 재량의 필요성은 인정하나 제약과 책임이 수반된다고 본다. 신공공관리론은 시장의 책임을 중시하고, 신공공서비스론은 행정책임의 복잡성과 다면성을 강조한다.

16

정답 ①

밀러(Miller)의 모호성 모형은 대학조직(느슨하게 연결된 조직), 은유와 해석의 강조, 제도와 절차의 영향(강조) 등을 특징으로 한다. 목표의 모호성, 이해의 모호성, 역사의 모호성, 조직의 모호성 등을 전제로 하며, 예산결정이란 해결해야 할 문제, 그 문제에 대한 해결책, 결정에 참여해야 할 참여자, 결정의 기회 등 결정의 요소가 우연히 서로 잘 조화되어 합치될 때 이루어지며 그렇지 않은 경우 예산결정이 이루어지지 않는다고 주장한다.

17

정답 ⑤

품목별 예산제도는 지출대상 중심으로 분류를 사용하기 때문에 지출의 대상은 확인할 수 있으나, 지출의 주체나 목적은 확인할 수 없다.

18

정답 ③

강제배분법은 점수의 분포비율을 정해놓고 평가하는 상대평가방법으로 집중화 경향, 엄격화 경향, 관대화 오류를 방지하기 위해 도입되었다.

오답분석

ㄱ. 첫머리 효과(시간적 오류) : 최근의 실적이나 능력을 중심으로 평가하려는 오차이다.
ㄹ. 선입견에 의한 오류(고정관념에 기인한 오류) : 평정자의 편견이 평가에 영향을 미치는 오차이다.

19

정답 ⑤

등급에 대한 설명에 해당한다. 등급은 직무의 종류는 다르지만 직무의 곤란도 및 책임도나 자격요건이 유사하여 동일한 보수를 줄 수 있는 모든 직위의 집단을 의미한다. 직군은 직무의 성질이 유사한 직렬의 군을 의미한다.

20

정답 ③

저소득층을 위한 근로장려금 제도는 재분배정책에 해당한다.

오답분석

① 규제정책 : 제약과 통제를 하는 정책으로 진입규제, 독과점규제가 이에 해당한다.
② 분배정책 : 서비스를 배분하는 정책으로 사회간접자본의 건설, 보조금 등이 이에 해당한다.
④ 추출정책 : 환경으로부터 인적·물적 자원을 확보하려는 정책으로 징세, 징집, 노동력동원, 토지수용 등이 이에 해당한다.
⑤ 구성정책 : 정부기관의 신설 및 변경 또는 정치체제의 조직 변경 등에 관한 정책으로, 정치체제의 기능을 조직화하거나 그 구조와 운영을 변경하기 위한 것이 이에 해당한다.

21

정답 ②

공공선택론은 유권자, 정치가, 그리고 관료를 포함하는 정치제도 내에서 자원배분과 소득분배에 대한 결정이 어떻게 이루어지는지를 분석하고, 그것을 기초로 하여 정치적 결정의 예측 및 평가를 목적으로 한다.

① 과학적 관리론 : 최소의 비용으로 최대의 성과를 달성하고자
　하는 민간기업의 경영합리화 운동으로서, 객관화된 표준과업
　을 설정하고 경제적 동기 부여를 통하여 절약과 능률을 달성하
　고자 하였던 고전적 관리연구이다.
③ 행태론 : 면접이나, 설문조사 등을 통해 인간행태에 대한 규칙
　성과 유형성·체계성 등을 발견하여 이를 기준으로 종합적인
　인간관리를 도모하려는 과학적·체계적인 연구를 말한다.
④ 발전행정론 : 환경을 의도적으로 개혁해 나가는 행정인의 창의
　적·쇄신적인 능력을 중요시한다. 또한 행정을 독립변수로 간
　주해 행정의 적극적 기능을 강조한 이론이다.
⑤ 현상학 : 사회적 행위의 해석에 있어서 이러한 현상 및 주관적
　의미를 파악하여 이해하는 철학적·심리학적 접근법, 주관주
　의적 접근(의식적 지향성 중시)으로, 실증주의·행태주의·객
　관주의·합리주의를 비판하면서 등장하였다.

22　　　정답 ③

소극적 대표성은 관료의 출신성분이 태도를 결정하는 것이며, 적
극적 대표성은 태도가 행동을 결정하는 것을 말한다. 그러나 대표
관료제는 소극적 대표성이 반드시 적극적 대표성으로 이어져 행동
하지 않을 수도 있는 한계성이 제기되는데, ③에서는 자동적으로
확보한다고 하였으므로 옳지 않다.

23　　　정답 ②

ㄴ. 근무성적평가에 대한 설명이다. 근무성적평가는 5급 이하의
　공무원들을 대상으로 한다.
ㄷ. 다면평정제도에 대한 설명이다. 다면평가제는 피평정자 본인,
　상관, 부하, 동료, 고객 등 다양한 평정자의 참여가 이루어지
　는 집단평정방법이다. 이는 피평정자가 조직 내외의 모든 사
　람과 원활한 인간관계를 증진하게 하려는 데 목적을 둔다.

24　　　정답 ④

하명은 명령적 행정행위이다.

법률행위적 행정행위와 준법률행위적 행정행위

법률행위적 행정행위		준법률행위적 행정행위
명령적 행위	형성적 행위	
하명, 면제, 허가	특허, 인가, 대리	공증, 통지, 수리, 확인

25　　　정답 ⑤

성과와 보상 간의 관계에 대한 인식은 수단성에 해당되는 설명이
다. 브룸(Vroom)의 기대이론에 의하면 기대치는 자신의 노력이
일정한 성과를 달성한다는 단계를 의미한다.

26　　　정답 ④

상황론적 리더십
• 추종자(부하)의 성숙단계에 따라 리더십의 효율성이 달라진다는
　주장은 Hersey & Blanchard의 3차원이론(생애주기이론)이다.
• 리더의 행동이나 특성이 상황에 따라 달라진다는 것은 상황론적
　리더십에 대한 설명이다.
• 상황이 유리하거나 불리한 조건에서는 과업을 중심으로 한 리더
　십이 효과적이라는 것은 Fiedler의 상황조건론이다.

27　　　정답 ⑤

정부사업에 대한 회계책임을 묻는 데 유용한 예산제도는 품목별
예산제도(LIBS)이다. 성과주의 예산제도는 기능별·활동별 예산
제도이므로 의회의 예산통제가 곤란하고, 회계책임을 묻기가 어
렵다.

28　　　정답 ②

근무성적평정은 모든 공무원이 대상이다. 다만 5급 이하의 공무원
은 원칙적으로 근무성적평가제에 의한다. 4급 이상 공무원은 평가
대상 공무원과 평가자가 체결한 성과계약에 따라 성과목표 달성도
등을 평가하는 성과계약 등 평가제로 근무성적평정을 실시한다.

29　　　정답 ②

칼 슈미트(C. Schmitt)는 헌법은 헌법제정권력의 행위에 의한 국
가 정치생활의 종류와 형태에 관한 근본적 결단이라 하였다.

30　　　정답 ①

ㄴ·ㄷ·ㅁ. 기계적 조직의 특징에 해당한다.

기계적 조직과 유기적 조직의 비교

구분	기계적 조직	유기적 조직
직무범위	직무범위가 좁음	직무범위가 넓음
절차	표준운영절차	적은 규칙과 절차
책임소재	책임관계가 분명	책임관계가 모호함
성질	공식적	비공식적
조직목표	조직목표가 명확함	조직목표가 모호함
동기부여	금전적인 동기부여	복합적인 동기부여

31　　　정답 ⑤

공무원은 국민 전체에 대한 봉사자로서 국민에 대해서 책임을 진
다. 따라서 공무원은 특정 정당에 대한 봉사자여서는 안 되며, 근
로3권이 제약된다.

32

ㄴ. '부모의 자녀에 대한 교육권'은 비록 헌법에 명문으로 규정되어 있지는 아니하지만, 이는 모든 인간이 누리는 불가침의 인권으로서 헌법 제36조 제1항, 제10조 및 제37조 제1항에서 나오는 중요한 기본권이다(헌재결 2000.4.27., 98헌가16, 98헌마429).

ㄷ. 헌법은 제31조 제1항에서 "능력에 따라 균등하게"라고 하여 교육영역에서 평등원칙을 구체화하고 있다. 헌법 제31조 제1항은 헌법 제11조의 일반적 평등조항에 대한 특별규정으로서 교육의 영역에서 평등원칙을 실현하고자 하는 것이다(헌재결 2017.12.28., 2016헌마649).

오답분석

ㄱ. '2018학년도 대학수학능력시험 시행기본계획'이 헌법 제31조 제1항의 능력에 따라 균등하게 교육을 받을 권리를 직접 제한한다고 보기는 어렵다(헌재결 2018.2.22., 2017헌마691).

33

정답 ⑤

허가권자가 신청내용에 구애받지 아니하고 조사 및 검토를 거쳐 관련 법령에 정한 기준에 따라 허가조건의 충족 여부를 제대로 따져 허가 여부를 결정하여야 하는 것은 맞지만, 그렇다고 신청인 측에서 의도적으로 법령에 정한 각종 규제를 탈법적인 방법으로 회피하려고 하는 것을 정당화할 수는 없다(대판 2014.11.27., 2013두16111).

오답분석

① 행정행위의 취소사유는 행정행위의 성립 당시에 존재하였던 하자를 말하고, 행정행위의 철회사유는 행정행위 성립 이후에 새로이 발생한 것으로서 행정행위의 효력을 존속시킬 수 없는 사유를 말한다. 사안의 경우 A의 건축허가취소는 행정행위의 성립 당시에 존재하였던 하자를 이유로 당해 행정행위의 효력을 소급적으로 소멸시키는 것이므로 행정행위의 철회가 아니라 행정행위의 직권취소에 해당한다.

② 수익적 처분의 하자가 당사자의 사실은폐나 기타 사위의 방법에 의한 신청행위에 기인한 것이라면 당사자는 그 처분에 의한 이익이 위법하게 취득되었음을 알아 그 취소가능성도 예상하고 있었다고 할 것이므로, 그 자신이 처분에 관한 신뢰이익을 원용할 수 없음은 물론 행정청이 이를 고려하지 아니하였다고 하여도 재량권의 남용이 되지 아니한다(대판 1996.10.25., 95누14190).

③ 행정행위를 한 처분청은 그 행위에 하자가 있는 경우에 별도의 법적 근거가 없더라도 이를 취소할 수 있는 것이다(대판 2006. 5.25., 2003두4669).

④ 당사자의 사실은폐나 기타 사위의 방법에 의한 신청행위가 있었는지 여부는 행정청의 상대방과 그로부터 신청행위를 위임받은 수임인 등 관계자 모두를 기준으로 판단하여야 한다(대판 2014.11.27., 2013두16111).

34

정답 ⑤

롤스(J. Rawls)는 정의의 제1원리(평등)가 제2원리(차등조정의 원리)에 우선하고, 제2원리 중에서는 기회균등의 원리가 차등의 원리에 우선되어야 한다고 보았다.

35

정답 ①

신공공관리론은 행정과 경영을 동일하게 보는 관점으로 기업경영의 원리와 기법을 공공부문에 그대로 이식하려 한다는 비판이 있다.

오답분석

② 신공공관리론에 대한 설명이다.
③ 동태적인 측면을 파악할 수 없다.
④ 생태론에 대한 설명이다.
⑤ 합리적 선택 신제도주의가 방법론적 개체주의에, 사회학적 신제도주의는 방법론적 전체주의에 기반을 두고 있다.

36

정답 ②

정보기술 아키텍처는 건축물의 설계도처럼 조직의 정보화 환경을 정확히 묘사한 밑그림으로서, 조직의 비전, 전략, 업무, 정보기술 간 관계에 대한 현재와 목표를 문서화한 것이다.

오답분석

① 블록체인 네트워크 : 가상화폐를 거래할 때 해킹을 막기 위한 기술망으로 출발한 개념이며, 블록에 데이터를 담아 체인 형태로 연결, 수많은 컴퓨터에 동시에 이를 복제해 저장하는 분산형 데이터 저장 기술을 말한다.

③ 제3의 플랫폼 : 전통적인 ICT 산업인 제2플랫폼(서버, 스토리지)과 대비되는 모바일, 빅데이터, 클라우드, 소셜네트워크 등으로 구성된 새로운 플랫폼을 말한다.

④ 클라우드 – 클라이언트 아키텍처 : 인터넷에 자료를 저장해 두고, 사용자가 필요한 자료 등을 자신의 컴퓨터에 설치하지 않고도 인터넷 접속을 통해 언제나 이용할 수 있는 서비스를 말한다.

⑤ 스마트워크센터 : 공무용 원격 근무 시설로 여러 정보통신기기를 갖추고 있어 사무실로 출근하지 않아도 되는 유연근무시스템 중 하나를 말한다.

37

정답 ①

형벌불소급의 원칙에 반한다고 할 수는 없다(대판 97도3349).

오답분석

② 제1항의 규정에 의한 보호관찰의 기간은 집행을 유예한 기간으로 하고, 다만 법원은 유예기간의 범위 내에서 보호관찰의 기간을 정할 수 있다고 규정되어 있는 바, 위 조항에서 말하는 보호관찰은 형벌이 아니라 보안처분의 성격을 갖는 것으로, 과거의 불법에 대한 책임에 기초하고 있는 제재가 아니라 장래의

위험성으로부터 행위자를 보호하고 사회를 방위하기 위한 합목적적인 조치이므로, 그에 관하여 반드시 행위 이전에 규정되어 있어야 하는 것은 아니며, 재판 시의 규정에 의하여 보호관찰을 받을 것을 명할 수 있다고 보아야 할 것이고, 이와 같은 해석이 형벌불소급의 원칙 내지 죄형법정주의에 위배되는 것이라고 볼 수 없다(대판 97도703).

③ 농업협동조합법상 벌칙 규정들의 체계적인 위치나 그 입법 목적 내지 취지에 비추어 보면, 벌칙 규정들은 규정하고 있는 내용의 준수를 담보하기 위해 그에 위반하는 경우를 처벌하는 조항이라고 할 것이고, 따라서 그 제171조 제1호에 규정한 '감독기관의 인가 또는 승인을 얻어야 할 사항'은 그 구체적인 내용이 같은 법 자체에 명시적으로 규정되어 있는 사항에 한한다(예외적으로 위임입법의 필요성에 의하여 그 구체적인 내용을 시행령으로 정하도록 위임할 수 있다고 하더라도 같은 법 자체에서 인가 또는 승인사항의 대강을 정한 다음 그 위임사항이 인가 또는 승인사항임을 분명히 하여 위임한 경우에 한한다)고 해석함이 형벌법규의 명확성의 원칙 등 죄형법정주의의 원칙에 부합한다고 할 것이다(대판 2003도3600).

④ 식품위생법 제11조 제2항이 과대광고 등의 범위 및 기타 필요한 사항을 보건복지부령에 위임하고 있는 것은 과대광고 등으로 인한 형사처벌에 관련된 법규의 내용을 빠짐없이 형식적 의미의 법률에 의하여 규정한다는 것은 사실상 불가능하다는 고려에서 비롯된 것이고, 또한 같은 법 시행규칙 제6조 제1항은 처벌대상인 행위가 어떠한 것인지 예측할 수 있도록 구체적으로 규정되어 있다고 할 것이므로 식품위생법 제11조 및 같은 법 시행규칙 제6조 제1항의 규정이 위임입법의 한계나 죄형법정주의에 위반된 것이라고 볼 수는 없다(대판 2002도2998).

⑤ 일반적으로 법률의 위임에 의하여 효력을 갖는 법규명령의 경우, 구법에 위임의 근거가 없어 무효였더라도 사후에 법 개정으로 위임의 근거가 부여되면 그 때부터는 유효한 법규명령이 된다(대판 93추83).

38 정답 ①

누구든지 체포 또는 구속을 당한 때에는 적부의 심사를 법원에 청구할 권리를 가진다(헌법 제12조 제6항).

오답분석

② 체포 또는 구속을 당한 자의 가족 등 법률이 정하는 자에게는 그 이유와 일시·장소가 지체 없이 통지되어야 한다(헌법 제12조 제5항).

③ 비상계엄이 선포된 때에는 법률이 정하는 바에 의하여 영장제도, 언론·출판·집회·결사의 자유, 정부나 법원의 권한에 관하여 특별한 조치를 할 수 있다(헌법 제77조 제3항).

④ 누구든지 법률에 의하지 아니하고는 체포·구속·압수·수색 또는 심문을 받지 아니하며, 법률과 적법한 절차에 의하지 아니하고는 처벌·보안처분 또는 강제노역을 받지 아니한다(헌법 제12조 제1항).

⑤ 피고인의 자백이 고문·폭행·협박·구속의 부당한 장기화 또는 기망 기타의 방법에 의하여 자의로 진술된 것이 아니라고 인정될 때 또는 정식재판에 있어서 피고인의 자백이 그에게 불리한 유일한 증거일 때에는 이를 유죄의 증거로 삼거나 이를 이유로 처벌할 수 없다(헌법 제12조 제7항).

39 정답 ③

조세심판은 조세심판원에서 관장한다.

> **헌법 제111조 제1항**
> 헌법재판소는 다음 사항을 관장한다.
> 1. 법원의 제청에 의한 법률의 위헌여부 심판
> 2. 탄핵의 심판
> 3. 정당의 해산 심판
> 4. 국가기관 상호 간, 국가기관과 지방자치단체간 및 지방자치단체 상호 간의 권한쟁의에 관한 심판
> 5. 법률이 정하는 헌법소원에 관한 심판

40 정답 ①

㉠ 헌법 제10조에 의거한 행복추구권은 헌법에 열거된 기본권으로서 행복추구의 수단이 될 수 있는 개별적 기본권들을 제외한 헌법에 열거되지 아니한 권리들에 대한 포괄적인 기본권의 성격을 가지며, '일반적 행동자유권', '개성의 자유로운 발현권', '자기결정권', '계약의 자유' 등이 그 보호영역 내에 포함된다(2002헌마677).

㉡ 행복추구권은 다른 기본에 대한 보충적 기본권으로서의 성격을 지니므로, 공무담임권이라는 우선적으로 적용되는 기본권이 존재하여 그 침해여부를 판단하는 이상, 행복추구권 침해여부를 독자적으로 판단할 필요가 없다(99헌마112).

오답분석

㉢ "행복추구권은 국민이 행복을 추구하기 위하여 필요한 급부를 국가에게 적극적으로 요구할 수 있는 것을 내용으로 하는 것이 아니라, 행복추구활동을 국가권력의 간섭 없이 자유롭게 할 수 있다는 포괄적인 의미의 자유권으로서의 성격을 갖는다."를 보아 적극적 성격을 부정하고 포괄적 자유권으로 보고 있다(93헌가14).

㉣ 이 사건 분묘는 구 법 제17조가 적용되지 아니하여 그 설치기간에 제한이 없으나, 이를 이장하여 새로 설치하는 분묘는 새로운 분묘로 취급되어 이 사건 부칙 조항에 의해 구 법 제17조의 설치기간 제한을 받게 되는 바, 이로써 청구인은 부모의 분묘를 가꾸고 봉제사를 하고자 하는 권리를 제한당한다고 할 수 있다. 청구인은 이러한 권리가 헌법 제34조의 사회보장권이라고 하나, 이는 헌법 제10조의 행복추구권의 한 내용으로 봄이 타당하다(2007헌마872).

|03| 토목(일반)

01	02	03	04	05	06	07	08	09	10
①	③	②	④	④	②	④	①	③	④
11	12	13	14	15	16	17	18	19	20
②	④	②	④	①	②	①	②	②	③
21	22	23	24	25	26	27	28	29	30
②	②	④	④	②	③	②	④	④	②
31	32	33	34	35	36	37	38	39	40
②	③	⑤	④	①	①	③	⑤	②	①

01

정답 ①

터널의 환기시설 등(도로의 구조 · 시설기준에 관한 규칙 제42조 제3항)
터널 안의 일산화탄소 및 질소산화물의 농도는 다음 표의 농도 이하가 되도록 하여야 하며, 환기 시의 터널 안 풍속이 10m/s를 초과하지 아니하도록 환기시설을 설치하여야 한다.

구분	농도
일산화탄소	100ppm
질소산화물	25ppm

02

정답 ③

- 시료의 부피(V)

$$V = \frac{\pi \cdot D^2}{4} \cdot H = \frac{\pi \times 5^2}{4} \times 10 = 196.25 \text{cm}^3$$

- 건조중량(W_s)

$$W_s = \frac{W}{1 + \frac{w}{100}} = \frac{350}{1 + \frac{40}{100}} = 250 \text{g}$$

- 건조단위무게(γ_d)

$$\gamma_d = \frac{W_s}{V} = \frac{250}{196.25} = 1.27 \text{g/cm}^3$$

03

정답 ②

Terzaghi와 Peck의 경험식에 의해 계산하면 다음과 같다.
$C_c = 0.009 \times (w_L - 10) = 0.009 \times (40 - 10) = 0.27$

04

정답 ④

계수 모멘트 $M_u = 1.2M_D + 1.6M_L = (1.2 \times 10) + (1.6 \times 20)$
$\qquad\qquad = 44 \text{kN} \cdot \text{m}$

05

정답 ④

$\sum F_y = 0, \ (F_A + F_y)\cos 60° = P$
$2F_B \cos 60° = 1$
$F_B = 1 \text{t}$
$\sum F_x = 0, \ F_A \sin 60° = F_B \sin 60°$
$F_A = F_B$

(A)는 $\frac{P}{2}$ 만큼의 하중을 한 끈이 지탱한다.

(B)는 $0.707P$ 만큼의 하중을 한 끈이 지탱한다.
(C)는 P 만큼의 하중을 한 끈이 지탱한다.
따라서 힘의 크기는 (C)>(B)>(A) 순이다.

06

정답 ②

$$I_y = \frac{b^3 h}{12} = \frac{10^3 \times 20}{12} = 1,667 \text{cm}^4$$

따라서 y축에 대한 단면 2차 모멘트의 값은 약 $1,667 \text{cm}^4$ 이다.

07

정답 ④

노선측량의 일반적인 작업 순서는 '계획 – 답사(ㄹ) – 선점 – 중심선 측량(ㄴ) – 종 · 횡단 측량(ㄱ) – 공사 측량(ㄷ)' 순서이다.

08

정답 ①

단부 지지조건을 보면 1단 고정, 1단 자유이므로 $K=2$이다.

따라서 $P_{cr} = \frac{\pi EI}{(KL)^2} = \frac{\pi EI}{(2L)^2} = \frac{1}{4} \cdot \frac{\pi^2 EI}{L^2}$ 이다.

09

정답 ③

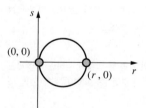

응력원 그림에서 90° 회전시키면, 전단응력은 $\tau = \tau_{\max} = \frac{\sigma}{2}$ 가

되고, $\sigma_n = \frac{\sigma}{2}$ 이다.

$\therefore \ \sigma_n = \tau$

10 정답 ④

$$\frac{1}{R}=\frac{M}{EI}$$

$$R=\frac{EI}{M}=\frac{1\times10^5\times\dfrac{20\times30^3}{12}}{2\times10^5}=22,500\text{cm}=225\text{m}$$

11 정답 ②

교통섬의 설치는 가급적 최소한으로 설정한다.

12 정답 ④

- $\sum H=0$

$$2t-PDl=0$$

$$t=\frac{PDl}{2}$$

- $t=\sigma tl$

$$\therefore\ \sigma=\frac{PD}{2t}=\frac{10\times120}{2\times0.6}=1,000\text{kg/cm}^2$$

13 정답 ②

첨두시간계수는 첨두시간에 관측된 교통량 중에서 가장 많은 15분 교통량을 1시간 기준으로 환산한 교통량으로 정의한다.

14 정답 ④

공액 보법에 의해 B점의 반력은 B점의 처짐각이다.

$$\sum M_A=0$$

$$\frac{M_A}{EI}\times\frac{l}{2}\times\frac{l}{3}-R_B{}'l=0$$

$$\therefore\ R_B{}'=\theta_B=\frac{M_A l}{6EI}$$

15 정답 ①

$r=\sqrt{\dfrac{I}{4}}$ 이므로 원형 단면의 경우 회전반경을 계산하면

$$r=\sqrt{\frac{\dfrac{\pi d^4}{64}}{\dfrac{\pi d^2}{4}}}=\frac{d^2}{16}=\frac{d}{4}\ \text{이다.}$$

16 정답 ②

$\sigma_{cr}=\dfrac{P_{cr}}{A}$ 공식을 사용하고, 양단 고정이기 때문에 $KL=0.5L$이다.

$$\sigma_{cr}=\frac{P_{cr}}{A}=\frac{\pi^2\times2.1\times10^5\times\dfrac{45\times25^3}{12}}{\dfrac{(0.5\times10,000)^2}{25\times45}}=4.318\text{MPa}$$

17 정답 ①

$$2.1\times10^6=2G(1+0.25)$$

$$\therefore\ G=8.4\times10^5\text{kg/cm}^2$$

탄성계수 간의 관계식

$$E=2G(1+v)$$

$$v\ :\ \text{푸아송비}\left(\frac{1}{m}\right)$$

$$G\ :\ \text{전단 탄성계수}$$

$$E=\text{탄성계수(Young계수)}$$

18 정답 ②

$V_x=0$인 점에 최대 휨모멘트가 생긴다.

$$\frac{wl}{6}-\frac{1}{2}x\times\frac{x}{l}w=0$$

$$x^2=\frac{l^2}{3}$$

$$\therefore\ x=\frac{1}{\sqrt{3}}l$$

19 정답 ②

전단력도에서 어느 점의 기울기는 그 점의 하중 강도이다.

$$w=\frac{400+400}{4}=200\text{kg/m}$$

20 정답 ③

말뚝의 부마찰력은 상대변위 속도가 빠를수록 크다.

21 정답 ②

$$R_A=\frac{3}{8}wl,\ R_B=\frac{5}{8}wl$$

$$\therefore\ R_A=\frac{3}{8}\times2\times10=7.5\text{t}(\uparrow)$$

22

$M_B = -[(4 \times 2) + (2 \times 0.5)] = -9t \cdot m$

23

정답 ④

교통 포화도는 용량에 대한 통과 교통량의 비로 정의하며 V/c비라 불리기도 한다.

24

정답 ④

면적은 축척의 분모수의 제곱에 비례하므로 다음과 같은 식이 성립한다.

$500^2 : 38.675 = 600^2 : A \rightarrow 600^2 \times 38.675 = 500^2 \times A$

$\therefore A = 55.692$

25

정답 ②

$V_u \leq \frac{1}{2} \phi V_c = \frac{1}{2} \phi \left(\frac{\lambda \sqrt{f_{ck}}}{6} \right) b_w d$

$\therefore d \geq \frac{12 V_u}{\phi \lambda \sqrt{f_{ck}} b_w} = \frac{12 \times (70 \times 10^3)}{0.75 \times 1.0 \times \sqrt{24} \times 400} ≒ 571mm$

26

정답 ③

쪼갬인장강도가 주어졌으므로 다음과 같은 식이 성립한다.

$\lambda = \frac{f_{sp}}{0.56 \sqrt{f_{ck}}} = \frac{2.17}{0.56 \sqrt{24}} ≒ 0.79$

따라서 경량 콘크리트계수(λ)는 약 0.79이다.

27

정답 ②

편심거리 $e = 0.4 < \frac{B}{6} = \frac{4}{6} ≒ 0.67$이므로 최대압축응력을 구하면 다음과 같다.

$q_{max} = \frac{Q}{B} \times \left(1 + \frac{6e}{B} \right) = \frac{10}{4} \times \left(1 + \frac{6 \times 0.4}{4} \right) = 4t/m^2$

28

정답 ④

현장치기 콘크리트로서, 흙에 접하거나 옥외의 공기에 직접 노출되는 콘크리트의 최소 피복 두께는 D16 이하의 철근의 경우 40mm이다.

29

정답 ④

$\sigma = \frac{P}{A} + \frac{P \cdot e}{I_y}(x) = \frac{30,000}{30 \times 20} + \frac{30,000 \times 4 \times 15}{\frac{20 \times 30^3}{12}}$

$= 90kg/cm^2$

30

정답 ②

S.F.D가 2차 이상의 함수이므로 하중은 1차 함수이다.

31

정답 ②

VRS 측위는 수신기 1대를 이용한 절대측위 방법이 아니다. 이는 전국의 위성 기준점을 이용하여 가상의 기준점을 생성하고, 이 가상의 기준점과 이동국이 통신하여 정밀한 이동국의 위치를 결정하는 측량방법으로, 상대측위 방식의 RTK 측량의 일종이다.

32

정답 ③

- a값
  $a = (200번체 통과율) - 35 = 70 - 35 = 35$
- b값
  $b = (200번체 통과율) - 15 = 70 - 15 = 55$
  ($b : 0 \sim 40$의 상수)
  $\therefore b = 40$
- c값
  $c = (액성한계) - 40 = 49 - 40 = 9$
- d값
  $d = (소성지수) - 10 = 25 - 10 = 15$
- 군지수(GI)
  $GI = 0.2a + 0.005ac + 0.01bd$
  $= (0.2 \times 35) + (0.005 \times 35 \times 9) + (0.01 \times 40 \times 15) ≒ 15$

33

정답 ⑤

주어진 정보를 바탕으로 식을 계산하면 다음과 같다.

$M_u \leq \phi M_n = \phi A_s f_y \left(d - \frac{a}{2} \right)$

$170 \times 10^6 \leq 0.85 \times A_s \times 350 \left(450 - \frac{1}{2} \times \frac{A_s \times 350}{0.85 \times 28 \times 300} \right)$

$A_s ≒ 1,372mm^2$

34

정답 ④

현장의 건조단위중량 $\gamma_d = \dfrac{W_s}{V} = \dfrac{1,700}{1,000} = 1.70$이다.

따라서 간극비 $e = \dfrac{G_s \gamma_w}{\gamma_d} - 1 = \dfrac{2.65 \times 1}{1.70} - 1 = 0.56$이다.

35

정답 ①

옹벽 저판의 설계는 캔틸레버식 옹벽과 부벽식 옹벽이 있는데, 캔틸레버식 옹벽은 접합부를 고정단으로 하는 캔틸레버로 설계하고, 부벽식 옹벽은 고정보 또는 연속보로 설계한다. 따라서 ①은 옳지 않은 설명이다.

36

정답 ①

오답분석

② 포화도에 대한 설명이다.
③ 도로 용량에 대한 설명이다.
④ 첨두시간 환산 교통량에 대한 설명이다.
⑤ 설계시간계수에 대한 설명이다.

37

정답 ③

전도에 대한 저항 모멘트는 횡토압에 의한 전도 모멘트의 2.0배 이상이어야 한다.

38

정답 ⑤

도로 이용자의 행동 특성과 시인성 등을 고려하되 주변 교통환경과의 조화도 고려하여 결정한다.

39

정답 ②

휴게시설의 배치 간격

구분	표준 간격(km)	최대 간격(km)
모든 휴게시설 상호 간	15	25
중형휴게소 상호 간	50	100
주유소	50	75

40

정답 ①

최적함수비란 흙의 다짐곡선에서 최대건조 밀도에 해당되는 함수비를 뜻한다. 흙의 다짐시험에서 다짐에너지를 증가시킬 때, 최적함수비는 감소하고, 최대건조 단위중량은 증가한다.

한국도로공사 NCS 답안카드

성 명

지원 분야

문제지 형별기재란

( )형 Ⓐ Ⓑ

수험번호

	⓪	①	②	③	④	⑤	⑥	⑦	⑧	⑨
	⓪	①	②	③	④	⑤	⑥	⑦	⑧	⑨
	⓪	①	②	③	④	⑤	⑥	⑦	⑧	⑨
	⓪	①	②	③	④	⑤	⑥	⑦	⑧	⑨
	⓪	①	②	③	④	⑤	⑥	⑦	⑧	⑨
	⓪	①	②	③	④	⑤	⑥	⑦	⑧	⑨
		①	②	③	④	⑤	⑥	⑦	⑧	⑨

감독위원 확인

㊞

1	① ② ③ ④	21	① ② ③ ④	41	① ② ③ ④
2	① ② ③ ④	22	① ② ③ ④	42	① ② ③ ④
3	① ② ③ ④	23	① ② ③ ④	43	① ② ③ ④
4	① ② ③ ④	24	① ② ③ ④	44	① ② ③ ④
5	① ② ③ ④	25	① ② ③ ④	45	① ② ③ ④
6	① ② ③ ④	26	① ② ③ ④	46	① ② ③ ④
7	① ② ③ ④	27	① ② ③ ④	47	① ② ③ ④
8	① ② ③ ④	28	① ② ③ ④	48	① ② ③ ④
9	① ② ③ ④	29	① ② ③ ④	49	① ② ③ ④
10	① ② ③ ④	30	① ② ③ ④	50	① ② ③ ④
11	① ② ③ ④	31	① ② ③ ④	51	① ② ③ ④
12	① ② ③ ④	32	① ② ③ ④	52	① ② ③ ④
13	① ② ③ ④	33	① ② ③ ④	53	① ② ③ ④
14	① ② ③ ④	34	① ② ③ ④	54	① ② ③ ④
15	① ② ③ ④	35	① ② ③ ④	55	① ② ③ ④
16	① ② ③ ④	36	① ② ③ ④	56	① ② ③ ④
17	① ② ③ ④	37	① ② ③ ④	57	① ② ③ ④
18	① ② ③ ④	38	① ② ③ ④	58	① ② ③ ④
19	① ② ③ ④	39	① ② ③ ④	59	① ② ③ ④
20	① ② ③ ④	40	① ② ③ ④	60	① ② ③ ④

※ 본 답안지는 마킹연습용 모의 답안지입니다.

한국도로공사 전공 답안카드

1	①	②	③	④	⑤	21		①	②	③	④	⑤
2	①	②	③	④	⑤	22		①	②	③	④	⑤
3	①	②	③	④	⑤	23		①	②	③	④	⑤
4	①	②	③	④	⑤	24		①	②	③	④	⑤
5	①	②	③	④	⑤	25		①	②	③	④	⑤
6	①	②	③	④	⑤	26		①	②	③	④	⑤
7	①	②	③	④	⑤	27		①	②	③	④	⑤
8	①	②	③	④	⑤	28		①	②	③	④	⑤
9	①	②	③	④	⑤	29		①	②	③	④	⑤
10	①	②	③	④	⑤	30		①	②	③	④	⑤
11	①	②	③	④	⑤	31		①	②	③	④	⑤
12	①	②	③	④	⑤	32		①	②	③	④	⑤
13	①	②	③	④	⑤	33		①	②	③	④	⑤
14	①	②	③	④	⑤	34		①	②	③	④	⑤
15	①	②	③	④	⑤	35		①	②	③	④	⑤
16	①	②	③	④	⑤	36		①	②	③	④	⑤
17	①	②	③	④	⑤	37		①	②	③	④	⑤
18	①	②	③	④	⑤	38		①	②	③	④	⑤
19	①	②	③	④	⑤	39		①	②	③	④	⑤
20	①	②	③	④	⑤	40		①	②	③	④	⑤

※ 본 답안지는 마킹연습용 모의 답안지입니다.

성 명

지원 분야

문제지 형별기재란

(   )형   Ⓐ Ⓑ

수 험 번 호

⓪	①	②	③	④	⑤	⑥	⑦	⑧	⑨
⓪	①	②	③	④	⑤	⑥	⑦	⑧	⑨
⓪	①	②	③	④	⑤	⑥	⑦	⑧	⑨
⓪	①	②	③	④	⑤	⑥	⑦	⑧	⑨
⓪	①	②	③	④	⑤	⑥	⑦	⑧	⑨
⓪	①	②	③	④	⑤	⑥	⑦	⑧	⑨
⓪	①	②	③	④	⑤	⑥	⑦	⑧	⑨

감독위원 확인

인

성 명

지원 분야

문제지 형별기재란

형 ( )

Ⓐ
Ⓑ

수험번호

⓪	⓪	⓪	⓪	⓪	⓪	⓪
①	①	①	①	①	①	①
②	②	②	②	②	②	②
③	③	③	③	③	③	③
④	④	④	④	④	④	④
⑤	⑤	⑤	⑤	⑤	⑤	⑤
⑥	⑥	⑥	⑥	⑥	⑥	⑥
⑦	⑦	⑦	⑦	⑦	⑦	⑦
⑧	⑧	⑧	⑧	⑧	⑧	⑧
⑨	⑨	⑨	⑨	⑨	⑨	⑨

감독위원 확인

㊞

1	① ② ③ ④	21	① ② ③ ④	41	① ② ③ ④
2	① ② ③ ④	22	① ② ③ ④	42	① ② ③ ④
3	① ② ③ ④	23	① ② ③ ④	43	① ② ③ ④
4	① ② ③ ④	24	① ② ③ ④	44	① ② ③ ④
5	① ② ③ ④	25	① ② ③ ④	45	① ② ③ ④
6	① ② ③ ④	26	① ② ③ ④	46	① ② ③ ④
7	① ② ③ ④	27	① ② ③ ④	47	① ② ③ ④
8	① ② ③ ④	28	① ② ③ ④	48	① ② ③ ④
9	① ② ③ ④	29	① ② ③ ④	49	① ② ③ ④
10	① ② ③ ④	30	① ② ③ ④	50	① ② ③ ④
11	① ② ③ ④	31	① ② ③ ④	51	① ② ③ ④
12	① ② ③ ④	32	① ② ③ ④	52	① ② ③ ④
13	① ② ③ ④	33	① ② ③ ④	53	① ② ③ ④
14	① ② ③ ④	34	① ② ③ ④	54	① ② ③ ④
15	① ② ③ ④	35	① ② ③ ④	55	① ② ③ ④
16	① ② ③ ④	36	① ② ③ ④	56	① ② ③ ④
17	① ② ③ ④	37	① ② ③ ④	57	① ② ③ ④
18	① ② ③ ④	38	① ② ③ ④	58	① ② ③ ④
19	① ② ③ ④	39	① ② ③ ④	59	① ② ③ ④
20	① ② ③ ④	40	① ② ③ ④	60	① ② ③ ④

〈절취선〉

한국도로공사 전공 답안카드

	1	2	3	4	5			21	1	2	3	4	5
1	①	②	③	④	⑤		21		①	②	③	④	⑤
2	①	②	③	④	⑤		22		①	②	③	④	⑤
3	①	②	③	④	⑤		23		①	②	③	④	⑤
4	①	②	③	④	⑤		24		①	②	③	④	⑤
5	①	②	③	④	⑤		25		①	②	③	④	⑤
6	①	②	③	④	⑤		26		①	②	③	④	⑤
7	①	②	③	④	⑤		27		①	②	③	④	⑤
8	①	②	③	④	⑤		28		①	②	③	④	⑤
9	①	②	③	④	⑤		29		①	②	③	④	⑤
10	①	②	③	④	⑤		30		①	②	③	④	⑤
11	①	②	③	④	⑤		31		①	②	③	④	⑤
12	①	②	③	④	⑤		32		①	②	③	④	⑤
13	①	②	③	④	⑤		33		①	②	③	④	⑤
14	①	②	③	④	⑤		34		①	②	③	④	⑤
15	①	②	③	④	⑤		35		①	②	③	④	⑤
16	①	②	③	④	⑤		36		①	②	③	④	⑤
17	①	②	③	④	⑤		37		①	②	③	④	⑤
18	①	②	③	④	⑤		38		①	②	③	④	⑤
19	①	②	③	④	⑤		39		①	②	③	④	⑤
20	①	②	③	④	⑤		40		①	②	③	④	⑤

성 명

지원분야

문제지 형별기재란

형 ( ) Ⓐ Ⓑ

수험번호

⑩	⑩	⑩	⑩	⑩	⑩	⑩
①	①	①	①	①	①	①
②	②	②	②	②	②	②
③	③	③	③	③	③	③
④	④	④	④	④	④	④
⑤	⑤	⑤	⑤	⑤	⑤	⑤
⑥	⑥	⑥	⑥	⑥	⑥	⑥
⑦	⑦	⑦	⑦	⑦	⑦	⑦
⑧	⑧	⑧	⑧	⑧	⑧	⑧
⑨	⑨	⑨	⑨	⑨	⑨	⑨

감독위원 확인

(인)

※ 본 답안지는 마킹연습용 모의 답안지입니다.

시대에듀 사이다 모의고사 한국도로공사 NCS + 전공

개정10판1쇄 발행	2025년 05월 20일 (인쇄 2025년 04월 17일)
초 판 발 행	2019년 08월 20일 (인쇄 2019년 07월 26일)
발 행 인	박영일
책 임 편 집	이해욱
편 저	SDC(Sidae Data Center)
편 집 진 행	김재희 · 윤소빈
표지디자인	김경모
편집디자인	최미림 · 임창규
발 행 처	(주)시대고시기획
출 판 등 록	제10-1521호
주 소	서울시 마포구 큰우물로 75 [도화동 538 성지 B/D] 9F
전 화	1600-3600
팩 스	02-701-8823
홈 페 이 지	www.sdedu.co.kr

I S B N	979-11-383-9202-0 (13320)
정 가	18,000원

합격의공식
시대
에듀

www.sdedu.co.kr

사~

사일 동안
이것만 풀면
다 합격!

이

다~

한국도로공사
NCS + 전공

NEXT STEP

시대에듀가 합격을 준비하는
당신에게 제안합니다.

성공의 기회
시대에듀를 잡으십시오.

시대에듀

기회란 포착되어 활용되기 전에는 기회인지조차 알 수 없는 것이다.

– 마크 트웨인 –